차별의 나라에서

행복한 사람들

우리는 어떻게 피해자에서 가해자가 되었는가

차별의 나라에서 행복한 사람들

정회욱 지음

위즈덤하우스

목차

| 프롤로그 | 차별로 이득 보는 사회 ⋯ 7

1장 / 돌봄으로 이득 보는 사회 ⋯ 15

    첫 번째 짝꿍:
    조선족 간병인 × 한국인 파독 간호사

2장 / 이주노동자로 이득 보는 사회 ⋯ 55

    두 번째 짝꿍:
    동남아 이주노동자 × 하와이로 간 조선인

3장 / 학살로 이득 보는 사회 ⋯ 91

    세 번째 짝꿍:
    배화사건의 중국인 × 관동대지진의 조선인

4장 / 정화로 이득 보는 사회 ⋯ 123

    네 번째 짝꿍:
    한국의 형제복지원 원생들 × 유럽의 차별받는 집시들

5장 / 낙인으로 이득 보는 사회 ⋯ 159

    다섯 번째 짝꿍:
    한국의 한센병 환자들 × 미국의 에이즈 감염인들

6장 / 여성혐오로 이득 보는 사회 ⋯ 187

    여섯 번째 짝꿍:
    한국의 여성들 × 중세 유럽의 마녀사냥

| 에필로그 | 천천히 걸어도 되는 사회 ⋯ 217

- 주 ⋯ 226
- 참고문헌 ⋯ 252

일러두기

— 단행본과 정기간행물에는 겹화살괄호《 》를, 논문·단편소설·기사·노래·영화·방송 프로그램에는 홑화살괄호〈 〉를 사용했습니다.
— 외국 인명·지명·독음 등은 외래어 표기법을 따르되 관용적인 표기와 동떨어진 경우 절충하여 실용적인 표기를 따랐습니다.
— 이 책에 실린 인용문은 출판권을 가진 출판사, 저자와의 소통을 통해 저작권자의 동의를 얻었습니다. 단, 부득이하게 허가를 받지 못한 작품에 대해서는 추후 적법한 절차를 진행하겠습니다.

| 프롤로그 |

차별로 이득 보는 사회

차별로 이득 보는 자들이 존재한다. 우리가 차별을 받는 사람들의 고통과 슬픔에 주목하다 보면, 그 이면에 차별로 인해 이득을 보는 구조와 사람들이 있다는 것을 놓치곤 한다.

"적당히 합시다. 일개 도교육청의 장학사가 무슨 힘이 있겠습니까?"

2022년 개봉한 한국 영화 〈다음 소희〉에서 교육청 소속 장학사가 소희(김시은 분)의 죽음에 대해 따져 묻는 형사 유진(배두나 분)에게 이렇게 말한다. 2017년 전주 콜센터 현장실습생 자살 사건을 소재로 한 이 영화는 특성화고등학교 3학년 학생 소희가 대기업으로 현장실습을 나가게 되면서 벌어지는 비극을 다룬다. 소희는 춤추는 것을 좋아하는 씩씩하고 평범한 고등학생이었다. 졸업을 앞두고 학교에서 추천한 회사를 좋은 직장이라 믿으며 다녔다. 부조리를 보고도 무시했고, 양심과 의리도 저버리면서 실적을 쌓았음에도 현장실습생이라는 이유로 정당한 급여를 받지 못하는 부당대우를 겪는다. 자해까지 할 정도로, 정신적으로 벼랑 끝에 몰린 소희는 결국 저수지에 몸을 던져 자살하고 만다. 개개인의 차원을 넘어서는 구조적인 차별과 이를 방관함으로써 기존 체제의 유지라는 이득을 얻는 사회에 대해 형사 유진은 따져 묻지만, 장학사는 차분한 표정으로 벽면에 붙어 있는 실적표를 가리키며 "적당히 하자"고 말한다. 사회구조적으로 공고히 존재하는 차별의 벽을 보여준 이 영화를 보면서, '이전' 소희는 있었지만, '다음' 소희는 제발 없었으면 하는 소망을 빌었다. '다음' 소희를 만들지 않기 위해서 우리는 무엇을 해야 할까? 차별 행위 이면에 있는 구조와 이로 인해 이득 보는 자들에 대해 날카로운 시선을 보낸다면, 우리 모두가 한 번은 만났을 그 아이, 소희에 대한 작은 위로가 될 것이다.

사람들은 차이가 있어서 차별하는 것이 아니라 차별하기 위해 종종 차이를 만들어내곤 한다. 차별하기 위해 차이를 만들어내는 자들은, 차별을 하는 목적이 있고 이 목적의 달성은 그들에게 이득을 가져다준다. 우리는 소수자나 약자 집단의 '문제성'에만 집중하다 보니, 이들이 우리 사회에 주는 이득에 대해서는 많은 생각을 하지 않게 된다.

여기, 차별받는 사람들과 이들의 고통으로 이득을 향유하는 집단이 있다.

• 많은 조선족 여성들이 우리나라에 와서 간병인으로 돌봄노동을 한다. 이로 인해 한국인들은 돌봄의 혜택을 누리고 한국 여성들은 보다 고숙련 노동 시장으로 옮겨갔으며 우리 경제는 발전할 수 있었다.

・인간이 아닌 짐승 취급을 받았던 형제복지원 원생들을 희생양 삼아, 박인근 원장은 엄청난 부를 축적할 수 있었고, 정권은 고도의 경제개발 체제를 안정적으로 유지하는 이득을 보았다.

・100여 년 전 우리나라에서 벌어진 '배화사건'으로 많은 화교들이 처참하게 죽임을 당했다. 일제는 이 사건을 통해 군국주의를 더욱 확장할 수 있었다. 한국인들이 저지른 이 비극적 제노사이드(대량학살)를 가족과 지인에게 얘기하면, "정말 그런 일이 있었어?"라며 깜짝 놀란다. 가려진 역사, 잊힌 비극을 들춰 보면, 차별로 이득 봤던 자들의 얼굴이 드러난다.

・'문둥이'라고 불리며 오랜 시간 철저하게 배제되었던 한센병 환자들이 있다. 이들은 사회로부터 떨어져 격리되었고, 강제로 임신 중절 수술을 당하는 등 기본적인 인권조차 보장받지 못했다. 이들을 차별하며 우리 사회는 더 깨끗이 정화되었고, 한민족의 우수성은 강력히 유지될 수 있었다.

・우리나라에는 수십만 명의 동남아시아 출신 이주노동자가 살고 있다. 이들의 노동은 인력난을 겪는 중소기업 운영에 도움을 주고, 일손이 달리는 농어촌 산업이 지속되게 이끌며, 국가 경제에 긍정적 영향을 끼친다. 이들이 없다면, 늦은 저녁 소주 한잔에 삼겹살을 먹으며 하루의 피로를 풀 때, 같이 쌈 싸 먹는 상추와 깻잎은 우리 밥상에 오르지 못할 것이다.

・한국의 여성들은 숏컷 헤어스타일을 했을 때, 운이 나쁘면 폭행을 당할 수 있다. 손가락을 움직일 때도 집게 모양이 되지 않도록 조심해야 한다. 여성에 대한 온라인, 오프라인에서의 혐오를 통

해 가부장제 권력은 유지된다.

　이 책에서는 누군가의 이익을 위해 희생되는 열둘 소수자 집단에 대해 이야기를 해보고자 한다. 그런데 이들 소수자의 이야기는 우리나라에도 그리고 다른 나라에도 존재한다. 마치 초등학교 때 많이 풀었던 "같은 것끼리 짝을 지어 선으로 이으시오"라는 문제처럼, 우리나라와 다른 나라의 차별은 서로서로 짝지어 쉽게 이어진다.

　첫 번째 짝꿍.
　우리나라에서 돌봄노동자로 일하는 조선족 여성들은, 50여 년 전 독일인을 돌봤던 파독 간호사와 거울처럼 서로를 비춘다.

　두 번째 짝꿍.
　차별적인 노동 환경에서 고통받는 우리나라의 동남아 출신 이주노동자들은, 120년 전 하와이로 가서 모진 노동을 통해 사탕수수 농장주와 하와이 경제에 이득을 가져다줬던 조선인 노동자들과 시대와 장소를 넘어 연결된다.

　세 번째 짝꿍.
　우리가 무고한 수백 명의 화교들을 학살했던 것처럼, 바다 건너 일본에서는 관동대지진 직후 수많은 조선인들이 학살되었다. 가해자와 피해자의 이름만 바뀐 채, 차별은 되풀이된다.

네 번째 짝꿍.

깨끗한 사회, 정화된 국가를 위해 짐승이 된 형제복지원 원생들은, 정주사회 이데올로기 속에서 사회정화를 위해 차별받는 유럽 집시들의 다른 얼굴이다.

다섯 번째 짝꿍.

한센인들이 낙인찍히고 우리 사회에서 지워졌던 것은, 미국에서 에이즈 감염인들이 이성애 중심 사회의 공고화를 위해 차별받았던 것과 쌍둥이처럼 서로 닮았다.

여섯 번째 짝꿍.

우리 사회의 여성혐오는, 수백 년의 시간을 거슬러 올라가 중세 유럽에서 종교권력과 남성 중심 질서 유지를 위해 수많은 여성이 희생당한 마녀사냥과 짝으로 이어진다.

이 책은 이처럼 우리나라 사례와 외국 사례를 사이좋게 여섯 쌍씩 짝지어서 소개한다. 이런 형식을 택한 것에는 나름의 이유가 있다. 나는 전작으로 한국인의 인종차별주의를 다룬 《한 번은 불러보았다: 짱깨부터 똥남아까지, 근현대 한국인의 인종차별과 멸칭의 역사》를 펴냈다. 감사하게도 이 책을 몇몇 언론에서 기사로 다뤘는데, 기사마다 무척 많은 댓글이 달렸다. 수백 개의 댓글을 일일이 읽어보았는데, 그것은 한편으로 흥분되는 경험임과 동시에 무척이나 괴로운 일이었다. 내가 여성이라는 이유로, 전혀 여성 문제를 다루지 않은 책인데도 '꼴페미'라는 악플도 많았고, '짱깨'는 짱깨라고 불릴 만한데 왜 뭐라 그러냐는 댓글도 많았다. 그런데 댓글 중에서 가장 많은 부분을 차지했던 것은 아래처럼 "왜 우리나라만 갖고 뭐라 그러냐?"는 내용이었다.

"유럽 가봐라. 한국의 인종차별은 양반이더라."

"우리나라처럼 외국인한테 잘해주는 국가도 없다."

"차별 없는 국가가 어디 있냐."

"우리나라만큼 인종차별 덜한 곳이 어딨다고. 우리도 영국, 미국 등 선진국 가면 인종차별 당하는데."

항의 이메일도 받았다. 자신을 80대로 소개한 한 어르신은 다짜고짜 "애는 낳아서 키워봤냐? 왜 훌륭한 우리나라를 욕보이냐"로 시작하는 거센 항의의 이메일을 내 학교 계정으로 보내왔다. 또 다른 독자는 수십 명의 학교 동료 교수의 이메일을 참조 리스트에 같이 담아, 다른 나라도 차별을 많이 하는데 왜 우리나라의 차별만 문제 삼느냐고 항의했다.

맞는 말이다. 차별을 하는 것은 우리나라만이 아니라, 다른 나라들도 마찬가지다. 어떤 면에서는 우리나라보다 외국, 특히 서구는 차별과 인권유린 문제에 있어 더욱 잔인한 역사가 있다고도 할 수 있다. 많은 나라가 차별 위에 지어졌다. 많은 나라들에서 국가권력에 의해, 엘리트들에 의해 소수자는 희생양 삼아지고, 자신들의 이득을 챙기기 위한 도구로 활용되어 온 것이 인류의 역사였다.

그런데 우리나라가 과연 다른 나라보다 차별이 적을까? 그렇지 않다고 본다. 우리나라도 다른 나라들, 특히 미국, 영국, 독일 등의 소위 서구 선진국에서 벌어졌던 그리고 벌어지고 있는 행태들 못지않은 차별과 혐오 행위의 역사가 길게 이어지고 있다. 다만 우리나라의 경우, 이 차별의 역사가 '비가시화'되어 있어 잘 보이지 않을 뿐이다. 식민지배, 해방, 전쟁, 분단, 경제발전, 민주화 등 숨 가쁜 근현대사의 굴곡 속에서 인권과 차별 문제에 눈을 돌릴 정신적·문화적 여유가 없어서였을까? 우리 사회는 주위에서 벌어지는 차별 문제에 큰 관심을 기울이지 못했다. 민주화 역시 정치과정에서의 형식적 대표성과 공정성 문제에 중점을 두었지, 차별받는 일반 시민과 소수자의 인권 문제까지는 눈을 돌리지 못했다.

이런 논리 속에서 우리 사회의 차별 문제는 항상 수면 아래에만 존재해왔다. 따라서 한국인들은 '우리나라가 서구보다 차별이 적은 나라'라는 착각에 빠지기 쉽다.

이 책은 서구의 차별 사례와 우리나라의 차별 사례를 짝꿍 지어 비교해 살펴볼 수 있게 했다. 독자들이 직접 판단해보길 바란다. 우리나라가 정말로 다른 나라보다 차별이 적은 나라인지.

본격적으로 이야기를 시작하기 전에, 한 가지 명확히 할 것이 있다. 이 책의 목적은 차별로 이득 보는 사람들을 가해자로 지목해서 비난하고자 하는 것이 아니다. 구조와 제도가 아니라, 개인에 주목하는 것은 더 나은 사회를 만들기 위해서 도움이 되지 않는다. <u>결국 나를 포함한 많은 사람은 자기도 모르는 사이, 다수자에 속했다는 이유로 사회와 제도가 가져다주는 '차별 이익'의 수혜자가 된다.</u> 우리나라 사례든지, 외국 사례든지 공통적으로 이득 보는 집단이 존재한다. 국가와 사회구조 그리고 권력을 잡은 자들은 차별의 대가로 평온하게 일상을 이어가며, 더 많은 부와 권력을 얻는다.

차별은 항상 대상을 달리할 뿐 비슷한 형태로 다른 시간, 다른 장소에서 반복된다. 권력이 소수자를 어떻게 희생양 삼아 정권을 유지하는가? 국가가 특정 집단을 차별해도 된다는 신호를 끊임없이 보내면 어떤 일이 벌어지는가? 차별로 인해 누가 이득을 보는가?

이런 질문을 우리는 해야만 한다. 우리가 살고 있는 이 사회는 차별 위에 지어진 사회이므로.

1장

돌봄으로 이득 보는 사회

첫 번째 짝꿍 :

조선족 간병인

×

한국인 파독 간호사

나는 나름 쉽지 않은 과정을 거쳐 박사 학위를 받고 서울에 있는 대학에서 교수를 하고 있다. 박사 학위를 받는 중간에 태어났던 아이는 내 인생 최고의 축복임과 동시에 내가 하고 싶었던 공부를 계속할 수 없을지도 그리고 교수가 될 수 없을지도 모른다는 불안감의 원천이기도 했다. 당장 핏덩이를 놔두고 강의를 하러, 학회에 발표를 하러 나가야 했다. 지친 몸을 이끌고 돌아온 저녁에는 밀린 논문을 쓰느라 밤을 새우는 날이 많았다. 이 과정에서 누구보다 큰 도움을 주었던 사람은 나의 아이를 오랜 기간 살뜰히 돌봐줬던 '이모님'이었다. 이모님은 중국동포, 소위 조선족 중년 여성이었는데, 돌봄노동을 제공해줌으로써 내가 경력이 단절되지 않고 커리어를 이어가게 도와준 일등 공신이었다. 한 여자의 돌봄노동이 있어야만 다른 여자가 성공적인 커리어를 이룰 수 있는 우리 사회에서, 중국에서 온 여자와 한국의 여자가 돌봄노동의 교환관계를 맺은 것은 우리가 지구적 돌봄 사슬 아래 살고 있다는 것을 잘 보여준다.

또 한 명의 여자가 있다. 돌봄노동으로 자신을 희생하며, 다른 사람들의 편안한 삶을 위해 노력했던 여자다. 2014년 개봉해 1400만 명의 관객을 동원하며 큰 성공을 거둔 '국민 영화' 〈국제

시장〉의 영어 제목은 〈Ode to My Father〉, '아버지에 대한 헌사'다. 1950년 한국전쟁 통에 부산으로 피란 온 '덕수(황정민 분)'는 피난길에 헤어진 아버지를 대신해서 가족의 생계를 꾸려나간다. 모두가 어려웠던 그 시절, 덕수는 남동생의 대학교 입학 등록금을 벌기 위해 이역만리 독일에 광부로 떠난다. 독일에서 돌아온 후에도 가족을 부양하기 위해, 선장이 되고 싶었던 오랜 꿈을 접고 베트남으로 건너가 기술 노동자로 일하는 덕수의 희생은 우리네 모든 아버지의 삶을 비추며 큰 감동을 자아냈다. 나도 이 영화를 보며 감동의 눈물을 흘렸던 기억이 있다.

그런데 덕수의 그림자 뒤에서 묵묵히 돌봄노동을 하며 자신을 희생했던 여자가 있었는데, 바로 덕수의 부인 '영자(김윤진 분)'다. 영자는 어려운 가정 형편 때문에 돈을 벌기 위해서 독일에 간호사로 갔다. 그는 독일의 환자들과 노인들을 돌보는 궂은 돌봄노동을 하며 청춘을 보냈다. 그곳에서 평생의 동반자 덕수를 만나 결혼을 한 후 한국으로 돌아와 덕수의 가족과 아이를 돌보며 헌신한다. '가장 평범한 아버지의 가장 위대한 이야기'라는 카피로 홍보됐던 이 영화는 '가장 평범한 어머니의 가장 위대한 이야기'기도 했다.

중국에서 한국으로 와 나의 아이를 돌봤던 이모님, 독일로 가서 독일인들을 위해 간호 일을 했던 영자, 두 사람은 시간과 장소를 초월하여 연결되어 있다. 이 장에서는 지구적 돌봄노동의 사슬 아래, 편안한 삶을 누리는 사람들 그리고 경제성장의 과실을 따 먹는 사회에 대한 이야기를 해보고자 한다.

첫 번째 짝꿍: 조선족 간병인×한국인 파독 간호사

우리나라의 조선족 돌봄노동자들

한국인의 마지막 길을 함께하는 사람들

'야버즈'라는 음식이 있다. 오리 목에 붙어 있는 고기인 야버즈는 중국에서는 잘 알려진 음식이지만, 우리나라에서는 생경한 음식이다. 차이나타운에 가면 맛볼 수 있는 이 음식을 한국으로 이주한 조선족 경희는 종종 즐긴다. 오리 목뼈를 통째로 입안에서 굴려가며 얇게 붙은 살을 혓바닥으로 애써 발라 먹고 뼈를 내뱉는 수고를 거쳐야만 먹을 수 있는 야버즈는 경희를 비롯한 중국동포들이 한국에서 가지는 위치와 비슷하다. 진짜 맛을 보기 전부터 선입견을 품고 보게 되는 야버즈처럼, 동포라고는 하지만 조선족 경희를 바라보는 한국사회의 시선은 낯설고 이질적이다. 젊은 조선족 출신 소설가 전춘화의 첫 소설집 《야버즈》(호밀밭, 2024)는 우리 근처에 있지만, 편견으로 바라보게 되는 조선족들의 삶을 비추고 있다. 야버즈를 먹는 경희에게, 고교 친구들은 말한다.[1]

"야, 하다못해 마라탕과 양꼬치도 한국에서 정착을 했는데 우린 이게 뭐니."

마라탕과 양꼬치 그리고 탕후루도 훌륭하게 정착한 우리나라에서 조선족은 야버즈처럼 살아간다. 이들 없인 요양병원 운영이 안 되지만, 왠지 낯설고 가까이하고 싶지 않다. 실제로 요양병원에 가면, 입원실 복도에 조선족 간병인 여성들이 모여서 이야기를 나누고 정보를 교환하는 모습을 어렵지 않게 볼 수 있다. 얼마나 많은 중국동포가 간병과 같은 돌봄노동에 종사하는지 알아본 정확한 통계는 없다. 그러나 전국 요양병원 간병인을 대상으로 실시한 조사에 따르면 약 35%가 중국동포인데,[2] 이는 요양병원에만 국한된 수치고, 전체 간병인을 대상으로 하면 무려 50~80%가 중국동포라고 한다.[3] 전체 간병인 18~20만 명 중 70~80%가 중국동포인 것으로 추정되니, 어림잡아도 12만 명이 넘는다.[4] 한국인 10명 중 7명 정도가 병원에서 삶을 마감하는데, 이들의 마지막을 가족과 함께 노인요양보호사나 간병인이 지켜본다.[5] 자격증이 필요한 요양보호사는 내국인이, 간병인은 중국동포가 다수를 이루는 것으로 양분되면서, 많은 한국인의 마지막 길을 조선족 동포가 함께하는 것이다.[6]

　　조선족 여성들이 오기 전에 육아나 간병과 같은 돌봄노동은 누구에 의해서 수행되었을까? 가족에 의해서, 특히 가정 내 여성들에 의해서였다. 전통적으로 한국 여성들에 의해 행해지던 돌봄노동이 조선족 여성들에 의해 수행됨으로써, 우리나라 여성들은 더 나은 노동 시장으로 옮겨갈 수 있었고, 경제는 성장했으며, 우리나라 노인들은 돌봄을 받았다. 노년의 부모나 환자를 돌보는 기존 한국 여성의 일을 조선족 여성이 대신하면서 한국 여성들은 더 나은 노동 시장에 적극적으로 참여할 수 있게 됐다. 이는 가구 전체의 소득을 상승시키는 것은 물론 소비를 늘려 우리나라의 경제성장에 기여했다. 돌봄노동의 국제적 분업 아래, 조선족 여성이 타자화되어 열악한 상황에서 노동하며 차별받는 자들이라면, 돌봄이 필요한 한국인들 그리고 한국 경제는 이득을 얻는 자들이 된다.

　　누군가는 이렇게 말할지도 모른다.

"한국 여성은 여전히 차별적 대우를 받고 있으며, 노동 시장에서의 젠더 불평등은 OECD 국가 중 최악이다. 물론 잘사는 국가인 우리나라의 중상류층 여성들은 저개발 국가의 여성들보다는 상대적으로 돌봄노동으로부터 해방되었다. 하지만 이는 유구한 역사를 가진 젠더화된 노동 분업 체계가 타파되어 가능했던 것이 아니라 단지 또 다른 '여성'들에게 하청을 줌으로써 가능했다."

맞다. 전 세계적인 돌봄노동의 시스템하에서, 우리나라 여성들이 하던 돌봄 일들을 조선족 여성들에게 물려주었다는 것이지, 이로 인해 우리나라 여성들 전반의 삶이 향상되고 개개인이 이득을 챙겼다는 뜻이 아니다. 돌봄노동의 주체가 우리나라 여성에서 조선족 여성으로 전환되는 데는, 우리 눈에는 잘 보이지 않는 전 세계적이고 구조적인 변화가 그 배경에 있다. 남반구 여성의 북반구로의 이주는 북반구 국가들의 복지와 돌봄 체제의 변화로 인해 일어났다. 잘사는 나라들이 그들 나라의 이익을 위해 못 사는 나라 사람들의 이주를 받아들이고 잘사는 나라 사람들이 꺼리는 노동을 이주자들에게 맡긴 것이다.

인류 역사상 이주노동자는 대부분 남성이었으나, 지난 30여 년간 여성이 계속해서 증가하는 양상을 보이고 있다. 이를 '이주의 여성화' 현상이라고 칭하는데, 여성들이 남성들과는 다른 방식으로 가난한 나라에서 부유한 나라로 광범위하게 이주하고 있다.[7] 여성 이주노동자들은, 세계자본주의 체제와 가부장제 이데올로기가 교차하는 지점에 위치하고 있어 이중으로 차별받는 대상이 된다.[8] 이들은 전통적으로 가정을 돌보는 책임을 맡아왔기 때문에 해외에서 일하고 있음에도 본국의 집안일과 자녀 양육에서 남성만큼 자유롭지 못하다. 또한 이주해 온 나라에서는 3D 업종에 취업하여 노동 시장의 최하층에 편입되면서도, 본국에서 '아내'와 '어머니'의 역할을 제대로 못한다는 비난을 받기도 한다.[9]

이주의 여성화 현상은 북반구 선진국 국가에서 고령화 추세, 노동비용 절감을 위한 경쟁 심화 등의 사회 인구학적·경제적 변화가 그 원인으로 지목된다. 잘사는 나라들은 자신들 내부의 변화에 대응하기 위해 새로운 국제 분업 시스템을 도모했고, 급속한 경제성장으로 잘사는 나라에 속하게 된 우리나라도 요양병원 종사자와 같은 돌봄노동의 많은 부분을 우리보다 못사는 나라 출신의 이주 여성에게 맡기고 있는 것이다. 흥미로운 것은 다른 나라들은 다양한 국적의 외국인 노동자들이 돌봄노동을 수행하는 데 반해서, 우리나라의 경우는 같은 민족이자 동포인 조선족 여성이 돌봄노동을 떠맡고 있다는 점이다. 예를 들어 대만의 경우, 경제성장을 이룬 후 돌봄 인력이 부족해지자 다양한 저개발국가의 이주노동자를 받아들여 이들에게 대만 여성을 대신해 돌봄노동을 수행하게 했다. 2019년 나는 대만의 국립정치대학교에서 연구년을 보냈는데, 거리에서 동남아시아인으로 보이는 젊은 외국인 여성이 대만 할아버지나 할머니의 휠체어를 밀며 가는 모습을 쉽게 마주칠 수 있었다. 돌봄노동의 국제 분업이 이루어지는 생생한 현장이었다. 경제적으로 잘살게 된 대만 여성들은 더 좋은 노동 시장으로 진출하고, 그 결과 남게 된 돌봄의 공백을 저개발국가 출신의 여성들이 메우고 있었다. 대만은 인도네시아, 필리핀, 태국, 베트남, 말레이시아 등 다양한 국적의 저개발국 출신 여성 이주노동자들이 돌봄을 수행하는 데 반해, 우리나라는 같은 민족적 배경을 가진 조선족 여성이 주로 돌봄 수행을 대신한다는 차이만 있을 뿐이다.

돌봄 결핍의 시대

단기간에 이뤄진 압축적 경제성장은 우리 사회 내 여러 변화를 낳았다. 출생률은 낮아지고, 고령화 속도는 빨라졌다. 2024년 기준 65세 이상에 해당하는 고령 인구는 993만 8000명으로, 전체 인구의 19.2%를 차지한다. 전체 인구 대비 고령 인구 비율은 2015년 13.2%, 2020년 16.4%, 2023년 19.0% 등 매년 높아지는 추세다.[10] 반면, 산업화 시대에 추진된 "하나만 낳아 잘 살아보세"로 상징되는 인구정책은 출생률의 급격한 감소를 가져왔다. 합계출생률은 1960년 6.3명, 1970년 4.53명에서 급격하게 감소하여 1983년에는 2.06명으로 떨어졌다. 2000년대 들어 저출생 현상이 가속화되면서 합계출생률은 2000년 1.48명, 2010년 1.23명, 2024년 0.75명으로 계속 낮아지고 있다.

반면 여성의 노동 시장 참여는 늘어났다. 1960년대 말부터 노동집약적, 수출주도형 산업화가 진행되며, 우리나라는 노동력을 최대한 동원하기 위해 젊은 미혼 여성들을 일터로 내보내기 시작했다. 여성의 경제활동 참가율은 꾸준히 증가하여, 1976년 38.9%에서 2012년 53%, 2022년 54.6%로 높아졌다. 관리자나 전문 기술직 종사자는 0.9%에서 11.8%로, 사무직 종사자는 0.3%에서 12.5%로 늘었다.[11] 여성의 교육 수준도 향상되었다. 1974년 15~49세 기혼여성의 교육 수준은 초등학교 이하가 70.5%였는데, 이후 꾸준히 고학력자가 늘면서 2012년에는 해당 연령층 기혼 여성의 교육 수준이 고등학교 47.4%, 대학 이상 47.1%로 향상됐다.[12] 특히 이 연령층 기혼 여성의 학력이 1985년에는 중학교 30.2%, 고등학교 25.9%였는데, 1988년에는 중학교 28.5%, 고등학교 31.1%로 중·고등학교 학력층의 비중이 역전되었다. 이제 우리나라 여성들은 더 나은 기회와 더 높은 임금을 주는 직업을 갖게 된 것이다.

이러한 변화 속에서, 우리 사회는 서서히 돌봄이 필요한 사람은 증가하고, 돌봄을 수행할 사람은 줄어든, 돌봄 결핍의 시대로 전환되었다. 이제 가족 내 여성의 희생으로 이루어진 돌봄은 더 이상 작동하기 힘들며, 돌봄을 수행할 대체 노동자가 필요하게 되었다.[13] 이에 2001년 김대중 대통령이 노인요양보장제도 도입을 제안한 후 2003년 공적노인요양보장 추진기획단이 설치되었다. 그 후 2007년 관련 법안이 국회를 통과하여, 마침내 2008년 7월 노인장기요양보험이 실시되었다. 노인장기요양보험은 노인요양서비스를 제도화하여, 이전까지는 가족의 영역, 그중에서도 여성에게 지워졌던 노인 돌봄의 부담을 국가가 분담하는 시대를 열었다.[14] 요양병원은 특히 노인의료 측면에서 중요한 서비스 제공 기관인데, 2000년 19개에 불과했던 것이 2009년 777개, 2011년 988개로 급증했다. 2005년 한 해 동안 요양병원에 입원한 노인은 약 2만 7000명이었으나 2009년에는 12만 2900명으로 크게 증가했다.[15]

우리 사회의 구조적 변화 속에서, 조선족 여성 이주노동자는 어느새 가장 중요한 돌봄노동자 집단이 되었다. 국내 요양병원

100곳 중에 조선족이 대다수인 외국인 간병인만 고용한 요양병원이 절반에 가까운 44곳에 달한 반면, 한국인 간병인만 일하고 있는 병원은 22곳에 그친다.[16] 32곳에선 한국인과 외국인 간병인이 함께 일하고 있지만, 전체를 보면 조선족 간병인이 절대적으로 많다. 우리나라 이주민 집단 가운데 돌봄노동 시장에 진입이 용이한 것은 재외동포이고, 그중에서도 중국동포가 한국어 의사소통이 가장 원활하기 때문이다.

우리나라는 1993년 산업연수생제도를 도입할 당시 서비스 업종은 포함하지 않았다. 돌봄, 가사노동 등 서비스 부문에 이주노동자를 공식적으로 받아들인 것은 한국계 중국인들의 이주 관련 법을 정비하던 2002년과 2007년에 이르러서였다. 2000년대에 들어와서 중국동포를 대상으로 한 이주 정책이 개선되었는데, 그즈음에 장기요양서비스의 제도화가 이루어졌고 그러면서 노인 돌봄 일자리가 많이 늘어난 것이 조선족 간병인의 대거 등장을 가져왔다.

그런데 제도화 전에 조선족들의 가족 방문이나 결혼 관련 정책들이 있었고, 이를 통해 이미 한국에 있는 조선족 여성들이 서비스 부문에서 일을 하고 있었다.[17] 1980년대부터 매년 수백 명의 조선족이 친척을 방문한다는 목적으로 입국했다. 이들은 신도시 건설경기 붐이 일자 건설 현장에서 취업하려고 입국하거나, 한약이 인기를 끌자 한약 장사를 통해 돈을 벌려고 대거 입국하여 "한 집 건너 한 집은 한국에 가는" 중국 내 조선족 마을이 많았다. 특히, 1992년 한중수교를 전후로 중국 조선족 사회에서 '한국 바람'이 일만큼 조선족들은 대규모로 국내에 입국하여 서비스업, 건설업 등에서 한국인들보다 낮은 임금을 받으며 일했다.

    이들의 국내 이주는 대부분 생계 때문이었다. 중국의 55개 소수민족 중 하나인 조선족들의 집단 거주지는 저발전 상태에 놓여 있던 농촌 지역이었고, 북방 산간 지역에 자리 잡고 있어 개혁개방의 혜택을 받지 못했기 때문이다.[18] 또한 1990년대 중국의 국가 산업 개편으로 인해 도시 실업자 수가 800여만 명에 이르렀는데, 그중 여성이 60% 이상이었다.[19] 시장경제체제로의 사회변동 과정에서 농촌 지역 여성들은 1980년대 후반부터 이주를 시작했는데, 이 현상을 '다궁메이Dagongmei'라고 불렀다. 덩샤오핑의 개혁개방과 경제 건설에 가속도가 붙으면서, 외지로 이주하는 사람들이 급격히 증가했고, 조선족 여성들도 이 추세에 가담하여 1990년대에 대거 이주하기 시작했다.[20]

    1994년부터는 조선족도 산업연수생의 신분으로 입국할 수 있었으나 극히 제한적인 규모였기 때문에 한국에서 취업을 원하는 조선족들은 방문비자나 초청비자를 통해 입국하여 미등록 체류를 하기도 했다. 1999년 '재외동포의 출입국 및 법적지위에 관한 법률'이 제정되었으나, 중국과 구소련 거주 동포들은 실질적으로 배제되는 문제가 있었다. 이를 개선하기 위해 2002년 '서비스 분야 취업관리제 시행방안'이 실시되면서 40세 이상 국내 연고가 있는 중국과 구소련 동포들이 간병인과 같은 일부 서비스업에 취업이 가능해졌다. 이 제도로 인해 조선족 간병인이 우리나라의 아픈 노인들을 돌보고, 생의 마지막을 함께하는 존재가 된 것이다.

    이 제도 이전에 이미 미등록 체류자를 포함하여 돌봄 영역에서 일하고 있는 중국동포들이 상당수 존재했는데, 이들의 노동 상황은 열악했다. 정부가 새롭게 동포를 위해 만들었다는 정책인 '조선족동포 특례고용허가제'가 일반고용허가제와 달리 사업장 변동을 무제한으로 허용하고 일부 서비스 업종을 추가 허용하여 언뜻 동포에 대한 혜택인 것처럼 보이나 실상은 그렇지 않았다. 중국, 구소련 지역에 거주하는 외국 동포들에게 허용되는 업종은 건설업, 가사노동, 간병인, 음식점 종사, 어업, 농축산업 등에 집중되어 있었다. 중국동포의 경제활동 영역은 한국인이 기피하는 직종이나 하층 계급의 한국인이 많은 일자리에만 국한되었다. 조선족의 노동력을 값싸게 쓸 수 있게 되어 우리 사회가 오히려 이득을 보게 된 것이다. 특히 서비스업 중에서도 간병인과 같은 노인 돌봄노동의 경우 취업하기 위한 자격요건이 까다롭지 않아 외국인들이 진입하기 쉬운 데다 저임금, 강한 노동 강도, 불안정한 고용환경 등으로 내국인들이 꺼리는 업종이다.

    우리는 필요에 의해 조선족 여성 이주노동자를 받아들였지만, 이들은 우리 사회의 주변화된 존재로 살아간다. 해외 여성 돌봄노동 종사자들은 대부분이 저임금 국가의 가난한 시골 출신이며, 빈곤을 벗어나기 위해, 그리고 가족들의 부양을 위해 더 나은 임금 조건을 제시하는 일을 찾아 외국으로 이주를 감행한다. 이들은 대체로 교육 수준이 낮고 특별한 전문 기술이 없기에 부국의 국민들이 꺼리는 일자리로 싼 임금을 받으며 진입하게 된다. 조선족 이주 여성들도 마찬가지다. 돌봄노동은 공식적 부문과 비공식적 부문으로 나눠지는데, 비공식 부문은 노동법과 사회보장제도 등의 보호를 받지 못하는 영역을 의미한다. 간병인이 그 대표적인 예로, 중국동포는 체류자격 등의 문제 때문에 대부분 비공식적인 부문 돌봄노동에 종사한다.[21]

머슴같이 일하는 거지

조선족 간병인은 저임금, 장시간 노동, 업무 외 노동 등 열악한 조건에서 일한다.[22] 돌봄노동은 원래부터 가족 내에서 특히 여성이 '무급'으로 했던 일이었기 때문에, 간병일은 가치를 낮게 평가받고 따라서 임금도 적다. 종합병원의 간병비가 약 11만 원 정도인 것에 비해 요양병원 간병비는 5인실 7만 8000원, 6인실 8만 3000원, 7인실 8만 8000원 정도다. 24시간 일하기 때문에 시급으로 계산해보면 약 3000원 정도가 된다. 용역업체인 간병인협회를 통해 일자리를 얻는 경우가 많은데, 그럴 경우 병원에서 돈을 받아 매달 회비 7만 원을 떼고 준다. 협회는 가입비 12만 원과 1년에 20만 원씩 상해 보험료도 떼는데, 이는 간병인이 돌보는 환자가 다칠 경우에 대비한다는 명목이다. 한 달에 1~2일 쉬고 병원에서 숙식하면서 일해도 손에 쥐는 돈은 200만 원이 안 되기도 한다.[23]

"여기 와서 일하다 간 사람들 오래 못 살아."
"머슴같이 일하는 거지."

중장년 조선족 간병노동자들의 말[24]처럼, 이들은 높은 강도의 노동을 하나 그에 비해 임금 수준은 낮다. 요양병원의 간병인들은 식사 배식, 석션(가래 흡입), 병실과 화장실 청소 등의 업무까지 해야 하는 경우가 많아 노동 부담이 크다. 24시간 윤번제로 근무하지만 유급휴일이 제대로 주어지지 않고, 휴가를 내려면 대신 근무해줄 다른 간병인을 자비로 구해야 한다. 가장 힘든 게 뭐냐는 질문에 대해 "잠이 부족한 게 제일 힘들다"고 말한다.

> "어떤 환자는 하루 2시간밖에 못 자면서 계속 이것저것 주문해요. 자다 깨기를 반복하니 잠을 잘 수가 없지요. 24시간 붙어 있어야 하고, 다른 데서 눈을 붙일 수 있는 것도 아니고, 휴게공간이 있는 것도 아니고…."[25]

간병인은 일용직 노동자라서 4대 보험 적용을 받지 못하고, 산업안전보건법이나 산재보상보험법의 적용도 받지 못한다.[26] 특수고용직이므로 대다수 간병인은 근로기준법을 적용받지 못하며, 당연히 이들을 위한 예방과 안전대책도 없다. 환자를 돌본다는 특수성으로 인해 병원균에 감염되기도 한다. 간병인의 숙식 환경도 열악한데, 환자 침대 옆 얇은 매트리스에서 잠을 자고 끼니를 해결한다.

노동자로서도 보호받지 못한다.[27] 경기도 용인시의 한 병원에서 일한 조선족 간병인은 48일 치 임금을 못 받았다. 자그마치 석 달 이상 돈을 못 받은 동료도 있었다. 병원이 폐업하면서, 이들에게 임금을 제대로 지불하지 않은 것이다. 조선족 간병인 11명은 고용노동부 경기지청에 병원을 상대로 한 임금체불 진정서를 제출했는데, 노동부는 "노동자가 아니어서" 행정을 종결한다는 통보만을 보내왔을 뿐이다. 간병인협회도 "일을 알선해줬을 뿐"이라며 책임을 회피했고, 그들은 결국 일한 대가를 받지 못하고 버려졌다.

돌봄노동은 크게 숙련된 기술이 필요 없는, 여성이 집 안에서 하는 비전문적인 일로 간주되어 고용계약 없이 일을 하거나, 부당한 노동을 요구받거나, 심지어 임금이 체불되기도 한다. 여성들이 주도하는 돌봄노동은 사적이고, 비생산적인 영역에서 이루어진다는 이유로 저평가된다. 거기다가 간병인들은 '간병'이라는 주어진 업무 외에도 고용자에게 필요한 다른 일을 수행하도록 요구받곤 한다.[28] 간병인은 환자의 모든 일상을 24시간 내내 관리해야 하며, 때로는 간호사의 요구까지도 지시해야 한다. 이는 돌봄노동자들이 임금노동자로서가 아니라 가정 내 '여성'으로서의 역할을 수행한다는 것을 의미한다.[29] 돌봄은 원래부터 가정 내 여성이 당연히 해야 할 일로 여겨왔기 때문에 고용주들은 돌봄노동자들에게 돌봄 외 일들을 거리낌 없이 시킨다. 이로 인해 돌봄노동자들은 종종 과도한 노동에 시달리거나, 사적인 영역에서의 노동이라는 이유로 정당한 대가가 주어지지 않는다. 간병인으로 일하는 조선족 여성은 다음과 같이 증언한다.[30]

> "어떤 집에는 간병을 하면서 식구가 적으니까 할머니 한 분이라 하면 한 분만 하는 게 아니고. 식사, 식사 준비 또 시장, 청소, 빨래, 간호, 간병 이런 거 다 하는 거예요."

동포인 듯 동포 아닌 듯

　간병노동은 환자 신체의 은밀한 부위가 노출되고, 신체와 전면적 접촉을 해야만 한다. 이뿐 아니라, 환자에게 정신적 위안과 안정을 제공해야 하는 것도 간병과 같은 돌봄노동에서 요구되는 일이다. 조선족 간병인들이 하는 서비스는 환자 식사, 목욕, 옷 갈아입히기 등 매일 반복되는 기본적 활동뿐 아니라 가래와 대소변 처리, 마사지 등 환자 몸에 대한 긴밀한 접촉을 필요로 한다. 낯설고, 병든 사람의 배설물 등을 처리한다는 점에서 일반적으로 간병 일을 천대하는 사회적 인식이 있다.[31] 게다가 조선족에 대한 우리 사회의 부정적인 인식으로 인해 중국동포 간병인들은 더 차별받기도 한다. 조선족 여성들은 한국을 동포의 나라라고 생각하고 왔지만, 차별적인 대우로 인해 심각한 정서적 스트레스를 겪는다.[32] 국내 유일의 등록 조선족 간병인 단체 '재한중국동포애심간병인총연합회' 감사를 맡고 있는 태순음 간병사는 간호사나 직원들이 조선족 간병인을 무시하고, 돈이나 물건이 없어지면 바로 간병인부터 의심하는 일들이 공공연하게 벌어진다고 말한다.[33] 한국인들과 비교해서, 조선족 돌봄노동자들은 노동 관념이 부족하고 질이 낮다는 낙인이 찍혀 있다.[34] 이들은 보호자나 고용주가 자신들을 믿을 수 없는 존재이며 잠재적인 범죄자로 취급한다고 말한다.[35]

　왜 우리는 조선족에 대해서 이런 부정적 인식을 갖게 되었을까? 한국인이 좋아하는 영화를 살펴보면 답이 나온다. 〈황해〉, 〈범죄도시〉, 〈청년경찰〉, 〈신세계〉 등 인기를 얻었던 영화에는 조선족 캐릭터가 등장하는데 거의 다 잔인하게 살인을 저지르는 범죄자로 묘사된다. 〈황해〉에서 조선족 택시기사인 구남(하정우 분)은 빚을 갚기 위해 청부살인을 선택하고 죽은 자의 손가락을 자른다. 조선족 브로커인 정학(김윤식 분)은 도끼로 사람을 죽이고 눈 한번 깜빡이지 않고 "대가리는 남겨두고 나머지는 개를 줘라"라고 말한다. 〈범죄도시〉 속 대부분의 조선족은 조폭이거나 몸에 칼, 도끼 등 흉기를 지니고 다니며, 가리봉동은 대낮에도 패싸움과 칼부림이 일어나는 한국 속 '범죄도시'로 묘사된다.

이들 영화가 조선족 '남성'을 악마화했다면, 조선족 '여성'에 대한 묘사도 썩 긍정적이지는 않다. 2016년 개봉한 〈미씽: 사라진 여자〉는 딸의 양육권을 두고 남편과 소송 중인 워킹맘 지선(엄지원 분)과 입주 육아도우미인 조선족 여성 한매(공효진 분)가 등장한다. 한매는 지선에게 육아와 일을 병행하기 힘든 자신을 돕기 위해 어디선가 나타난 고마운 천사 같은 존재이다. 그러나 이들 관계의 이면을 살펴보면, 나와 내 아이를 돌봐준 이모님과 같이, '글로벌 돌봄 사슬'이 맺어준 관계일 뿐이다. 한매는 사실은 천사가 아니라, 복수를 위해 의도적으로 지선에게 접근했고 결국은 지선의 딸을 유괴한다. 조선족 여성은 우리와 공존하는 여자가 아니라 딸을 유괴해서 '사라진 여자'가 된다.

중국동포를 잠재적 범죄자이자 부정적 인물로 그리는 미디어는 일반인들의 정서에도 영향을 미쳤다. 한국 사회에서 중국동포는 선진국 출신 동포들과는 매우 다른 취급을 받는데, 동포이면서도 한국인과는 전혀 다른 문화를 갖고 있으며, 다른 것을 넘어서서 '열등한' 집단으로 간주된다. 그들은 더럽고, 게으르며, 위험한 속성을 지녔고, 싼 임금에 쉽게 착취할 수 있는 존재로 여겨진다.[36] 전통적으로 여성이 하는 일로 간주되어 평가절하되는 돌봄노동이, 이제 중국동포에 대한 사회적 편견까지 더해져 저학력의 외국인이 하기에 적합한 가치가 낮은 일자리로 자리매김했다.

어느 노동이나 다 나름의 고충이 있으나, 간병과 같은 돌봄노동은 '몸 일'임과 동시에 '감정노동'의 성격을 갖고 있다.[37] '몸 일'이 간병노동의 주요한 특징임을 조선족 간병인들은 다음과 같이 표현한다.

"환자 매일 이리 옮겼다 저리 옮겼다 하면 내 안 아픈 데가 없어요. 이 일이 골병드는 일이야."

"한국인은 24시간이라 힘들어서 다 나가요. 그래서 조선족이 하잖아요. 작은 침상도 그렇지만 여기저기 앓는 소리 땜에 잠을 푹 못 자요. 또 중환자실은 잠 못 자요. 이 일이 더 물러설 데가 없다. 이래 생각하고 하는 거지."

간병과 같은 돌봄노동은 특히 가래, 대소변과 같은 배설물을 처리해야 하는 매우 예민한 몸 일의 하나다.

"똥오줌 치고, 가래 빼고, 소변줄 보고, 몸 옆으로 돌리고, 석션하고, 좌약 넣어야지, 관절 마사지, 다리 주물러야지…."

"똥 치는 거 역해도 돈 벌러 왔으니 닥치는 대로 해야 되지."

"비위 없는 사람은 나간다지만 돈 벌러 왔으니 돈만 벌면 되지요."

"변 치우는 거 눈 딱 감으면 이게 낫지."

환자의 배설물 처리를 간병의 중요한 요소로 생각하는 듯한 조선족 간병인들의 인터뷰는 간병노동을 몸 아픈 사람을 돌보는 백의의 천사 이미지가 아니라 남들이 꺼리는 3D 직종으로 스스로도 인식하고 있음을 보여준다.[38]

거기에 더해 "기저귀를 부드러운 손길로 갈아야 하며", "인상 쓰지 말고 너무 많이도 말고 딱 고만큼만 만지면서 밑을 닦아야 한다"는 표현처럼, 환자와 간병인, 특히 조선족이라는 타민족 간병인 사이에는 위반해서는 안 되는 위계가 존재한다.[39] 때문에 한 간병인은 스스로를 양반집 여자의 곁에서 잔심부름하던 '몸종'에 비유하기도 했다.

이러한 위계는 조선족 여성이 수행하는 돌봄노동이 감정노동을 수반함을 시사한다. 감정노동이란 용어는 우리 사회에서도 이제 널리 알려진 용어다. "고객님 사랑합니다"라는 낯 뜨거운 말을 얼굴에 미소를 띠고 처음 보는 고객에게 해야 하는 노동자들이 대표적인 감정노동자다. 그들은 '상대방이 우호적이고 안정된 장소에서 보살핌을 받고 있다는 느낌을 창출할 수 있게 외모와 표정을 유지하고, 감정을 억압하거나 표현하는 방식으로 감정을 조절하고 관리하는 노동자'들이다.[40] 감정노동을 주로 수행하는 직업군에 간병인과 같은 돌봄노동 종사자들이 속해 있다. 그들은 환자와 감정적인 친밀감을 형성해야만 하는데, 조선족 간병인의 경우 연변 말투를 쓴다거나 문화적인 차이가 발견된다거나 하는 것이 종종 차별의 이유가 되곤 한다. 특히 연변 억양을 듣고 얼굴을 찡그리는 한국인들을 만나면서, 동포로 취급되지 않고 하대 되는 민족 간 위계를 경험한다.

> "한국인 간병인들과 우리를 다르게 보죠. 말귀를 못 알아듣는다 그러고. 아랫사람 부리듯 하대하는 환자들 많아요. 그래서 심양이나 흑룡강성에서 온 사람들은 서울 말씨로 바꾸려 하잖아요."[41]
> "조선족은 정확하게 안 하고 거저 하려 든다고. 조선족 무시하는 게 제일로 서러워요."[42]
> "'더럽고 돈만 보는 조선족'이라는 건 말도 안 돼요. 동포는커녕 무시하는 게 정말 자존심 상하고. 되레 우리가 한국사람들이 상전 행세해서 더러워 못 해 먹겠다고 생각할 때가 많아요.[43]

제1세계가 제3세계로부터 뽑아내는 사랑

조선족 간병인들은 가족, 특히 아내, 딸, 며느리 등 전통적으로 여성이 했던 일들을 하면서 '유사가족'과 같이 취급된다. 실제로 돌봄노동을 하는 이주 여성들은 자신이 돌보는 사람이 "가족 같다"고 얘기하기도 하며, 보살핌을 계속하면서 애정이나 측은지심이 생겨 부당한 대우를 받더라도 떠나지 못하고 계속 일을 하기도 한다. 이들의 노동은 마치 제1세계가 제3세계로부터 사랑을 뽑아내는 것과 같다.[44]

낯선 사람과의 밀접한 신체적 접촉과 배설물을 받아내야 하는 조선족 돌봄노동에 대한 우리 사회의 차별적 인식은 크다. 세계화 시대에 초국가적인 돌봄노동을 수행하는 이들은 사실 우리 사회 및 국가의 발전과 성장에 적지 않은 역할을 하는 경제주체다.[45] 초국가적인 돌봄노동의 상업화와 분업화로 인해 한 국가의 여성은 더 나은 시장으로 진입하는 이득을 보고 다른 국가의 여성은 차별적 상황에 직면해 인권과 노동권이 제대로 보장되지 않는 환경에서 일한다. 이는 돌봄노동을 보다 거시적인 차원에서 그리고 세계 구조적인 차원에서 바라봐야 함을 보여준다. 한 국가에서 다른 국가로의 이주는 개인의 '선택'으로 이루어지는 것이지만, 그 사이에는 우리 눈에는 잘 보이지 않는 전 지구적이고 구조적인 연쇄 작용이 벌어지고 있다.

  이 장에서는 주로 간병인 역할을 하는 조선족 이모님들에 초점을 맞췄지만, 나의 아이를 돌봤던 이모님처럼 아동 돌봄노동을 하는 조선족 여성들도 매우 많다. 내가 살았던 아파트 단지에서는 베이비시터로 근무하는 조선족 이모님들이 매달 한 차례씩 동네 놀이터에서 모임을 갖기도 했을 만큼, 아동 돌봄 시장에서 조선족 여성의 역할은 매우 크다. 최근에 서울시에서 도입하여 국내에 입국한 100명의 필리핀 가사 관리사들 역시 지구촌 돌봄 사슬global care chain[46] 하에서 이주하는 여성들의 전형이다. 한 여성의 돌봄노동으로 다른 여성은 자신의 경력을 단절 없이 이어갈 수 있고, 경제는 번영을 계속해간다.

독일로 간 한국 간호사

동양에서 온 연꽃

"우리한테 자신이 있고 없고가 어딨어. 죽느냐 사느냐 하는 낭떠러지에 서 있는데."

조정래의 대하소설 《한강》의 등장인물 김광자는 독일에 간호사로 파견된다. 힘든 간병일을 하는 중에, 동료인 또 다른 파독 간호사 정남희가 독일인 치매 노인의 뒷수발을 힘들어하자 이렇게 쏘아붙인다.

로투스 블루메Lotus-Blume, 이른바 '동양에서 온 연꽃들'이라 불렸던 파독 간호사들의 삶은 연꽃처럼 예쁘지만은 않았다. "죽느냐 사느냐 하는 낭떠러지"에 서 있다는 김광자의 말처럼, 치매 노인의 뒷수발 등 기대와는 다른 간호 이외의 궂은일도 감수해야 했다. 이번에는 '애국자', '민간 외교관' 등 화려한 수사 뒤에 숨겨진 그들이 겪은 고초와 차별의 이야기를 들어보자.

선진국 내 서비스 산업이 확대되고 저임금, 저숙련 일자리가 늘어나는데, 이를 기피하는 내국인 여성을 대신해서 제3세계 여성이 유입되는 현상은 오늘날 한국만이 아니라 과거 독일에서도 똑같이 일어났다. 마치 거울처럼 주어만 바뀐 채, 유사한 일이 1970년대 '대규모 간호인력 독일 파견'이라는 이름으로 행해졌다. 이때 잘 사는 나라는 독일, 가난한 나라는 우리나라 그리고 차별받는 여성

이주노동자들은 파독 한국인 간호인력이었다. 현재는 국제적인 돌봄 사슬에서 우리나라가 이득을 본다면, 1970년대의 우리는 돌봄 사슬의 맨 마지막에서 차별받는 존재였다.

당시 우리나라와 서독의 경제력은 매우 차이가 컸다. 서독 경제는 1940년대 말부터 역동적으로 성장하기 시작하여,[47] 1960년대는 1950년대에 비해 수출이 4.5배, GNP(국민총생산)가 3배 증가했다. 세계 수출에서 차지하는 비중도 6%에서 10%로 증가하는 경제 호황기를 누렸다. 1950년 이래 10년 사이, 서독의 자동차 산업은 5배가 넘는 자동차를 생산해냈고, 실업률은 2% 이하로 떨어져 거의 완전고용 수준에 이르렀다. 1968년 경제성장률은 7.3%로 1966년의 4%보다 3.3%p 증가했으며, 3.5%던 인플레이션율도 1.5%로 감소했다. 국가채무도 빠르게 감소해 1969년에 15억 마르크의 재정 흑자를 기록했으며, 1950~1970년 사이 실질임금은 2.5배 상승했고, 농업 부문 종사자는 1949년 20%에서 1970년 10%로 줄었다.[48] 모든 경제 지표가 장밋빛이었던, 그야말로 '라인강의 기적'을 일군 시대였다.

1970년 서독의 국민 1인당 GNP는 2748달러인 반면, 우리나라는 251달러에 불과했다. 자그마치 우리의 11배에 달했다. 전후 경제 재건에서 서독은 한국전쟁 특수를 톡톡히 누렸다. 우리나라에서 벌어진 민족상잔의 비극이 '코레아 붐'이라는 이름으로 원자재 호황을 촉발하여 서유럽과 서독의 경제성장에 적지 않은 영향을 끼쳤다.[49] 그런데 아이러니하게도 빠른 경제성장에 비해 이를 계속해서 견인할 노동력은 부족했다. 정치적인 이유로 동독으로부터 노동력 유입도 중단되어 상황은 악화일로였다. 노동력 부족으로 경제성장이 둔화될까 우려한 서독은 외국인 노동력을 도입하기 시작했다. 보통은 외국인 노동자 도입에 대해서 노조가 반대할 수 있는데, 서독의 노조는 외국인 노동력이 어차피 노동 시장에서 독일인이 기피하는 일을 하기 때문에 독일인 노동자의 경쟁자가 아니라고 봤다.[50]

노동력 부족은 특히 돌봄 분야에서 심각했는데, 1965년 서독은 약 3만 명의 간호인력이 부족한 상태여서,[51] 병원이나 요양원이 폐쇄될 지경에 이르렀다. 이러한 상황에서 우리나라의 파독 간호인력은 독일의 부족한 돌봄노동 시장을 메꿔주어 독일 경제가 지속적으로 성장하는 데 기여했다. 제3세계 여성 이주노동자였던 한국의 젊은 여성들[52]이 질 낮은 간병노동을 하는 대가로, 독일 중산층 여성은 더 나은 노동 시장으로 진출했고 가사노동 경감에 따른 혜택을 누렸다.

독일은 간호인력으로 젊으면서 동시에 미혼인 여성을 선호했다.[53] 전통적으로 독일에서 간호는 여성, 특히 집안의 여성이 담당하는 일이었고, 집안에서 돌보기 힘든 환자를 수발하는 것은 원래 수녀들이 담당했다. 결혼하지 않은 수녀들이 공공기관에서 환자를 간병한다는 전통은 1960년대에도 여전히 존재했고, 이러한 전통에 부합하는 것이 '미혼의 젊은 여성'이었다. 또한 미혼의 경우, 가족수당이나 모성보호를 위한 여러 가지 사회 혜택도 줄 필요가 없었기 때문에 독일 정부로서는 더 선호하는 자격조건이었다.

독일 국민의 인간다운 삶을 위해 희생할 노동력이 필요했고, 파독 간호인력은 그러한 요구에 딱 맞았다. 돌봄노동이 여성인 동시에 외국인과 같은 지위가 낮은 소수자에게 적합한 노동이라는 인식에 이번에는 한국 여성들이 희생되고, 독일 경제가 이득을 본 것이다.

한국의 많은 여성이 머나먼 유럽의 낯선 땅 독일로 가서 병원과 양로원 등에서 돌봄노동을 했다. 처음 한국의 간호인력이 언제 독일로 건너갔는지에 대한 정확한 기록은 없지만, 1959년에 이미 한국 여성들이 간호학생으로 독일에 가 교육을 받은 후 간호사가 된 것으로 알려져 있다. 한국 간호인력의 독일행은 공식적으로는 1966년부터 1976년까지 지속되었는데, 이 기간에 1만 32명이 독일로 건너갔다. 1966년 이전 기록이 존재하지 않아 확실히 알 수 없지만 많은 한국 여성이 간호학생으로 독일에 갔다. 1971년 6월 서독의 아시아계 근로자 통계를 보면, 한국 여성 이주노동자는 3793명으로 다른 아시아 국가들에 비해 압도적으로 많았다.[54]

청소부인지 간호사인지

지구적 돌봄 사슬의 끄트머리에 존재했던 파독 간호사들은 독일에서 어떤 생활을 했을까. 1965년 독일의 몇몇 지역 신문은 이런 제목의 기사를 실었다.[55]

"20명의 한국 여성이 노인들을 돌보게 될 것이다."
"한국 여성들이 우리의 노인들을 보살피게 되었다."

이 기사들은 한국 여성들 덕분에 병원들이 겪고 있던 일손 부족 사태가 해결되고, 더 많은 한국 여성이 독일 노인들과 병자들을 돌보게 될 것이라고 덧붙였다.

파독 간호사들은 독일에 도착한 바로 다음 날부터 독일 환자들을 돌봤다.[56] 우리는 이들을 '간호사'라고 부르지만, 사실 이들이 했던 일들은 전문적인 '간호'보다는 '간병'에 더 가까웠다. 조선족 여성들이 하는 것처럼, 환자를 씻기고 대소변을 치우고, 옷을 입히고, 음식을 먹여주는 일 등을 했다. 파독 간호인력은 동양인보다 체구가 큰 독일인 환자들을 다루다 보니 관절의 무리를 겪는 일도 자주 있었다. 심지어 한국 간호인력 중 일부는 병원 청소를 하거나, 같이 일하는 독일인 간호사의 주거공간을 정리하는 일, 환자들의 식사 차리는 것을 돕는 일까지 했다.[57]

이들은 병원에도 근무했지만, 요양원, 양로원, 호스피스, 공동체 간호사[58] 등 활동 범위가 매우 넓었다. 1966년쯤 독일의 간호인력 부족은 매우 심각한 사회문제였다. 당시 독일은 빈곤계층도 복지제도를 누릴 수 있도록 사회보장제도를 널리 확대하고 있었는데, 제도를 확대하는 데 드는 비용을 충당하기 위해 사회보험금을 내는 근로자층이 필요했다. 사회보장이 확대되는 과정에서 노동시간이 줄어들어 간호인력 공급 부족 현상이 나타났으며, 더 나은 일자리가 넘쳐나는 상황에서 고된 간호 일은 독일인들에게 별로 선호되지 않았다. 의료 혜택에 대한 높은 기대 수준을 갖게 된 독일인들은 노후를 편하게 보내는 시설이나 일상에서의 피곤한 몸을 회복하기 위해 요양시설을 더 많이 찾았고, 이에 병원, 요양원, 양로원 등이 급격히 늘어났다. 이런 상황에서 사회보험금을 내고, 독일의 젊은이들이 꺼리는 밤 근무와 매우 고된 육체노동으로 간주되는 간호 일을 할 값싼 인력이 필요했는데, 당시 한국 젊은 여성들이 이에 안성맞춤이었다.

우리나라의 돌봄노동이 그러하듯이, 유럽 국가들에서도 19세기 말까지 간호는 전문 직업인의 일이 아니었다. 상층 계급에서 간호일은 그 집 하녀의 일이었고, 하층 계급에서는 주부가 담당해야 하는 가사 중 하나였다.[59] 1960년대 독일도 그랬다. 그래도 우리나라는 한국전쟁 이후 미국 모델을 따라서 4년제 대학에 간호학과를 설치하는 등 초기 전문직화의 경향을 보였던 반면, 서독은 여전히 전통적인 태도를 고수하고 있었다. 간호는 비전문직인 돌봄노동으로서 독일인들이 그다지 선호하지 않는 직업이었다. 당시 독일은 외국인의 유입을 꺼렸기 때문에 파독 간호인력을 '손님노동자 Gastarbeoter'라고 불렀다. 이는 독일 사회에서 계속 같이 살아가는 구성원이 아니라 손님처럼 일정 기간 노동력만을 판매하고 모국으로 돌아가야 하는 사람들이라는 의미다. 손님노동자에게 독일인이 꺼리는 힘든 일이 차별적으로 주어지는 것은 자연스러웠다.[60]

당시 우리나라는 박정희 정권에 의해 강력한 산업화 정책이 추진되고 있었다. 실업률을 낮추고 인구 과잉 문제 해결과 외화벌이를 위해 해외로의 인력 송출이 장려되었다. 1962년 제정된 '해외이주법'은 당시 상황을 반영한 법이었다. 우리 정부는 이미 산업화를 성공적으로 이룬 선진국 독일에 한국 소녀들을 병원, 양로원, 호텔, 휴양시설에서 요리, 세탁 일 등을 하는 단순노무직에 파견할 수 있는지를 여러 차례 타진했다.[61]

'간호유학'이라는 이름으로 포장되었던 간호인력 독일 파견은 가족을 위해 희생하겠다는 생각, 선진문명에 대한 동경과 개인적인 꿈 그리고 가난과 가부장적 사회에서 해방되고자 하는 열망이 합쳐져 많은 젊은 한국 여성을 독일로 이끌었다.

이들은 "한국 여성 특유의 민첩함과 기술로 주사도 안 아프게 놓고 해서 독일 환자들에게 사랑도 받고", "상냥함과 친절함으로 환자나 환자 가족들의 신뢰를 받았다"[62]는 증언처럼, 독일의 돌봄인력 부족을 잘 메꿔 독일 사회에 이득을 가져다준 존재였다.

> "청소부인지, 간호사인지 헷갈린다. 내가 의료 기구를 들고 돌아다니던 한국 병원 생활을 생각한다. 독일 병원에 지원했을 때 나는 발전한 의료기술을 생각했고 내 지식을 심화시킬 것을 기대했다. 그것이 헛구상이었음이 증명되었다."[63]

청소부인지 간호사인지 헷갈렸다는 한 파독 간호인력의 고백처럼 그들은 한국의 기준으로 봤을 때 '간호'의 범주를 벗어나는 일까지 다 해야 했다. 이는 독일식 간호가 한국식 간호와는 다르게 "임상간호이기 때문에 자존심 다 버려야 하고, 환자 목욕, 배변 처치, 침대 관리, 청소 등 다 해야" 하는 것이었기 때문이다.[64]

> "그러니까, 우리는 처음에 와 가지고는 이거는 말이 안 되는, 우리는 처음에 와서 주사나 놓고 하는 줄 알았는데, 이거는 아니고, 그런 완전히 천한 거, 어디 가서 환자를 데려오라 뭐, 데려다주라 뭐,

그런 거 그것도 알아들으면은 (…) 그런 식의 아주 제일 밑바닥 밑에서부터 일을 했었어요. 왜냐면 말이 안 통하니까요."^65

조선족 간병인들이 자신이 하는 일에 대해 스스로 묘사하는 "아주 제일 밑바닥 밑에서부터 일"을 파독 간호사들도 했다. '동양에서 온 연꽃'이라 불린 파독 간호인력은 말만 연꽃이지 실상은 연못에 핀 연꽃처럼 고고하게 꽃을 피우고 사람들의 찬사를 받는 생활과는 한참 거리가 멀었다. 그들은 한국의 조선족 간병인들보다는 조금 나았을지 모르나 여러 차별과 어려움을 겪어내야만 했다.

오버스펙 한국 여성들을 차별하는 독일 사회

1965년부터 1968년까지, 우리나라의 많은 언론은 한국 간호사들이 서독 병원에 취업하고 독일 간호사와 같은 월급을 받으며 3년의 계약기간이 지난 후 원하면 더 연장할 수 있다는 보도를 계속했다. 당시 경쟁률은 5대 1 정도로, 128명 모집에 593명이 응시하여 매우 치열했다.^66 그러나 결과적으로 이들은 너무 고급 인력이었다. 높은 경쟁률을 뚫고 서독으로 갔으나, 이들을 기다리는 건 기대에 못 미치는 비전문적인 일이었기 때문이다.

우리 정부가 본격적으로 파독 간호인력 프로젝트에 개입하기 전인 1960년대 전반기에 독일에 파견된 간호학생은 독일에서 1년간 예비훈련생으로 훈련을 받은 후 3년간 병원 실습과 견습 생활을 했다. 예비훈련생 때는 식사 준비와 설거지, 세탁, 침대 시트 교체, 오물 수거, 병실 청소 등의 일을 도맡아 했다. 예비훈련생 과정이 끝난 후에는 간호사 밑에서 견습 생활을 했다. 이들은 선진 의료 기술을 배우는 학생이 아니라 잡역부로 일하며 적지 않은 마음의 상처를 받았다.[67] 사실 독일이 필요했던 것은 노인 수발을 드는 단순 노동력이었고, 굳이 전문적인 의료 지식을 갖출 필요는 없었다. 교육 인력에게는 노동자로서 임금을 주지 않고 일종의 용돈 정도의 돈만 지불해도 된다는 점도 독일로서는 수지가 맞는 지점이었다. 1968년 이전 파독되었던 여성들의 노동 조건이 다 달랐던 것처럼 이들 간호학생들의 용돈 역시 다 제각각이었는데, 대체로 간호사로 갔던 여성들에 비하면 약 6분의 1에도 못 미치는 저임금이었다.[68]

당시 이들의 생활에 대해 1964년 박정희 대통령의 서독 방문에 동행했던 기자는 이렇게 설명했다.[69]

"간호원들은 이구동성으로 '본국에서 떠날 때 들은 조건과 다르다'고 말하고 있다. 간호원인 경우 1주에 4~5시간밖에 강의가 없으며 대부분의 시간을 실습이라는 이름으로 중병환자의 간호에 돌린다는데 보수는 적고 '이대로 가다가는 본국에 돌아가 자격시험에 합격될는지 의문'이라는 걱정을 하고 있다."

파독 간호인력 중에는 고학력자들이 적지 않았는데, 1966년 10월 서독에서 근무 중인 파견 간호인력 1048명을 대상으로 한 설문조사를 보면, 대졸 14%, 초대졸 5%, 고졸 78%, 중졸 3%로 고졸 이상의 학력을 갖춘 사람이 97%에 달했다.[70] 이런 고학력 인력에게 간병 일 같은 단순한 업무만을 주다 보니 근무조건에 실망하여 계약 만료 이전에 미국, 캐나다 등 제3국으로 이탈하는 사태가 발생하기도 했다. 돌봄인력이 부족하던 독일에서 계약 기간 연장은 대부분 그리 어려운 일은 아니었으나, 지역에 따라 연장이 어렵기도 했다. 베를린의 한 독일인 관리가 한국인 간호인력의 취업 허가와 체재 기간 연장을 대가로 성 상납을 받았다는 언론 보도가 있을 정도였다.[71] 손님노동자로서 한인 여성들의 삶이 그다지 안정적이지 않았음을 보여주는 대목이다.

파독 간호사들 대부분은 체계화된 업무 적응 교육을 받지 못했다.[72] 받은 사람들조차도 짧은 기간의 교육이었으며, 부족한 독일어로 언어 소통이 되지 않는 상태로 바로 실무에 투입되어 많은 어려움을 겪었다.

'언어 소통이 되지 않는다는' 점은 의미가 있다. 6개월 가까이 언어 교육을 받은 예외적인 경우의 여성들도 있었으나, 대부분 아주 적은 시간만 언어 교육을 받았다. 적은 시간만 언어 교육에 할애했다는 것은 실제로 그들이 하는 일이 언어가 그다지 중요하지 않은 '몸 일'이었기 때문이기도 하다. 어쩌면 언어에 능숙하지 못하다는 것을 구실로 전문성을 갖추고 학력 수준이 높은 한인 여성들에게 허드렛일을 시켰는지도 모른다.[73]

우리나라 여성들은 독일에 대해서 별로 아는 것이 없는 상태로 파견되어 언어적·문화적 차이로도 고생을 많이 했다. 파독 간호사들은 서독에 도착한 다음 날부터 근무를 했는데, 독일어로 쓰여 있어 내용을 잘 알지 못하는 고용계약서에 서명을 하고 시키는 일을 해야만 했다.[74] 이들은 자신의 노동력이 어떤 조건에서 사용되는지에 대해 정확하게 고지받지 못한 채 떠났으며 독일 병원이 하라는 일을 그대로 할 수밖에 없었다.

1966년 10월에 파견된 한 간호사는 이렇게 말한다.

"파견 당시 한국 측에서 마련한 독일 파견에 대한 오리엔테이션은 없었으며, 특히 병원이나 계약조건에 대한 설명은 없었습니다. 독일어 언어 교육도 받지 못했기에, 독일어 교본 한 권을 들고 독일로 떠났습니다."[75]

한국 간호사와 동료 독일 간호사 간의 갈등도 있었다. 한국 간호사들은 환자의 부탁을 잘 들어주고, 독일 간호사들이 꺼리는 것을 기꺼이 했기 때문에 독일 환자로부터 인기가 많았다. 이를 독일 간호사들이 질투하는 경우가 있었는데, 한 독일인 간호 관리자는 독일 간호사들을 모아놓고, 그들을 달래려고 다음과 같이 말하기도 했다.

"너희들은 행복한 줄 알아라 (…) 너희들은 돈 벌기 위해 가족을 부양하기 위해 외국에 가서 일할 필요는 없지 않느냐. 그리고 말도 할 줄 아는데 (…) 왜 그렇게 (…) 그러느냐?"[76]

일부 대도시 대학병원을 제외하고 지방의 소도시에 1~2명 단위로 분산되어 배치되었던 한국인 간호인력들은 극심한 외로움을 겪었다. 정신병원이나 요양원은 공기 좋고 조용한 숲속에 있었기에, 가족에 대한 그리움이 꽤 컸던 것으로 알려져 있다. 당시 파독된 한 광부와 간호학생은 이렇게 증언한다.

"큰 도시에 큰 병원에 있으면 이렇게 여럿이 한 이삼십 명씩 몰려 있어요. 근데 시골에 떨어진 애들이요 (…) 한 명 아니면 두 명 (…) 한 1년 정도 지나면 전부 정신 이상이 생겨요…."[77]

"설마 이런 조건일 줄은 몰랐죠. 내가 쓸 돈도 주고, 밥 먹을 수 있고, 잠 잘 자리가 있다고 해서 왔는데, 이제 말이 안 통하고 그러니까 처음에는 향수병이 있었어요. 집 생각이 날 때에는 어떻게 할 수도 없고 그때는 나 혼자만이 아니고 이불을 뒤집어쓰고들 소리쳐 우는 사람들이 많았어요."[78]

실제로 혼자 타지에 있는 외로움을 견디지 못해서, 또 일이 주는 중압감 때문에 자살하거나 정신이상이 된 이들도 적지 않았다.[79] 지금처럼 스마트폰이나 인터넷을 통해서 바로 한국에 있는 가족이나 친구와 연락할 수 있는 시대가 아니라, 편지를 해도 답장이 오는 데까지 3주가 걸리는 때였으니 외로움과 향수병이 얼마나 컸을까.[80] 특히 당시 한국은 가족과 매우 긴밀하게 연결된 생활문화였다. 약 30%의 파독 간호사가 간호 일 이외에 일하지 않는 시간을 혼자서 보냈다는 사실에 비추어 볼 때,[81] 젊은 여성 이주노동자의 외로움이 얼마나 컸을지 가늠하기가 어렵지 않다.

너희들이 온 곳으로 돌아가라

1973년 서독 전체 병원의 12.6%에 해당하는 452개 병원에 6124명의 한국인 간호인력들이 근무하고 있었다.[82] 그런데 1976년 70명을 보내는 것을 마지막으로 간호인력 파독의 역사는 막을 내렸다. 독일 정부가 한국 간호인력들의 신규 취업을 전면 금지시켰기 때문이다. 독일 정부가 이런 결정을 내린 배후에는 서독 내 간호직종의 임금이 11%p 상승했다는 사실이 있었다. 독일 여성 노동시장에서 간호사들의 처우가 개선되면서 간호직이 인기 직종이 되었고, 독일 여성들이 대거 간호직으로 진출했다. 유럽 전역에 불어닥친 불경기의 여파로 인해 대량 실업 사태를 맞이한 독일의 경제 상황도 여기에 한몫했다. 게다가 독일 정부가 필리핀이나 아프리카 등 더 저렴한 임금을 받고 일하겠다는 저개발 국가 사람들을 고용하는 쪽으로 방향을 선회한 것도 간호인력 파독이 더 이상 지속되지 않게 된 이유 중 하나였다.[83]

인력이 부족할 때는 환영하며 받았지만, 자신들의 상황이 바뀌자 한국 간호인력에 대한 태도도 차갑게 식었다. 독일 정부는 전체 간호사의 1/4을 차지하던 외국인 간호사를 배척하기 시작했다. 1977년 뮌헨의 한 병원이 17명의 한국인 간호인력을 집단 해고하고 강제추방했으며, 1978년 5월 바이에른주에서는 한국 간호사들의 고용을 더 연장하지 않고 귀국할 것을 종용했다. 독일 사회에서 "외국인이 독일인 일자리를 빼앗아 간다"라든가 "너희들이 온 곳으로 돌아가라"는 분위기가 형성되기 시작했다.[84]

이러한 상황에 대해 독일의 종교단체와 몇몇 중립적인 언론이 정부를 거세게 비판했고, 한국인 간호인력은 강제추방 조치에 항의하는 시위를 벌였다. 이들이 내세운 구호는 "우리는 상품이 아니다!"였다. 다행히 강한 저항은 결실을 보아, 독일 정부는 5년 이상 독일에 근무한 한국인 간호인력에게 장기체류와 직계가족 동반을 허락하는 정책을 발표하기에 이른다.[85]

파독 간호사는 파독 광부와 함께 한국 사회와 가족에 대한 그들의 기여로 애국자라 칭송되고, 그 시대를 떠올리며 향수에 젖게 하는 대상들이다. 그러나 이들은 독일인들의 편리와 독일 사회의 번영을 위해 차별을 감내했던 돌봄 사슬 하단에 위치한 타자화된 개인들이기도 했다. 물론 독일로 간 간호인력 중에는 의학 공부를 해 의사가 되기도 하고, 다른 영역에서 선진 교육을 받아 화가 또는 작가로 성공한 사람들도 있다. 이들은 파독 간호인력이 시체 닦기 등의 모진 일을 하면서 타국에서 고생했다는 서술을 모욕적으로 받아들이기도 한다. 후진국이었던 한국을 떠나 비행기도 타고, 유럽 여행을 하고, 독일어 공부도 하는 등 선진 문명을 경험했던 특별한 기회로 독일에서의 체류를 기억하는 간호인력도 있다. "저희들 절대로 처절하게 살지 않았어요"라며 한 파독 간호사는 잘된 이야기도 많고, 행복한 경험도 많이 했음을 강조한다.[86] 초기에 업무 적응을 위한 준비 교육은 부실했으나, 실무능력 향상이나 경력 개발을 위한 교육은 상당히 잘 받았으며, 교육을 받는 기간에도 경제적 지원을 받는 등 좋은 복지제도의 혜택을 받은 사람들도 있다.[87] 간호인력에 대한 처우는 각기 속한 병원과 기관에 따라서 차이가 났던 것이 사실이며 천편일률적으로 모든 이가 차별과 허드렛일을

경험한 것은 아니다.[88]

'진실과 화해를 위한 과거사 정리위원회'는 2008년 8월, 1960~1970년대 한국의 광부와 간호사가 독일에서 파견 노동자로 일하면서 고국으로 임금의 일부를 송금하여 우리나라 경제발전에 직접적으로 기여했음을 확인해주었다. 1960년대 당시 우리나라의 물가상승률은 연 42%, 실업률은 23%였으며, 1인당 GNP는 불과 87달러였다. 이러한 상황에서 파독 광부와 간호사들이 고국으로 보낸 송금액은 1965년~1975년 동안 총 1억 153만 달러에 이른다.[89] 이는 당시 우리나라 총수출액 대비 1% 후반 정도에 해당하는 엄청난 액수다. 그들은 송금을 통해 한국의 가계 소득을 올려, 소비를 촉진하고, 산업 생산을 활성화해 경제를 발전시켰던 산업의 역군이자 애국자였다.

그런데 생각해보면 조선족 간병인들도 이와 비슷하다. 한 파독 간호사는 인터뷰에서 이렇게 말했다.

> "난 요즘 우리나라에 와 있는 외국 노동자들 이야기를 들으면 너무 마음이 아파서 눈물이 나요. 우리는 독일 가서 휴가고 뭐고 그들과 동등하게 대우를 받았는데 우리나라에 왔던 노동자들은 너무 안 좋은 대우를 받는다고 하니까."[90]

고생했던 경험은 윤색되는 경향이 있고, 간호사로 갔는지 간호조무사로 갔는지에 따라 기대 수준과 그에 따른 만족이 달라질 수 있다. 국제적인 연쇄 돌봄 이주노동자들이었던 파독 간호인력은 현재 한국에서 일하는 중국동포 돌봄노동자들보다는 대체로 더 나은 복지 혜택을 받으면서 근무했던 것 같다. 이러한 복지제도의 혜택이 비전문적 일을 하면서 받는 서러움, 외국인에 대한 차별 등을 상쇄한 측면이 있다. 물론 그들은 당시 한국 노동자들에 비해서는 높은 임금을 받았으나 가장 기본적인 의미의 인간다운 삶은 포기해야 했으며, 가족도, 여가생활도, 휴식 공간도, 심지어 먹고 자는 문제도 추가 수당이라는 대가와 맞바꾸면서 살았다.[91] 또한 이들은 한국 여성 특유의 근면함과 책임감으로 깐깐한 독일인들에게도 높은 평가를 받아, 우리나라 조선족 여성 간병인들이 겪는 비하와 멸시보다 고초를 덜 겪었을지도 모른다. 그렇다고 해서 한국의 간호사들이, 독일인이 꺼려 인력 부족 현상이 발생한 일을 하러 독일로 간, '국제 돌봄 이주노동자'였다는 사실이 변하지는 않는다. 그들은 이주노동자로서 독일 임금 체계에서 매우 낮은 단계에 있었으며, 독일 여성들과 임금 차이가 작지 않게 났다.[92] 게다가 파독 간호사들은 계약 기간이 정해진 손님노동자로 갔기 때문에 돈이 되는 일은 무엇이든지 주말과 밤낮을 가리지 않고 했다. 언제든지 급한 경우에 병원으로 불려 갔고, 독일 여성 간호인력이 꺼려하는 일들을 대체 노동자로서 열심히 수행했다.

빠르게 성장하는 서독 경제를 뒷받침하고, 확대되는 복지 정책을 실현하는 데 필요한 값싼 노동력을 한국의 젊은 여성들이 제공했다. 한국의 간호인력이 본국에서 엘리트 교육을 받아 높은 경쟁률을 뚫고 파견된 고학력자들인지 아닌지는 독일인들에게 의미가 없었다. 그들은 모두 먼 동양의 나라에서 온, 전쟁의 폐허에서 벗어나기 위해 몸부림치고 있는 가난한 나라의 여성으로, 독일인이 하기 싫어하는 육체적 서비스업을 대신하러 온 여성들이었을 뿐이다.

누군가는 파독 인력 송출을 선진국 독일이 후진국 한국에 한 원조로 보기도 하나, 실상은 독일이 얻은 이익이 더 많았던 거래였다. 독일에서는 노동 강도가 높고 임금이 낮은 간호사 직업을 선택하는 국민이 적었고, 간호사 수준은 국제적 수준에 비해 뒤처져 있었다. 독일 정부로서는 교육비를 쓰지 않고, 양질의 인력을 3년 계약으로 쓸 수 있어서 인건비를 절약할 수 있었다. 자국민, 특히 독일 여성들이 기피하는 분야의 부족한 노동력을 유연하게 충원하는 매우 이득이 되는 거래였던 것이다. 1950년대 중반부터 시작된 경제적 호황기에 독일인들은 여행과 여가생활을 즐기고 자동차와 가전제품을 폭발적으로 사용하기 시작하며 풍요로운 삶을 향유하게 되었다. 그들이 여유롭게 여가생활과 인생을 즐기는 데에는 한국 여성 이주노동자들의 육체적 노동서비스가 있었다. "어려웠던 시절에 우리를 도와준 라인강 사람들의 진실한 우정과 협력"[93]이라고만 볼 수 없는 것이다.

우리는 한국전쟁 후부터 1980년대 중반까지 노동력을 밖으로 보내던 국가였다. 그러던 우리나라가 이제는 외국으로부터 노동력을 받아들이는 이입국이 되었다. 돌봄노동 역시, 불과 반세기 전에는 우리가 차별받는 돌봄노동자였다면, 이제는 중국동포 이주노동자들이 우리를 대신하고 있다. <u>파독 간호사 차별로 독일인들이 챙긴 이득을, 이제는 우리가 조선족 간병인을 차별하며 챙기고 있다.</u>

2장

이주노동자로 이득 보는 사회

두 번째 짝꿍 :

동남아 이주노동자

✕

하와이로 간 조선인

"코끼리 아저씨는 코가 손이래, 과자를 주면은 코로 받지요."

어릴 때 〈코끼리 아저씨〉 노래를 흥겹게 부르곤 했다. 동물원에 가면 한국인이 가장 많이 찾는 동물 중 하나인, 코끼리. 한국인에게 '코끼리' 하면 〈코끼리 아저씨〉 노래나, 동물원에서 보는 커다란 몸집의 코끼리, 아니면 아프리카 초원을 한가롭게 거니는 코끼리 가족, 이 정도의 이미지가 떠오르지 않을까 싶다.

2004년 출간된 김재영의 소설 《코끼리》(실천문학사, 2005)를 읽고 난 후, 나는 이제 코끼리 하면 더는 이런 어린 시절의 추억이나, 목가적인 이미지가 떠오르지 않게 되었다. 네팔 말로 '하늘'이라는 뜻의 '아카스'라는 13세 아동의 시선을 통해 우리나라에 사는 외국인 노동자의 삶을 그려낸 이 소설에서, 코끼리는 차별받는 외국인 노동자를 상징한다. 아카스는 네팔인 아버지와 조선족 어머니를 두었고, 한국에서 태어났다. 어머니가 도망가고 아버지와 단둘이 살고 있는데, 아버지가 혼인 신고를 못해서 호적도 국적도 없다. 아카스의 아버지는 네팔에서는 천문학을 전공한 엘리트이지만 한국에서는 그저 차별받는 최하층 노동자 계급에 불과하다. 힌두교 신화에서 코끼리는 신들의 왕 인드라를 태우는 구름이고 우주를 떠받치는 기둥으로 여겨진다. 아카스의 아버지는 드높은 히말라야에서 태어났지만, 한국에서는 신분이 격하되어 변두리 공장에서 일하며 하루하루 겨우 입에 풀칠하며 살아간다. 이 소설은 우리 사회에서 최하층 노동을 담당하는 외국인 노동자들이 사실은 힌두교 신화에서 말하는 우주를 떠받치는 코끼리처럼 존엄한 존재라고 말한다.

네팔, 베트남, 인도네시아, 필리핀 등에서 코리안 드림을 꿈꾸며 한국으로 와, 차별을 견디며 경제를 이끌어가고 사회를 떠받치는 일원이 된 외국인 노동자들. 그리고 그들처럼 아메리칸 드림을 꿈꾸며 120여 년 전에 하와이로 떠났던 우리 조상들. 이번 장에서는 100여 년의 시간과 한국과 미국이라는 공간을 초월하여 연결되는 두 집단의 사람들에 대해 이야기하고자 한다. 우리 사회와 하와이 경제는 이들의 차별적 노동으로 인해 발전했음을, 이들은 우주를 떠받치는 코끼리들임을 기억하길 바라며.

우리나라의 동남아시아 출신 이주노동자들

노비가 된 이주노동자들

"외국인들은 우리나라에 기여하는 것이 없다. 세금을 내지도 않는다."[1]

종종 이러한 주장이 들린다. 대표적으로 몇 해 전 황교안 전 자유한국당 대표가 똑같은 말을 한 적이 있다. 정말 외국인 노동자들은 우리나라에 이득을 주는 것 없이 해만 끼치는 것일까?

뜬구름 잡는 말보다 구체적 연구 결과는 더 설득력이 있다. 우선, 사회과학적 연구 결과들은 외국인 노동자들이 우리 경제에 도움 주는 것이 없다는 주장은 틀렸다는 것을 보여준다. 외국인 노동자는 우리나라에 유입되는 인구로서, 생산자면서 소비자기 때문에 외국인 노동자의 유입에 따른 거시 경제적 효과는 양(+)으로 나타난다는 분석이 많다.

"세금을 내지 않는다"는 주장 역시 사실이 아니다. 외국인 노동자들은 소득세를 납부하고 있고 금액도 해마다 증가 추세다. '국세통계연보'에 따르면, 2022년 외국인 노동자 54.4만 명이 신고한 연말정산 신고세액은 역대 최대로 1조 1943억 원을 기록했고, 2023년에는 61.1만 명 신고, 총액은 1조 1657억 원이었다. 2016년 7210억 원, 2017년 7707억 원, 2018년 7836억 원, 2019년 9043억 원, 2020년 9620억 원, 2021년 1조 802억 원으로, 증가 추세에 있다. 이는 2013년도에 외국인 노동자 48만 명이 신고한 근로소득세 6025억보다 2배가량 늘어난 수치다. 저임금 외국인 노동자들이 다수 분포해 있는 일용노동자들은 연말정산 대상이 아니어서 별도로 집계되는데, 이들 일용노동자 49만 9000명은 2017년 근로소득세 700억 원을 신고했다.

외국인 종합소득세 신고 현황도 외국인이 우리나라에 기여하는 것이 없고 세금도 안 낸다는 것은 새빨간 거짓말이라는 것을 잘 보여준다. 2023년 22만 명이 7097억, 2022년 18만 명이 8659억, 2021년 15만 명이 5877억, 2020년 12만 명이 5712억, 2019년 12만 명이 5100억, 2018년 10만 명이 3793억 원을 신고했다. 국내에 체류하는 외국인 노동자들은 근로소득 연말정산뿐 아니라 종합소득세 신고, 일용근로소득 원천징수 등 여러 방법으로 세금을 내고 있다. 소비에 부과되는 부가가치세도 당연히 낸다.

이주노동자들로 인해 우리 경제가 얻는 이득이 분명 존재함에도 그들에 대한 차별은 여전히 심각하다. 우리나라에서 이주노동자들에 대해 벌어지는 인권침해 중 일부 행위들은 국제사회의 기준에서 보면 인신매매에 해당할 정도다.[2] 인신매매라고 표현하면 과한 것 아니냐며 펄쩍 뛰는 사람들이 있다. 이는 인신매매라는 말을 사람을 직접적으로 사고파는 행위에만 한정해서 사용하기 때문이다. 하지만 다양한 형태로 변형되어 벌어지고 있는 강제적 착취는 사실상 인신매매에 준한다고 볼 수 있다. 특히 제조업에 종사하는 이주노동자들에 비해 농축과 어업 이주노동자들은 농어촌사회의 특성상 외부 사회로의 노출이 제한적이라는 점 때문에 학대 행위가 잘 알려지지 않는 문제점이 있다.

혹자는 농축산업 이주노동자에 대한 '전인적 지배'가 이루어지고 있다고도 표현한다.[3] 농축산업 이주노동자들의 숙소를 대부분 고용주 측에서 제공할 수밖에 없는 상황은 고용주의 전인적 지배가 매우 쉽게 발생하도록 한다. 노동이 이루어지는 공간과 과정에 대한 통제는 물론 실제로 거주하는 생활공간에 대한 통제까지 이루어진다. 따라서 농축산업 이주노동자의 일상 전체가 고용주의 통제 아래에 있게 되고, 이는 흡사 유사 노예-주인과 같은 관계가 만들어진다.[4]

전인적 지배가 실제로 어떻게 발생하고 있는지를 보여주는 사례[5]는 차고 넘친다. 우선 이주노동자를 빌려 쓰거나 돌려 쓰는 등 노동자들 본인 의사와 무관하게 주거니 받거니 하는 행위가 종종 발생한다. 한 조사에 따르면 다른 사업자에게 보내져서 일한 경험이 있다고 응답한 이주노동자가 60.9%에 달했으며, 다른 사업자에게 보내질 때 이주노동자의 동의를 받지 않은 경우가 74.5%, 일을 했지만 돈을 제대로 받지 못한 경우도 38.8%에 달했다.[6]

베트남 출신으로 경기도 시설채소(비닐하우스나 온실 등의 시설에서 재배하는 채소) 농장에서 일하는 한 이주노동자는 이렇게 말했다.

"인근의 다른 농장에서 일했다. 사장이 나를 팔았다. 사장이 일당 6만 원을 받고, 내게는 4만 원을 준다."

캄보디아에서 온 충청도 시설농가에서 일하는 여성 이주노동자도 비슷하게 증언한다.

"농장주는 (…) 쉬기로 한 휴일에도 일을 시켰어요. 심지어 여자들에게는 일이 다 끝난 뒤에 자기 집 청소까지 시켰고요."[7]

인권침해적 노동 행위의 출발은 근로계약서 작성에서 시작된다. 농축산 이주노동자들 가운데 어떤 일을 할 것인지는 물론 얼마나 많은 임금을 받을지, 근로 시간은 몇 시간인지, 휴일은 며칠을 가질 수 있는지 등을 잘 모른 채 일을 시작한 사람들이 33.5%에 이른다.[8] 계약서의 번역이 제대로 되어 있지 않거나, 중요한 내용이 빠져 있거나 또는 계약서를 확인할 시간을 제대로 갖지 못한 채

서명을 강요당하는 등의 일이 발생하기 때문이다. 우리나라에 입국한 이후 새로운 사업장에서 일하게 되어 신규로 계약서를 체결해야 하는 경우 상황은 더 열악하다. 한국어로만 작성한 계약서를 내밀고 서명을 요구하는 경우가 발생하는 것이다.[9] 우리나라의 파독 간호사들이 독일어로 된 계약서에 서명해야만 했던 것처럼 말이다.

공정하지 못한 근로계약서 작성은 실제로 부당한 장시간 노동으로 이어진다. 농축산업 이주노동자를 대상으로 한 설문조사에서 10명 중 9명(90.7%)의 이주노동자들이 계약서상의 노동시간보다 더 긴 시간을 일한다고 답했다. 시민단체 이주인권연대가 실시한 조사[10]에서는 휴일 없이 매일 오전 6시부터 오후 6시까지 일하고 계약서대로 한 달에 2일 만이라도 쉬게 해달라고 농장 주인에게 부탁했으나 무시당하는 이주노동자들의 모습이 담겼다. 캄보디아 출신 노동자는 그 농장에서 나올 때까지 2년 6개월 동안 휴일이 단 하루도 주어지지 않았다. 계약서에 적힌 근무 종료 시간인 저녁 6시에 끝나는 날은 별로 없었고, 항상 30~50분을 초과해서 일했으며 작업 중 화장실에 갈 때마다 사장의 허락을 받아야 했고, 사장은 화장실에 자주 간다면서 이주노동자들에게 물을 적게 먹으라고 명령했다. 참고로 조사 후 이주인권연대가 작성한 보고서의 부제는 "노비가 된 노동자들"이었다. 이주노동자들이 처한 상황을 너무나 잘 묘사하는 제목이다.

어업 이주노동자들의 경우도 유사하다. 군산시 옥도면 개야도에서 일하는 이주노동자들의 노동 환경을 살펴보았더니, 하루

평균 노동시간은 12.6시간, 휴식시간은 0.7시간이었으며, 휴일은 월평균 0.1일로 조사되었다.[11] 조사에 응한 이주노동자 중 93.9%는 1년 내 휴일이 단 하루도 없다고 응답했으며, 휴일이 있는 경우는 설, 추석 등 명절에 하루이틀 쉬는 정도였다.

돼지우리에는 돼지만 살아야 한다

건강했던 사람도 우리나라에 와서 일하다 보면 급격히 건강이 악화된다. 이주한 후 시간 경과에 따른 질환의 발생을 조사해보면, 우리나라에 와서 오래 거주할수록 이주노동자들의 건강은 점차 나빠진다는 것을 알 수 있다. '과거에 질병이 없었다'에 91.1%가 동의했지만, '현재 질병이 없다'에는 54.9%만 동의한다. 본국에서의 건강 상태와 비교했을 때, 38.6%가 한국에 온 후 건강 상태가 나빠지고 있다고 보고했다.[12] 또한 지난 1년간 작업 중 부상을 당한 경험은 19.8%, 작업으로 인해 질병을 앓은 비율은 15.3%로 나타났다.[13] 이주노동자들의 건강권은 제대로 보호받지 못하고 있다.

코로나19 팬데믹 같은 갑작스러운 공중보건 위기에 이주노동자들은 더욱 배제된다. 2020년 3월 정부는 마스크 수급 안정화 대책을 발표하면서, 외국인은 건강보험증과 외국인등록증을 함께 제시해야만 공적 마스크를 구매할 수 있도록 했다. 이에 비판이 잇따랐고, 결국 한 달여 만에서야 건강보험 가입 여부와 관계없이 외국인도 공적 마스크를 구입할 수 있게 되었다.

이주노동자는 장시간 노동하지만, 대부분 정당한 금전적 대가를 받지 못한다. 근로기준법에 따르면, 연장근로에 대해서 초과근로 수당을 지급하게 돼 있으나 이는 상시근로자 5인 미만 사업장은 해당되지 않는다. 어업 이주노동자들의 경우 2~3명이 일하는 소규모 사업장인 경우가 많아 이를 적용받지 못한다. 실제 어업 이주노동자들이 받는 월평균 임금은 189만 2735원이나, 실제 작업한 월평균 노동시간인 377.9시간에 최저 시급을 단순 계산하면 이주노동자가 지급 받아야 할 임금은 324만 6161원이 된다.[14] 이주노동자들은 135만 3426원을 못 받은 것이고, 한국인 고용주는 이주노동자들의 무료 노동으로 그만큼의 이득을 얻은 것이다.

노동과정에서의 인권침해는 폭력행위로까지 이어진다. 이주노동자의 75.8%가 욕설이나 폭언을 들은 경험이, 14.9%가 폭행을 당한 경험이 있다고 응답했다.[15] '출입국관리법'이나 '외국인 근로자의 고용 등에 관한 법'에서는 사용자가 근로자의 명의로 된 예금통장이나 외국인등록증 등을 관리하는 것을 금지하고 있으나, 실상은 이런 기본적 인권침해가 빈번하게 발생한다. 특히 섬에서 일하는 이주노동자의 경우, 고용주가 신분증이나 통장을 압수해 섬 밖으로 나가지 못하게 하는 일이 40.8%에 달한다. 이주노동자들의 육지 이동을 막기 위해 섬 주민과 여객터미널 사이에 암묵적인 카르텔이 형성되기도 한다. 한 번 섬에 들어간 이주노동자들은 배를 타고 육지로 나가는 일이 쉽지 않은 것이다.[16]

열악한 거주 환경도 한국인 고용주의 이주노동자에 대한 전인적 지배를 가능하게 한다. 농축산업은 업종 특성상 도시에서 떨어져 있는 곳에 위치하는 경우가 많고, 따라서 이주노동자들은 대부분 고용주가 제공하는 숙소에 머물게 된다. 농축산업 이주노동자의 숙소는 주로 컨테이너나 패널로 지어진 가건물이 많은데, 이주노동자 10명 중 7명 정도(67.7%)가 이러한 가건물에서 산다.[17] 기본적인 냉난방 시설조차 갖추어지지 않은 가건물에서 6~8명이 한 공간에 거주하는데, 고용주가 최저임금이 상승했다는 이유로 주거비 명목의 금액을 제하고 월급을 주는 일도 빈번하다.[18] 2018년 우리나라를 방문하여 실태조사를 한 레일라니 파르하Leilani Farha UN 주거권특별보고관은 주거지원을 위한 우리나라의 사회보장 프로그램에서 이주민에 대한 차별이 심각하게 일어나고 있고, 이는 국제인권규약을 위배하는 것이라고 지적했다.[19]

    2023년 3월 발생한 태국 출신 이주노동자 쁘라와 세닝문추 사망 사건은 비인간적 거주 환경이 이주노동자를 죽음으로 몰았던 비극적 사례다. 돼지농장에서 10년째 일하던 이주노동자가 인근 야산에서 싸늘한 주검으로 발견되었는데, 알고 보니 돼지농장 주인이 사체를 유기한 것이었다. 1000여 마리 돼지를 키우는 돈사 중 가장 낮은 건물에 붙어 있는 허름한 샌드위치 패널 구조의 가건물 내부에 가로 2m, 세로 3m의 비좁은 방이 그의 생활공간이었다. 돼지 사육장과 쁘라와의 생활공간을 구분하는 것은 얇은 시멘트 벽뿐이었고, 벽면 아래로 돼지 분뇨가 흘러든 흔적이 있으며, 축사 곳곳에 돼지 사체가 비닐 천막으로 덮여 있었다. 쁘라와의 침실은 성인 한 명이 눕기도 벅찬 크기였으며, 방 내부는 쓰레기로 가득 차 있었고, 벽에는 시커먼 곰팡이가 잔뜩 낀 상태였다. 돼지우리에 사람이 살고 있었던 것이다.

    쁘라와 뿐이 아니다. 2020년 12월 20일 영하 18도의 한파 속에 캄보디아 출신 31세 여성 누온 속헹은 제대로 된 난방장치가 없는 비닐하우스에서 생을 마감했다. 2021년 2월 2일에도 30세 캄보디아 남성이 경기도 여주의 채소농장 비닐하우스 숙소에서 숨진 채 발견되었다. 2022년 8월에는 40대 중국 국적 이주노동자가 컨테이너에서 잠을 자다가 산사태 토사물이 컨테이너를 덮치는 바람에 미처 빠져나오지 못하고 사망했다. 이 컨테이너는 공장노동자들의 휴게공간인데 숨진 이주노동자는 이곳에서 숙식을 해결했다고 한다. 우리와 불과 몇 걸음 떨어진 곳에, 돼지우리와 비닐하우스 같은 야만적 환경 아래서 이주노동자들이 살고 있다.[20]

이주노동자들은 우리 사회의 코끼리

정부가 수출 상품의 단가를 낮춘다는 명목으로 시행한 저임금 정책의 희생양이 우리나라 농업이었다.[21] 저임금 정책의 바탕이 된 것이 저곡가 정책이었는데, 이로 인해 우리 농촌은 급속도로 해체되었고 농업 노동에는 노인만 남게 되었다. 늘 노동력 부족 현상에 시달리게 된 농촌에서, 시설농업, 공장식 농업, 축산업 등으로 농업생산이 다양화되는 과정은 농촌의 해체를 가속했다. 이러한 상황은 농촌에도 이주노동자를 필요로 하게 만들었다. 현실적으로 현재 농어촌에서는 이주노동자가 없으면 기반 산업이 붕괴하는 상황이고, 이주노동자들은 부족한 노동력을 공급해주는 핵심 역할을 하고 있다. 힌두교에서 코끼리가 우주를 떠받치듯이, 이주노동자들이 우리 농업을 떠받치고 있다.

1986년 아시안 게임과 1988년 올림픽을 개최한 이후로 외국인의 입국 요건이 완화되면서 관광비자로 입국한 외국인 중 일부가 미등록 상태로 이주노동자 생활을 시작했다. 이들의 값싼 노동에 대한 수요가 증가하자 1993년 우리나라 정부는 최초로 제조업 중심의 산업연수제도를 실시했다. 제도 이름에서 볼 수 있듯이, 노동자 신분이 아니라 연수생 신분으로 이주노동자를 고용함으로써 이들에 대한 저임금 노동착취가 합법적으로 가능해졌다.

그러다가 2004년부터 고용허가제를 실시했는데, 이 제도는 한국인이 기피하는 업종 등 300인 미만 중소기업의 인력 부족을 해결하기 위해 도입된 것이었다. 많은 이주노동자가 내국인이 꺼리는 3D 분야에서 일한다. 내국인에서 외국인으로 위험이 외주화된 것이다. 이주노동자의 산업재해율이 내국인보다 약 28%p 높다는 사실은 열악한 노동 환경 아래 위험한 일이 하청업체나 협력업체로 전가되고, 내국인조차 하지 않으려 하는 일을 이주노동자들이 채우고 있는 현실을 보여준다.[22]

종종 하청업체 이주노동자 사망 사고 뉴스를 접한다.

"○○조선 하청업체 네팔 노동자 사망."
"○○중공업 하청업체 몽골 노동자 사망."
"정화조 청소 네팔 노동자 2명 사망."
"파이프 재가공 업체 우즈베키스탄 노동자 사망."
"아파트 신축 공사장 베트남 노동자 사망."

2024년 6월, 화성 아리셀 배터리 공장에서 발생한 화재 참사는 23명의 희생자 대부분이 외국인 노동자로, 위험의 외주화, 위험의 이주화 현상을 보여줬다.

"첨엔 시골에서 올라온 촌뜨기들이라 멋모르고 일했지. 하긴, 먹고 살기 힘들때였으니까. 인제 한국 놈들은 이런 데서 일 안혀. 막말로 씨발, 힘한 일이니까 니들 시키지 존 일 시킬려고 데려왔간?"

앞서 소개한 소설 〈코끼리〉에서 머리카락이 빠져서 정수리가 훤한 필용이 아저씨는 술에 취해 얼큰해져 이렇게 말한다. 그의 말대로, 이제 한국 사람들은 이런 데서 일을 하지 않는다. 일할 사람을 구할 수 없어, 우리가 원해서 이주노동자들을 불러온 것이다.

필용이 아저씨는 이렇게도 말한다.

"옛날에 내가 공장에서 일할 땐 손가락은 유도 아녔어. 팔뚝이 날아가고 모가지가 뎅겅뎅겅했으니까."

우리도 이렇게 힘들게 일했으니까 너희 외국인은 손가락이 잘려나가고 비인간적인 차별 대우를 받아도 그냥 아무말 말고 일하라는 얘기다.

우리나라는 '일은 많고, 일할 사람은 없는 국가'다.[23] 우리나라 노동자들의 특정 업종 기피 현상이 심화하면서 외국인 노동자들이 유입되기 시작했는데, 이제 그들은 한국 노동 시장의 중요한 부분을 차지하게 됐다. 내국인 노동자에 의존한 경제성장 여력은 점점 약화하고 있는 반면에 외국인 노동자 의존도는 점차 높아지고 있다. 현재 한국의 중소제조업은 10%에 가까운 인력 부족률을 경험하고 있으며, 외국 인력을 고용하는 이유에 대해 '인력난 완화' 때문이라고 응답한 이들이 81.3%에 달한다. 저숙련 이주자를 활용하는 사업체들을 대상으로 한 대부분의 조사 결과는 모두 유사한 패턴을 보인다. 우리나라 사업체들이 저숙련 이주노동자를 고용하는 가장 큰 이유는 내국인 노동자를 구할 수 없기 때문이고, 두 번째 이유는 인건비를 절약하기 위해서다. 그러나 내국인 노동자를 구할 수 없는 사업체도 임금을 대폭 인상하면 내국인을 채용할 수 있기 때문에, 내국인 노동자를 구할 수 없다는 것과 인건비 절약은 어쩌면 동전의 양면과도 같다. 1997년 말 발생한 외환위기는 우리나라 경제구조상 저숙련 외국인 노동자를 받아들일 수밖에 없다는 것을 명확하게 보여준 사건이었다. 실업자가 200만 명 가까이 발생하는 상황에서 정부는 저숙련 이주자를 내국인으로 대체하는 경우 임금을 보조하는 유인책을 제시했으나 내국인들이 저숙련 이주자가 일하던 일자리를 기피하는 바람에 정부의 정책은 실패로 돌아갔다.[24]

우리와 함께 일하고 꿈꾸며 살아가는 사람들

외국인 노동자를 고용하는 중소기업은 경제적 이득을 얻는다. 여러 연구가 중소 제조업체가 이주노동자를 고용함으로써 얻는 경제적 이득을 정교한 데이터를 가지고 설명한다. 한 연구에서는 300인 미만 중소업체를 대상으로 하여 살펴봤더니, 외국인 노동자 비율이 1%p 증가할 때마다 1인당 영업이익이 7.8%p 증가하는 것으로 나타났다.[25] 또 다른 연구에서는 외국 인력 유입으로 고용주와 국내 숙련 인력이 이득을 보는 것으로 나타났다.[26] 외국인 노동자가 전혀 없었을 경우와 비교했을 때, 외국인 노동자의 유입으로 인해 내국인 전체에 돌아가는 이익은 매년 GDP(국내총생산)의 약 0.04%(4000억 원) 정도라고 한다. 이 이득의 대부분은 외국 인력을 고용하는 고용주에게 돌아가 고용주로서는 큰 혜택을 본다. 이는 외국인 노동자에게 싼 임금을 지급함으로써 가능한 것이다. 실제로 내국인 대비 외국인 임금 비율은 64% 정도로 낮은 편이다.[27] 2023년 기준 이주노동자의 평균 총급여액은 3278만 원인데 이는 내국인 노동자의 평균 총급여액인 4332만 원보다 1000만 원가량 더 적다.[28]

500인 미만 제조업체를 대상으로 한 연구[29]에서도 비슷한 결과가 나왔다. 외국인 노동자 비율이 늘어날수록 기업의 영업이익이 늘어나는데, 이는 외국인 노동자의 고용이 기업의 재무성과를 개선한다는 점을 시사한다.

특히 '불법체류자'라 불리는 미등록 이주자는 비용 절감과 노동 통제 측면에서 영세사업자에게 유용하다. 사업장 규모가 작다 보니 고용주는 임금을 많이 줘야 하는 정규직 노동자보다는 필요할 때만 일을 시킬 수 있는 노동자를 더 선호한다. 한국인 정규직 노동자에게는 월 400~500만 원 수준의 임금을 지급해야 하는데, 미등록 외국인 노동자는 필요할 때만 일을 시키고 일당 15만 원 정도만 지급하면 되기 때문에 사업주들에게는 매우 유용한 존재다.[30]

두 번째 짝꿍: 동남아 이주노동자×하와이로 간 조선인

외국인 노동자로 인해 기업뿐 아니라 우리나라 경제 전체가 이득을 본다는 연구도 있다. 외국인 노동자가 가져오는 전체 경제적 효과는 2012년에 53.7조 원, 2016년 74.1조 원이며, 2026년에는 총효과가 162.2조 원이 될 것으로 추정된다.[31] 경제적 효과는 우리나라의 빠른 고령화 속도를 감안했을 때 더 커질 가능성이 있다. 우리나라는 인구 고령화 속도가 가장 빠른 국가 중 하나다. 2024년 우리나라는 65세 이상 인구가 전체 인구의 20% 이상인 '초고령 사회'에 들어섰다. '고령 사회'가 된 지 7년 만이다. 지금 같은 추세라면 2045년에는 노인 인구 비율이 37.3%로 세계 최고 노인 국가가 될 거란 전망까지 나온다. 2020년에 4.6명이었던 고령인구 1인당 노동 연령 인구가, 2030년에는 2.7명으로 줄어들 것으로 전망된다. 급속하게 이루어지는 인구 고령화는 경제성장 잠재력에 매우 부정적인 영향을 미칠 것이다. 외국인 노동자들은 인구 고령화가 경제성장에 미치는 부정적인 영향을 완화하는 역할을 지금도 하고 있으며 앞으로 그 역할은 더 커질 것이다.

    이민 규모에 따라 우리 경제는 거시적으로 어떤 영향을 받을까? 한 연구는 이민자가 생산가능인구의 각 2%, 5%, 10%인 상태의 경제적 효과를 예측해 보았다.[32] 각 상태에 따른 잠재성장률을 조사해 봤더니, 이민자가 생산가능인구의 2%인 상태에서는 최고 0.07%p, 5%인 상태에서는 최고 0.17%p, 10%인 상태에서는 최고 0.33%p 증가했다. 이러한 예측은 이민자의 유입은 인적자본의 증대를 가져오고, 물질적 자본, 사회자본, 인적자본 등이 균형 있게 성장하여 우리 경제가 지속적인 발전을 하는데 도움이 될 가능성을 시사한다.

외국인 노동자는 생산자이면서 동시에 소비자다. 따라서 외국인 노동자의 유입에 따른 거시경제적 효과는 노동 시장뿐 아니라 생산과 소비 등 경제 각 부문 간 상호작용의 최종결과로서 나타난다. 즉, 외국인 노동자들은 유입국 국민들이 외국문화를 이해할 수 있는 기회를 제공하기도 하고, 세금을 납부함으로써 소득세 및 간접세 증대라는 조세 효과도 가져오는 것이다.

이주노동자는 우리 사회의 구성원으로 일하고 살아가면서 세금을 내고 소비 활동 등을 하며 이와 연관된 일자리도 창출하는 역할을 한다. 어떻게 보면 오히려 우리 사회가 이주노동자의 노동력 형성에 이바지한 것은 별로 없다. 이주노동자가 한 사람의 성인 노동력이 되어 한국에 올 때까지 우리가 비용을 지불한 것은 없기 때문이다. 저임금 노동력이 필요해서 우리가 이주노동자를 불러들인 것이고, 이주노동자의 고된 노동으로 우리 경제는 이득을 얻고 있다. 그리고 우리 삶도 이득을 얻는다. 오늘 내 밥상에 올라온 채소들은 이주노동자의 노동이 없었다면 생산되지 않았을지도 모른다. 그들은 우리와 함께 일하고 꿈꾸며 살아가는 사람들이라는 것을 인정해야 한다.

하와이로 간 우리 조상들

102명의 외국인 노동자들

2004년 하와이 한인문학동인회에서 펴낸 《하와이 시심詩心

100년》이라는 시집의 수록 시는 총 102편이었다. 왜 100편도 아니고 102편이었을까?

'102'는 하와이 이주의 역사를 기억하는 의미 있는 숫자다. 1902년 12월 제물포에서 출발하여 1903년 1월 하와이에 도착한 우리나라 첫 하와이 이민자의 숫자가 102명이었다. 시집의 시들은 102명으로 시작한 우리나라 이주자들의 하와이에서의 삶을 시구절로 표현한다. 시집에 수록된 첫 번째 시는 이홍기의 〈이민선 타던 전날〉인데, 시인은 1905년에 하와이로 이민 갔다가 1974년 사망했다. 시에서는 "돌아올 때는 넉넉히 봉운한 몸을 지으리"라고 다짐했으나, 끝내 고국으로 돌아가지 못했다. 시인을 비롯해서 이 당시 대다수의 하와이 이민자는 고국으로 돌아오지 못하고 하와이에 묻혔다.[33]

또 다른 시 〈아리랑 아리랑 알라이 아리랑〉(김창순 작)은 외국인 노동자로서의 힘겨웠던 삶을 보여준다.

> 흰 옷 입은 조선 사람
> 태평양 건너와서
> 낯선 땅 하와이에
> 푸른 꿈을 심었었네
> (…)
> 사탕수수 그 농사는
> 채찍질에 해저물고
> 사진신부 고운 손에

마디마디 거친 세월

밭고랑 패여있는 땅

목숨 거른 이슬아

(…)

"흰 옷 입은 조선 사람"이었던 한국인들은 파독 간호사보다 60여 년 전에 이미 '외국인 노동자'들이었다. 1903년 1월 13일 하와이 호놀룰루에 도착한 102명의 첫 하와이 이민자를 시작으로, 1905년 8월 8일 마지막 공식적인 이민이 끝날 때까지 약 7415명의 조선인이 하와이로 떠났다. 이들은 대부분 사탕수수 농장의 노동자로 일을 시작했다. 조선인들은 하와이 전체 농장 노동력의 11%를 차지하는, 두 번째로 수가 많은 이주노동자 집단이었다. 조선인들의 이주노동은 하와이의 경제적 이득을 확보하기 위해 시작된 국제적인 거래였다. 조선인 이주노동자들의 힘든 노동의 대가로 하와이 정부와 하와이의 사탕수수 농장주들은 크게 번영하고 많은 경제적인 이득을 챙겼다.

하와이는 동양과 미국 남부 대륙 사이 아열대에 위치해 사탕수수 재배에 유리한 자연환경을 갖추었다. 그런 이유로, 1830년대부터 미국과 영국 출신의 자본가들이 대규모로 하와이에 플랜테이션을 조성하면서 사탕수수 재배와 설탕 산업이 번성하게 되었다.[34] 특히 미국은 서부 지역이 발전하면서 설탕에 대한 수요가 급증했다. 하와이는 기후적인 조건에서도 그리고 서부 지역과의 거리를 따져봐도 새로운 자본가들에게 사탕수수 공급의 적격지로 주목받지 않을 수 없었다. 이에 1875년 미국과 하와이 왕국 간에 호혜조약이 체결되어, 하와이에서 미국으로 수출되는 설탕에 대한 무역관세가 철폐되었다. 이로 인해 하와이에서 생산되는 설탕량은 계속해서 증가했는데, 미국의 설탕 생산업자들이 로비를 벌인 결과 1890년에 '매킨리 관세법McKinley Tariff Act'이 제정되어 하와이가 누리던 특권이 사라지고 말았다. 이는 하와이의 정치 상황에도 큰 영향을 끼쳤다. 하와이 경제를 좌지우지하던 미국인 설탕 농장주들이 지배력을 계속 강화해갔고, 결국 하와이는 1898년 미국에 병합되고 말았다.

미국 병합 후, 더 많은 자본이 하와이 사탕수수 산업에 투자되고 설탕 생산은 크게 증가했다. 병합 전에 23만 톤이었던 것이, 병합 이후인 1901년에는 36만 톤, 1908년에는 52만 톤으로 급증했다. 플랜테이션 농장에서 일하는 노동자의 숫자도 1875년~1900년에 이르는 기간에 3260명에서 3만 7760명으로 급격히 늘어났다. 설탕 재배를 하는 토지 면적 역시 1875년 1만 2000에이커에서 1900년 12만 8000에이커로 10배가량 늘었다.[35]

하와이 사탕수수 농장주들은 정부에 저렴한 노동력을 해외에서 수입하라고 요구하는 등의 압력행동을 하기 위해 1895년 하와이 사탕수수농장주협회Hawaiian Sugar Planters' Association, H.S.P.A.를 조직했다. 협회는 다섯 개의 큰 회사들을 중심으로 설립되었는데, 하와이 섬의 거의 모든 사탕수수 농장을 포섭했다. 얼마 안 가 협회는 사탕수수 산업에 있어 독점적 지위를 차지하여 하와이 경제를 쥐락펴락하는 세력으로 부상했다.

사탕수수를 재배하고 설탕을 생산할 노동력 수요가 증가함에 따라, 사탕수수 농장주들과 그들이 속한 협회는 수출을 늘리고 더 많은 돈을 벌기 위해 조선인 노동자를 싼값으로 들여왔다. 실제로 조선인 노동자들이 입국한 이후 설탕을 생산하는 토지는 1932년 25만 4600에이커로 최고치를 경신했으며, 플랜테이션 농장에서 일하는 노동자들은 1910년 4만 4270명에서 1927년 5만 6600명으로 증가했다.[36] 하와이 경제는 설탕 생산에 압도적으로 의존하게 되었으며, 1897년에 이미 하와이의 설탕 수출은 총수출액 1620만 달러 중에서 자그마치 1540만 달러나 차지했다.[37]

싸고 유순한 조선인들

1900년대 하와이는 철저한 계급사회였다. 약 2만 9000명의 백인이 최상층을 차지하고 있었고, 다섯 개의 큰 회사의 관리직과 주정부 관료직은 모두 백인들 차지였다. 하층에는 약 7만 6000명의 일본인과 약 2만 7000명의 중국인이 있었다.

사탕수수 농장주들이 처음부터 조선인을 원했던 것은 아니었다. 그들은 중국인, 일본인, 포르투갈인을 이주노동자로 받아들였는데, 특히 1876년부터 1885년 동안 5만 명 이상의 중국인이 하와이로 이주해 갔다. 그런데 워낙 사탕수수 농장의 노동 조건이 열악하여 미국 본토나 본국으로 이탈하는 중국인이 많았다. 하와이의 사탕수수 농장은 낮은 임금, 불공정한 작업환경, 긴 작업 시간, 희박한 승진 기회, 농장주의 학대, 자유 시간 박탈 등으로 악명이 높았다.[38]

1878년에 하와이는 포르투갈인들의 이민에 관심을 가졌다. 비동양계 백인 노동자인 포르투갈인으로 하와이섬을 채워 미국화되는 것을 원했기 때문이다. 그러나 포르투갈인들은 수송비가 너무 많이 들었고, 높은 임금을 요구했으며, 오랜 기간 계약을 연장하며 일하려고 하지 않았다.[39] 한마디로 '너무 비싸고 유순하지 않은' 노동자들이었다. 하와이 정부와 시민은 비싼 '백인' 노동자를 원했으나, 사탕수수 농장주들은 '값싼' 아시아 노동력을 선호해서 갈등이 계속될 수밖에 없었다.

1890년대 초반에는 일본인 이주노동자가 대거 늘어났다. 그런데 이들은 '자존심이 강하고 민족주의적'이라서 농장주들 입장에서는 마음대로 부릴 수가 없었다.[40] 일본인 노동자들이 열악한 노동 환경에 항의하며 파업을 하는 등 단체행동을 하자 농장주들은 새로운 노동력에 눈을 돌리기 시작했다. 그때 대체 노동력 집단으로 하와이인들의 눈을 사로잡았던 것이 바로 조선인들이었다. 농장주들이 통제하기 쉽고, 일본 노동자들이 파업을 할 때마다 이를 분쇄하는 역할을 할 수 있는 값싼 노동력으로 유순한 조선인들이 적당하다고 판단했던 것이다.

> "한국에 있는 미국의 탄광 회사 관리자들은 한국 노동자의 순한 행동과 근면성에 대해 최고의 칭찬을 하고 있다. 한국인들은 평균적으로 일본인보다 더욱 꾸준히 일하고 피로를 훨씬 더 잘 참는다 (…) 보고에 따르면 한국인 쿨리(coolie, 준노예 상태의 단순노동자) 노동자는 하루 동안에 일본인이 하루 반나절 걸려 채굴할 수 있는

석탄을 파낸다고 한다. 이뿐 아니라 한국인 쿨리는 똑같은 계층의 일본인 쿨리보다 고용주에게 더욱 순종적이고 예의가 바르다."
"그들은 가난하다. 끔찍할 정도로 가난하다. 나는 이보다 더 가난한 사람들을 알지 못한다. 그러나 그들은 적절히 훈련시킬 수 있으며, 열심히 일하려 하기 때문에 다루기는 어렵지 않다. 나는 많은 한국인과 이야기해 보았다 (…) 노동계급의 한국인 남자는 일본인보다 체격이 더 크며 일본인의 자만이나 기만성 같은 것은 가지고 있지 않다. 그들은 좋은 농장 노동자가 될 수 있으며, 공정한 임금 요구 외에 이곳에 오는 조건으로 자신들이 살기 위한 땅을 요구한다든지 등의 다른 유인책을 바라지는 않는다."

한마디로 당시 조선인 이주노동자들은 이렇게 인식됐다.[41]

"끔찍할 정도로 가난하지만, 순종적인 집단."

특히 농장주협회가 한국인 노동자를 받아들이고자 하는 데는 아시아계의 임금이 가장 저렴해서 이들을 고용했을 때 남는 이득이 가장 컸기 때문이기도 하다. 당시 백인 노동자들은 월 150달러를 받았던 반면, 아시아계들은 절반에도 못 미치는 70달러를 받았다.[42] 게다가 조선 말기와 일제강점기의 혼란한 상황을 고려할 때, 농장주들은 이들이 일단 하와이에 오면 오래 머무를 것이라 기대했다.[43] "근검절약하지 못해 고향으로 돌아갈 만큼 저축하지 못할 것"이라는 인식도 있었는데, 여러모로 조선인들은 농장주들에게

매력적인 노동력이었다.

당시 국제정치적인 상황도 조선인 이주노동자를 더 선호할 이유가 되었다. 서구 열강과 어깨를 나란히 할 정도로 일본의 위상이 높아지자, 조선인들보다 먼저 이주했던 일본인 노동자들은 노동쟁의를 일으키며 농장 경영에 위해를 가했다. 이에 농장주들은 노동자의 국적을 다변화시켜서 서로 협력하지 못하게 하고, 조선인과 일본인 간의 민족적 반목을 이용하여 자신들의 경제적 이익을 극대화하고자 했다. 농장주들은 자신들의 배를 불리기 위해 이민법을 위반하며 광범위한 위법행위를 저질렀다. 그들은 돈세탁하기, 법 집행 기관 내부에 밀고자 두기, 새로운 보고서 사전 검열하기, 연방 관리에게 뇌물 제공하기 등의 광범위한 음모에 가담했다.[44]

헬조선을 떠나 지상낙원으로

우리 조상들은 왜 편도로만 한 달이 넘게 걸리는 먼 땅 하와이로 고난의 여정을 떠났을까? 19세기 말 20세기 초 우리나라 상황을 머릿속에 그려보자. 그들의 선택을 조금은 이해하게 된다.

우리나라는 외세의 침략 야욕으로 나라의 운명이 풍전등화와 같은 상황이었고, 경제는 파탄 상태였다. 흉작, 전염병, 기근 등으로 농촌 경제가 피폐화되었고, 조선의 전통적 수공업 기반은 약해질 대로 약해졌다. 극심한 식량난을 겪고 있는 와중에, 일본은 조선에서 쌀과 곡물을 대거 반출해 갔기에 조선의 식량 사정은 매우 나빴다. 굶주린 백성은 늘어만 갔고, 민심도 흉흉했다. 일제의 침탈과 지배로 인해 나라를 잃어가고 있는 것에 대한 절망감과 반발도 온 나라를 휘감고 있었다. 이런 암울한 상황에서, 젊은 남자들은 새로운 기회를 찾아 나라를 떠났다. 전체 이민자 중 20~24세가 28%, 25~29세가 25%를 차지하는 등 젊은 층의 비중이 상당히 높았다.[45]

이들은 근대 한국 최초의 공식 이민자였는데, 주한미국공사였던 앨런Horace N. Allen은 조선의 노동자들이 하와이로 이주하는 데 있어 결정적인 역할을 했다. 외교관, 선교사, 의사, 고종의 정치고문 등의 역할을 하면서 구한말 정국에 큰 영향력을 행사했던 그는 1902년 미국을 방문하던 차에 왕립하와이농업협동조합의 이사인 어윈W.G. Irwin으로부터 하와이가 조선인 노동자에 관심이 있다는 소식을 전해 들었다. 그 후 알렌은 적극적인 중개자 역할에 나섰고 고종황제의 명에 따라 이민 업무가 시작되었다. 흉년으로 식량 사정이 악화된 상황에서 이민을 보내면 그만큼 입이 줄어 어려운 식량 사정이 나아질 수 있을 것이고, 미국과의 관계에도 도움이 될 것이라는 기대가 있었다.

당시 신문에 난 이민자 모집 광고도 매우 유혹적이었다.

"하와이의 기후는 온화하여 거주와 노동 조건이 쾌적하다.
일주일에 60시간 노동을 하고, 월 16달러의 임금이 지불된다.
숙소와 의료서비스가 제공된다.
가족 단위의 이민을 환영한다.
영어를 배우기 위해 학교를 무료로 다닐 수 있다.
입국 후에 미국법에 의해 보호받을 수 있다."[46]

이민 모집 대리인들은 하와이 사탕수수 농장의 생활이 매우 행복하고 평안할 것으로 묘사했다. 하와이로 간 한 이주노동자는 "일주일 6일 노동은 배나무 밑에서 잠자는 것과 같거나 누워서 떡 먹기만큼 쉬우며, 한 달 월급은 평안도 감사의 일 년 봉급에 해당되고, 미국의 황금 달러로 받는다"는 말을 들었다고 했다.

하와이 이민사를 다룬 이금이의 장편소설 《알로하, 나의 엄마들》에서도 당시 상황이 비슷하게 묘사된다. 소설에서 서기춘은 평안도 용강에서 태어난 인물로 평생 남의 집 머슴이나 소작농으로 살았다. 나라 이름이 조선에서 대한제국으로 바뀌었지만, 백성의 팍팍한 삶은 여전했고, 기춘이 손바닥이 발바닥이 되게 일을 하는데도 식구들을 제대로 먹여 살릴 수 없었다. 그때 인천 제물포항에서 하와이 이민 모집 소식을 접한 그는 "살길이 막막하던 차에 하늘에서 동아줄이 내려온 것 같았다"고 말한다.

그러나 하늘에서 내려온 건 썩은 동아줄이었다. 이민 모집 대리인들은 본인에게 부여된 이민 할당량을 채우기 위해 과장 광고를 했던 것인데, 훗날 농장을 방문했던 대한제국 외교관 윤치호는 "나와 만났던 대부분의 조선인은 나에게, 이민 모집 대리인들에게 속았다고 말했다"고 전했다.[47]

나무 위에 황금으로 된 달러가 주렁주렁 열려 있어 금방 부자가 될 수 있는 '지상낙원'을 향해 조선인 이주노동자들은 배에 몸을 실었다. 조선인들을 태우고 태평양을 건너는 배는 일본에서 출발했고, 조선인 이주자들은 일본에서 건강검진을 받아야 했다. 한국에서 실시한 신체검사는 외국에서 인정이 되지 않아 일본에서 검사를 받아야 했는데, 여기서 통과하지 못하면 다시 한국으로 돌아가야 했다. 설사 일본에서 통과했더라도, 호놀룰루에 도착해서 실시한 입국 검사에서 통과하지 못하면 그 먼 길을 다시 돌아서 일본으로 가야 했다.[48] 하와이사탕수수농장주협회와 호놀룰루이민국은 매우 까다롭게 조선인들의 신체를 검사했다. 중노동을 할 만한 체력을 가졌는지 확인했고, 당시 조선에서 번졌던 장티푸스나 콜레라 등의 전염병 균이 없는지도 꼼꼼히 살폈다.[49]

인간쓰레기를 선발해 데려왔다

건강검진에 통과한 이들은 보호해줄 영사관도 없는 낯선 땅에서 싸구려 노동자로 짐승처럼 일했다. 하와이 하면 떠오르는 와이키키 해변의 따사로운 햇살, 부드러운 모래사장은 조선인 이주노동자들과는 아무런 상관이 없었다. 뜨거운 태양이 작열하는 햇빛 아래서 조선인 이주노동자들은 새벽 4시 30분 기상을 시작으로 늦은 오후까지 끊임없이 일해야만 했다. 아침 일을 시작하는데, 만약 노동자가 나오지 않으면 관리자들은 채찍을 휘두르며 이들을 작업장으로 내몰았다. 점심시간은 단 30분이었으며, 농장주들은 1년 내내 추수할 수 있도록 농사계획을 세워놨기 때문에 농한기라는 것이 없었다.[50]

이런 가혹한 통제는 농장주들의 입장에서는 꼭 필요한 것이었다.[51] 단조롭고 육체적으로 강도가 높은 일을 시키기 위해서는 노동자들이 순종하도록 해야 했는데, 자신의 나라도 아닌 다른 나라에 와서 일을 하는 새로운 이주자들에게 이는 가차 없는 예속의 상태를 의미했다.

조선인들이 해야 했던 농장 일은, 사탕수수 이파리를 잘라내는 일, 잘라서 쌓아 놓은 사탕수수를 등에 지고 가서 마차에 싣는 일, 농작물에 물 대는 일(관개 작업) 등이었다. 사탕수수 산업은 호미와 괭이를 든 많은 손의 움직임으로 이루어지는 극히 노동집약적인 산업이다.[52] 노동 강도는 매우 높았다. 사탕수수잎은 톱날처럼 날카로워서 몸을 보호하기 위해 노동자들은 두꺼운 옷을 입고 작업을 해야만 했다. 뜨거운 태양이 내리쬐는 무더운 날씨에 두꺼운 작업복을 입고 무거운 칼로 사탕수수를 자르는 작업은 허리가 부러질 것 같은 중노동 중의 중노동이었다.[53]

농장에는 관리자인 '루나(십장)'가 있었다. 하와이 원주민 말로 루나는 '위'를 뜻하는데, 이름 그대로 말 위에서 노동자들을 감시했다. 이들은 가죽 채찍을 들고 다니면서 말을 듣지 않는 노동자들에게 채찍을 휘둘렀다. 농장주들은 이주노동자들을 인간이 아니라 도구나 가축처럼 취급했다.[54]

> "그저 담배도 못 피우고 일만 했지. 루나가 못 먹게 해. 일어서지도 못하게 했지. 꼭 구부리고 일만 하라는 거야. 찍소리도 못 하고. 우뢰바(채찍)가 날아오니까 꼼짝도 못 하지. 꼭 그저 소나 말이나 마찬가지지."[55]

사탕수수 노동자의 증언처럼, 조선인 노동자들은 말 같이, 어쩌면 말보다도 못하게 취급당했는지도 모른다. 농장주들은 관개시설을 만들기 위해 바위를 제거한다는 명목으로 다이너마이트를 사용하곤 했는데, 돌 파편이 농장으로 날아들어 조선인 노동자들이 맞아 죽은 경우도 있었다. 그러나 농장주들에게는 조선인 노동자들의 안전은 우선순위에 없었다.[56]

조선인 이주노동자들이 거주했던 주택도 당시 농장의 계급 구조를 그대로 반영했다. 언덕 맨 위에는 농장 지배인의 큰 저택이 자리 잡고 있었고, 그 밑에는 일본인 십장들, 목수, 트럭 운전사 등이 살았다. 그보다 밑에는 판잣집들이었는데, 조선인을 비롯한 아시아에서 온 노동자들이 그곳에 살았다. 백인들에게는 방이 네 개 있는 단층집이 주어졌고 한 방을 2명이 나누어 썼다. 반면에 이주노동자들은 방 크기에 따라 6명에서 40명씩 한방을 썼다.[57]

1910년 일본 정부는 '사진신부'라 불리는 조선인 여성들의 하와이 이주를 허용했다. 사진신부의 정확한 숫자는 알려진 바 없지만, 대략 600~1000명에 이르는 여성이 사진으로만 얼굴을 본 신랑과 혼인하고자 하와이로 건너왔다. 사진신부는 하와이 농장주들에게 또 다른 측면에서 도움이 되었다. 한반도에서 사진신부를 데려오는 일은 큰 비용이 소요되는 일이었다. 약 300~500달러에 이르는 비용이 들었는데, 이 돈을 마련하기 위해 조선인 남성 노동자들은 농장을 떠나지 않고 계속해서 열심히 일을 해야 했다.[58] 사진신부의 이주는 결국 우리나라 남성 노동자들이 하와이 농장에 값싼 노동력을 안정적으로 공급하도록 했으며, 사탕수수 농장주들의 농장 경영을 도왔다.

백인들은 아시아계는 인종적·문화적으로 열등하다고 생각했고, 차별을 일삼았다.[59] 백인들은 조선인들을 아이 같지만, 위험한 존재이자, 여자처럼 나약하나 성적으로 위협적인 존재로 전형화했다. 그러면서 자치가 불가능하고 조직적으로 일할 수 없는 무능력한 존재나, 국제적인 음모를 꾀할 수 있는 모순적인 존재로 보았다. 그들에게 조선인들은 미개하고 무지하며 쉽게 범죄를 저지르는 무정부 민족주의자처럼 여겨졌다.

게으르고, 지저분하고, 무례하고, 신뢰할 수 없는 사람들. 이런 '야만인들'이 바로 조선인 이주노동자들이었다. 당시 백인들은 조선인 이주노동자들에 대한 생각을 조금도 숨김없이 적나라하게 기록했다.

> "더이상 나쁜 것들을 생각할 수 없을 정도로 가장 나쁜 한국인들이 하와이로 건너왔다."[60]
>
> "하와이에 있는 한인 노동자들은 항구에 있던 인간쓰레기를 선발해서 데려왔다."[61]
>
> "여러모로 보나 그들은 자신의 나라에서 사회적으로는 부랑자들이며, 도덕적으로는 문둥이고, 종교적으로는 광신자들이었다 (…) 지성도 지능도 없어서 현세대의 지성을 갖춘 미국 시민이 되기 위한 토대를 거의 갖추지 못하고 있고, 미래의 많은 세대에게 어떠한 희망도 주지 못한다."[62]
>
> "징조나 예언, 유령을 믿는 무지몽매하고 미신적인 사람들."[63]

대부분의 조선인들은 사탕수수 농장에 고립되어 중노동에 시달렸고, 백인들은 도시 중심지에 거주했다. 두 인종 간에는 최소한의 접촉만 있어,[64] 백인들의 인종차별적인 편견은 그대로 커져만 갔다. 이런 상황에서 조선인들은 미개하고, 범죄를 저지르는 사람들이라는 편견에 기름을 부은 사건이 발생했다. 이요극과 전덕순. 이들이 사건의 주인공이었다.

이요극은 1912년, 일본의 식민지배에 분개하여 하와이에 있는 일본인들에게 복수하겠다는 민족전쟁을 선포하고 일본 상점 주인에게 총을 쏘았다. 공포에 떨던 일본인들은 현상금 300불을 내걸었는데, 이 금액은 당시 사탕수수 농장 노동자들의 거의 2년 치 임금이었다. 또 다른 주인공인 전덕순은 감옥을 다섯 번이나 탈출한 신출귀몰한 행적으로 누구보다 일본인들의 간담을 서늘케 했다. 절도범으로 체포된 전덕순은 징역을 선고받은 후에도 계속해서 탈옥에 성공하고, 심지어 중범죄자를 가두는 가장 견고한 감방에서마저 탈옥한 인물이었다.

이들로 인해, 조선인들은 범죄자고 자치가 불가능한, 무례하고 미개한 인종이라는 편견은 더해졌다. 편견은 현실의 제도에도 반영되었다. 하와이는 이중적인 법률 체계를 갖고 있었는데, 법정에서 아시아계에게는 자질이 떨어지는 통역가를 제공했으며, 백인들에게 우선권을 주고, 아시아계 범죄자들을 더 가혹하게 처벌하곤 했다.[65] 경찰들은 유색인종을 괜스레 괴롭혔고, 별 이유 없이 체포하기도 했다. 1909년 조선인 김경삼은 혐의가 없는데도 수상쩍다는 이유로 한 달에 두 번 체포되어 며칠씩 억류되었다. 조선인 고성원은 경찰관에게 곤봉으로 맞고 발로 차여서 의식을 잃었으나,

경찰관은 징계를 받지 않았다. 조선인 공은도는 경찰관에게 가혹행위를 당했고, 경찰관이 공 씨의 반지를 훔쳐 간 사실이 밝혀졌으나 경찰관은 처벌받지 않았다.

돌아갈 고국이 없는 신세

조선인 이주노동자들은 돌아갈 고국이 없었다. 1910년 우리나라는 일제로부터 국권을 피탈당해 식민지배를 받게 되었다. 이에 하와이의 일본인들은 일본의 식민지적 태도를 그대로 가져와서 조선인들을 차별하기도 했다.[66] 그러나 하와이로 건너온 조선인 노동자는 가만히 있지 않았다. 그들은 일본에 병합된 후 더욱 활발히 민족주의 활동을 전개했다. 앞서 소개한 시집 《하와이 시심 100년》에는 〈소원〉이라는 제목의 시가 있다. 1913년 일심생이 지은 이 시는 자유 독립을 소원하는 하와이 조선인의 마음이 절절히 표현되어 있다.

태평양 만경파에
태평히 돛을 달고
살갓히 가는 배는
향하는 곳 그 어대뇨
뭇노니
자유독립 실엇거든 한반도로

조선인들은 한인감리교회와 국민회를 중심으로 독립자금을

모아, 3·1 독립운동과 만주의 독립군을 지원했으며, 미국에 고국의 독립을 호소하는 활동을 하기도 했다. 그런데 조국의 독립을 위해 활동을 하던 중 파벌 간 내분이 심각하게 발생했다. 그러자, 하와이 백인들에게는 조선인은 자신의 일도 제대로 하지 못하면서 파벌로 나뉘어 싸움만 하는 자치가 불가능한 열등한 민족이라는 믿음이 더 강해졌다. 미국에 살면서도 미국의 법을 따르지 않고, 자기들 나랏일로 분열하여 싸우기만 하는 미개한 민족이라는 이미지가 덧씌워진 것이다.

 1910년까지 조선인 6명 중 1명만이 고국으로 돌아간 반면, 일본인과 중국인은 절반 이상이 자신들의 나라로 돌아갔다.[67] 돌아갈 고국이 없는 상황에서 우리 조상들의 고난은 더욱 깊어졌다. 제2차 세계대전이 발발한 이후 몇 달 동안은, 적국 거류 외국인enemy aliens으로 분류되었다. 조선이 일본의 식민지였기 때문에, 조선인들도 '적국'의 시민이 되었다. 1943년 12월 4일, 다행히 이 명칭은 삭제되었으나, 당시 조선인 이주노동자들의 의지할 곳 없는 신세를 엿볼 수 있다.

 하와이는 조선인들이 북미 대륙으로 진출하는 길목이었다. 약 120년 전 망해가는 나라를 떠난 조선인 이주노동자들은 하와이의 제도적인 인종차별, 고통스러운 육체노동, 언어장벽과 가난으로 고통받았으나, 그럼에도 불구하고 이국땅에서 자신들만의 공동체를 만들어나갔다. 아메리칸 드림을 찾아 떠난 우리 조상들에게 가해진 차별을 대가로, 하와이 경제는 번영했고 사탕수수농장협의회는 막대한 부를 축적했다.

 사실, 하와이만이 아니었다. 우리나라 이민 역사상 첫 번째 목적지가 1903년 하와이였다면, 두 번째는 2년 후인 1905년 멕시코로 향하는 것이었다. 1905년은 러일전쟁으로 사회가 혼란스러웠고, 가뭄 등으로 나라 경제가 궁핍에 빠졌던 때였다. 1000여 명의 조선인이 〈황성신문〉에 실린 허위 과장 광고와 하와이 이민의 성공 소식 등을 듣고, '멕시칸 드림'을 품고 제물포항을 떠났다. 계약 기간은 1905년부터 1909년까지 4년이었으며, 조선인 이민자들의 최종 목적지는 유카탄주의 주도 메리다Mérida였다. 그곳에서 조선인 이민자들은 20여 개의 농장으로 분산 배치되었다. 그들은 멕시코에서 재배하는 용설란 나무인 에네켄Henequén 농장에서 일했는데, 농장에 도착한 다음 날부터 일을 시작했고 목표량을 못 채우면 채찍질을 당했다. 용설란을 뜻하는 스페인어 에네켄을 조선인들이 '애니깽'으로 발음했고, 애니깽은 곧 멕시코 조선인 이민자를 부르는 말이 됐다.

김영하의 《검은 꽃》(복복서가, 2020)은 애니깽들의 이야기를 다룬 역사소설이다. 소설에는 다음과 같은 장면이 있다.

> "말 위의 사내가 히죽거리며 웃고 있었다. 다시 채찍이 날아들었다 (…) 거의 모든 노동자가 채찍 세례를 받았다. 채찍 문화가 전혀 없던 조선인들에게 그것은 굴욕이기 이전에 놀라움이었다. 다시 말해 그것이 굴욕이라는 걸 알기까지 조금 시간이 걸렸다는 얘기다."

이처럼 모집 당시의 광고와 다르게 조선인들은 살인적인 무더위 속에서 채찍으로 맞는 노예 수준의 노동 조건으로 혹사당했다. 선박용 밧줄로 쓰이는 에네켄을 잘라 묶는 일이 그들이 해야 하는 일이었다. 당시 에네켄은 제국주의 열강들의 식민지 쟁탈전과 자본주의 발전으로 인해 화물 운송량이 증가하면서 구하기가 매우 어려운 작물이었다.[68] 조선인들은 상투가 잘린 채 낯선 땅의 농장에 갇혀 에네켄을 베고 다듬어 선박용 밧줄을 만듦으로써 멕시코 사회에 값싼 노동력으로 기여했다.

당시 대한제국은 멕시코와 어떠한 외교적 관계도 맺지 않은 상태여서 조선인 이민자들은 외교적 보호도 받지 못했다. 이들은 계약 기간 내내 각 농장에 고립되어 살았으며, 1909년 계약 기간이 종료된 후에도 경제적인 문제뿐 아니라, 일제강점으로 인해 고국으로 돌아갈 수도 없는 난민 신세가 되었다.

하와이에서도 멕시코에서도 가난한 나라에서 온 이주노동자였던 조선인들은 차별적 환경 속에서 이민 온 나라의 경제를 불리고 사회를 떠받치는 '코끼리'들이었다. 누군가는 차별당하고, 다른 누군가는 차별 이득이라는 풍요로운 과실을 누리는 패턴은 여기서도 반복됐다.

3장

학살로 이득 보는 사회

세 번째 짝꿍 :

배화사건의 중국인

관동대지진의 조선인

"소수자로 설정하고 싶었어요. 우리나라에서 지역적으론 전라도가 그렇고 화교가 특히 그렇더라고요. 화교 중에서도 인천이나 부산보다는 여수 화교가 소수자라고 봤고요. 그런 소수자가 국내 최대 조직 2인자까지 올라갔으면 어마어마한 인간일 거라고 생각했죠."

한국 영화 〈신세계〉의 각본을 쓰고 연출한 박훈정 감독은 '정청(황정민 분)'이라는 캐릭터를 여수 출신 화교로 설정한 이유를 이렇게 설명했다. 화교 출신인 정청은 국내 최대 범죄 조직인 '골드문'의 2인자이자 그룹 실세인데, 여수의 동네 건달에서 전국구 조직의 실세가 되기까지 6년밖에 걸리지 않은 매우 비범한 인물이다. 그는 주변 한국인들이 '짱깨'라고 불러도 화를 내거나 분해하지 않는다.

또 다른 화교 출신 사람들이 있다. 정이현의 장편소설 《너는 모른다》(문학동네, 2009)에는 '유지'라는 이름을 가진 아이가 등장한다. 유지는 화교 출신 엄마 진옥영과 한국인 아빠 김상호 사이에 태어났다. 엄마 옥영은 부단히 한국 사람이 되려고 노력했다. 말투도 교정하고, 요리도 배웠으며, 결혼도 한국 사람과 했다. 옥영은 '진짜 한국사람'이 되고 싶어서 그리고 자신과 같은 삶을 딸에게 대물

림하고 싶지 않아서, 유지에게 음악 공부를 시키고, 예술중학교 진학을 준비한다. 옥영은 유지가 한국인 아빠를 둔 데다가 바이올린에 재능도 있기 때문에 진짜 한국인으로 잘 살 거라고 믿는다.[1] 그러나 유지의 삶은 그러지 못했다. 화교 엄마를 둔 유지는 여전히 짱깨라 불리는 소수자일 뿐이었다.

"이 짱깨야."
그 말은 여섯 살에 입학한 영어유치원에서 처음 들었다. 같은 반 남자애 하나가 그렇게 부르고 나서 키들키들 웃었다. 아파트 놀이터를 지나다니면서 눈에 익은 얼굴이었다.
아이는 자신이 모욕당했음을 알았다. 전에 들어본 적 없는 단어였지만, 남자애가 뱉어낸 억양에 조롱의 의도가 담겨 있음을 분명히 느낄 수 있었다. 아이는 그 남자애를 노려봤다. 남자애는 키들대는 웃음을 멈추지 않았다. 그러곤 또 한번, 아까보다 더 높은 목소리로 외쳤다.
"너네 나라 가서 자장면이나 먹어라, 짱깨. 이 짱깨야."[2]

이렇게 화교는 어린 나이부터 화교라는 이유로 차별당한다. 오정희의 단편소설 〈중국인 거리〉는 전쟁 직후 인천의 차이나타운으로 이사 온 초등학교 2학년 여자아이가 5학년이 될 때까지 경험한 기억을 중층적으로 구성한 수작이다. 소설 곳곳에서 한국인들의 화교에 대한 조롱과 경멸이 묘사된다.

"우리는 찻길과 인도를 가름짓는 낮고 좁은 턱에 엉덩이를 붙이고 나란히 앉아 발장단을 치며 그들을 손가락질했다.

아편을 피우고 있는 거야, 더러운 아편쟁이들.

정말 긴 대통을 통해 나오는 연기는 심상치 않은 노오란 빛으로 흐트러지고 있었다. 늙은 중국인들은 이러한 우리들에게 가끔 미소를 지었다. 통틀어 중국인 거리라고 불리는 동네에, 바로 그들과 인접해 살고 있으면서도 그들 중국인에게 관심을 갖는 것은 아이들뿐이었다. 어른들은 무관심하게, 그러나 경멸하는 어조로 '떼놈들'이라고 말했다."

'떼놈' 또는 '짱깨'라는 멸칭으로 불리는 화교는 우리나라의 소수자 중에서도 소수자다. 그런데 정이현의 소설 제목《너는 모른다》처럼, 우리는 화교에 대해 잘 모른다. 특히 이들이 한국인에 의해 대량 학살된 역사적 사실에 대해서 알지 못한다. 이 장에서는 일제 강점기, 한국과 일본에서 벌어진 하나의 민족 집단에 대한 대량 학살의 이야기를 다룬다. 수많은 무고한 생명이 희생되는 와중에도, 누군가는 이득을 얻었고, 차별 위에 지어진 사회는 전진했다.

중국인 배척 사건으로 희생된 한국 화교들

광기에 휩싸인 한국인들

1931년 7월 2일 밤, 인천에서 시작되어 일주일가량 식민지 조선 전역에서 중국인에 대한 제노사이드가 발생했다. 1000명에 가까운 중국인 사상자를 낳은 우리 역사에 유례가 없는 이주 외국인에 대한 무자비한 학살이었다. 중국인만을 겨냥해 일어난 이 학살로 인해 중국인 사망자 142명, 부상자 546명, 실종자 91명, 416만 3102.07엔의 재산손실이 발생했다.[3] 조선총독부는 사태를 철저히 방관했고, 두 달 후에 일어난 만주사변과 중일전쟁 등을 위해 오히려 조선인의 중국인 학살을 선동했다.

대규모 타민족 학살 사건은 '완바오산(만보산) 사건'으로 촉발되었다. 완바오산 사건은 1931년 7월 2일 중국 창춘 근처 완바오산 지역에서 중국인과 한국인 농민들 간에 발생한 충돌 사건으로 별다른 인명 피해 없이 끝났다. 정착 이주한 조선인들을 내쫓으려는 중국인 농민 500여 명과 조선인들을 보호하기 위해 파견된 일본인 경찰 46명 사이의 그다지 심각하지 않은 충돌이었다. 일본 식민 치하에서 조선의 농민들은 만주 지역으로 쫓겨 가서 농사를 지었고, 그 과정에서 현지 중국인과 갈등하는 일이 종종 있었다.

그러나 이 사건은 조선 농민들이 다수의 중국 농민에게 맞아 죽었다는 식으로 와전이 되었다. 《조선일보》는 7월 2일 저녁에 300여 매의 호외를 배포했는데 내용은 다음과 같았다.

"200여 명의 동포는 중국 관민 800여 명이 충돌하여 부상 입었다. 중국에 주둔하는 일경이 교전을 급히 알렸고, 이에 창춘의 일본주둔군이 출동할 예정이다. (…) 중국 기병 600명이 출동을 했다. 동포의 안위가 급박하다."

조선인들은 가짜뉴스에 흥분했다. 그들은 화교들을 습격하여 살해까지 서슴지 않았고, 재물을 손괴했다. 뒤에서 얘기할 관동대지진 직후 발생한 조선인 학살에서도 유언비어가 큰 역할을 했던 것처럼 근거 없는 소문은 식민지 조선에서 벌어진 반중국인 폭동에 불을 붙였다.

"중국인이 운영하는 목욕탕에서 목욕하던 조선인 4명이 살해당했다."
"조선인 30명이 중국인에게 몰살당했다."
"중국인이 무기를 가지고 조선인을 살해하고 쳐들어오는 중이다."

유언비어를 듣고 광기에 휩싸인 조선인들은 무리를 지어 화교 상점과 가옥을 습격했다. 반反중국인 폭동 사건은 인천에서 시작하여 경성으로 그리고 평양, 원산, 사리원, 개성, 공주 등 전국 각지로 확산되었다.[4] 인천에서는 약 4000명의 군중이 모여 화교 마을을 습격했다. 그들은 화교 상점에 돌을 던지고 화교를 구타하면서 시가행진을 했다. 경성에서는 7월 3일 오후, 시내 곳곳에서 화교 가옥을 파괴하고 통행 중인 화교를 폭행하는 사건이 발생했으며, 4일 오후 8시경에는 화교 약 70명과 100여 명의 조선인 군중 사이에 충돌이 발생했다. 평양은 가장 많은 화교 사상자가 발생했는데, 수백 명의 조선인이 화교 요리점과 화교 상점뿐 아니라 화교 가옥까지 습격하여 부상자가 속출했다. 폭도들은 상점 안의 제품을 약탈해 거리에서 판매하거나 중국인 상인들이 팔던 포목을 가늘게

찢어 전봇대와 처마에 내걸기도 했다.

조선인들은 중국인을 찾아내어 천으로 손발을 묶고 돌멩이로 머리를 수차례 내려쳤다. 중국인들은 도망치려 했으나 거리에는 사람들로 가득해 도주할 곳이 없었다. 폭도들은 조직적으로 움직였는데, 모든 것을 파괴한 후에는 피리를 불면서 결집해 정렬을 가다듬고 다음 목표로 움직였다. 처음에는 돌멩이를 가지고 중국인을 공격했으나, 시간이 지남에 따라 예리한 못이 박힌 각목이나 날카로운 죽창과 쇠도끼를 사용했다.[5] 신의주에서는 6일 오후 9시 30분부터 수백 명의 조선인이 모여서 화교 거주지를 습격했다. 8일 심야에 2000여 명의 조선인 폭도는 서울의 중국총영사를 포위하여 공격했고, 영사관에 피난 온 6000~7000여 명의 화교를 무자비하게 구타했으며 영사관의 중요한 집기를 모두 약탈했다.

주일본 공사가 폭동에 대해서 보고한 내용에서 광란에 휩싸인 당시를 그려볼 수 있다.[6]

> "폭도들이 막대기, 칼과 도끼, 돌덩이 등 흉기를 쥐고 있었으며 손전등을 함께 가지고 있었다. 그들은 무리를 나눠서 농업이든 공업이든 상업이든 구분 없이 화교의 집을 돌아가며 공격했고 화교를 만나면 남녀노소를 막론하고 때려 죽였다. 재물을 파괴, 강탈하였으며 장부를 태워버렸고 심지어 방화 도구를 몸에 지니고 어디든지 방법을 써서 불을 질렀다."

조선인의 목격담도 군중의 야만성을 적나라하게 전한다.

"군중은 완전히 잔인한 통쾌에 취해버렸다. 3, 4명 내지 6, 7명씩 피 흐르는 곤봉을 든 장정을 앞세우고 200~300명씩 무리를 지어 피에 주린 이리떼처럼 맞아 죽을 사람을 찾아서 헤맸다. "여기 있다!" 한 마디의 외침이 떨어지면 발견된 중국인은 10분이 못 지나서 살려달라고 두 손을 합장한 채 시체가 되어 버린다. (…) 곳곳에서 중국인 시체는 발견되었다. (…) 이날 밤에는 다시 부외府外의 중국인 가옥을 닥치는 대로 충화衝火했다. 밤새도록 평양성 밖에는 불꽃이 뻗쳐 있었다."[7]

'중국인 배척사건', '배화사건', '배화폭동', '평양사건', '반중국인 폭동' 등 다양한 이름으로 불리는 이 사건은 지금까지도 통일된 명칭이 없을 정도로 우리 역사에서 제대로 논의되지 않은 사건이다 (이 책에선 '배화사건'으로 지칭한다). 사건 발생 당시에도 보도 통제가 있어서 실상이 자세히 보도되지 못했다. 사망자, 부상자, 재산 피해의 규모 정도를 알리는 숫자로만 간단히 보도된 이 제노사이드는 곧이어 발발한 만주사변으로 가해자 조선인들의 기억 속에서 사라졌다.[8]

일제는 다 계획이 있었다

이 사건은 한국인에게 기억하고 싶지 않은 부끄러운 일이었던 동시에 식민 지배국 일본으로서는 중국에 책임지고 싶지 않은 사건이었다. 중국인 학살의 원인으로는 다양한 요인들이 제시된다. 당시 조선의 실업률이 높아 노동 시장에서 조선인과 화교 사이에 경쟁과 갈등이 격화되고 있었다. 게다가 화교들이 저지른 범죄 기사들이 종종 보이면서 조선 내 중국인에 대한 반감도 확산했다. 부를 축적한 일부 중국인에 대한 조선인의 질시,《동아일보》와《조선일보》간의 경쟁적 보도 태도, 조선 민족주의 운동 내 주도권 경쟁 등도 복합적으로 작용해 반중국인 폭동을 불러왔다.

타민족 학살이라는 극악한 혐오 행위로 이득을 얻은 자들이 존재했다. 바로 일제였다. 일본 치안 당국은 배화사건이 일어날 것을 사전에 인지하고 있었으나 적극적으로 예방조치를 취하지 않았다. 당시 북경 주재 프랑스 대사가 본국에 보낸 외교 전문은 다음과 같은 내용을 담고 있다.[9]

"6월 중순 이후부터 이미 완바오산 사건은 예견된 상황이었다. 1927년 배화사건[10] 경험이 있는 일본 치안 당국이 완바오산 사건이 일어난 이후 조선에서 배화사건이 발생하리라는 것은 충분히 예상할 수 있었고 예방조치를 취할 시간적인 여유도 있었다고 할 수 있다. 하지만 일제 치안 당국은 경성 주재 중국영사관의 사전 보호조치를 묵살하여 많은 재조화교가 피해를 입게 되었다. 이에 세간에서는 일제가 배화사건을 방관했다는 비판이 있었고, 나아가 화교 습격의 배후로 일제를 지목하기도 했다."

일본의 방관적인 태도는 아래의 일화에서도 드러난다. 서울 화교상회의 대표 궁학정宮鶴汀 등이 경기도 경찰부장인 일본인 가미우치上內를 만나 일본 경찰을 파견해서 중국인을 보호해달라고 요청

하자, 가미우치는 이렇게 말하며 아무런 조치를 취하지 않았다.

> "한국 폭도는 중국 정부가 조선인을 핍박해서 생긴 일이다. 완바오산에서 중국이 한국 농민을 살해했기 때문에 조선인의 반감을 야기시켰다. 우리는 치안을 책임지면서 일본인과 한국인을 보호하는 것을 책임질 뿐이고 화교는 보호할 수 없다. 무장경찰이 한국인을 진압할 수 없고, 시기적으로도 맞지가 않는다."[11]

사건 초기, 200~300여 명의 군중이 모여 있는데도 일제 경찰은 적극적으로 해산 시도를 하지 않았다. 일제는 화교에 대한 피해가 대규모로 발생한 후에야 본격적인 사태 수습에 들어갔다. 화교 배척은 일제를 직접 공격하는 것이 아니었고, 일제로서는 만주 지역에서 조선인에 대한 권리를 주장하는 근거가 될 수 있기 때문이었다.[12] 일본은 피해를 본 중국인들이 자국으로 귀국하여 중국인들에게 사태를 알리고, 이것이 만주에 사는 조선인들에 대한 인명과 재산 피해로 이어지길 바랐다. 그렇게 되면 조선인을 보호한다는 구실로 만주에 대규모 군대를 파견하여 동북 지역 침략을 기도할 계획이었다.[13] 사건 발생 2개월 만에 만주사변을 일으켜 만주국을 수립한 것이 일제의 저의를 무엇보다도 잘 보여준다.[14]

일본은 일찍이 메이지 정부를 수립하면서부터 노골적으로 한국과 중국을 침략하여 세력을 확장하는 정책을 펼쳤다. 일제는 러일전쟁에서 승리한 이후 만주에서 일본의 기득권을 주장했다. 일본은, 중국에겐 러시아를 막아낼 능력이 없었는데, 일본이 러시아를 격퇴해서 만주를 지켰다고 보았다. 중국 침략에 더 박차를 가하기 위해서 중국 동북에 지속적으로 침략 기관을 설치했고 남만철도주식회사, 선양 등에 총영사관과 경찰서, 조선은행, 동양척식회사 등이 세워졌다. 1908년 9월 25일 가쓰라 내각이 통과시킨 '대외정책 방침의 결정'은 일본에 있어 만주가 갖는 정치적 의미를 보여준다. 그 문서에는 다음과 같은 내용이 있다.

> "우리는 이 나라에 세력을 육성해 이곳에서 불의의 사태가 발생했을 때 우리나라가 우세한 지위를 확보할 수 있어야 한다. 동시에 반드시 만주의 현 상태가 영원히 지속될 수 있도록 조치를 취해야 한다."[15]

이어진 데라우치 내각에서도 중국을 겨냥해 국권을 확장하는 것을 기본 국책으로 삼고, 중국을 침략하는 대륙정책을 구체화했다. 그렇게 수립된 정책에 따라 일제는 중국을 수차례 침략했다. 제1차 세계대전 기간에 군사를 동원해 산둥을 점령했고, 1927~1928년에는 3차례 산둥에 군사를 출병시키기도 했다. 1932년 9월 일본 입헌정우회(1900년에서 1940년까지 있었던 일본의 보수 성향 정당) 모리가쿠森恪는 한 연설에서 "만주는 중국에 속할 뿐 아니라 일본 역시 이런 주권적 권리에 관여할 수 있다. 만주의 치안유지에 대한 책임은 일본에 있다. 만주는 일본 국방의 최전선이기 때문에 일본은 반드시 이곳을 보위해야 한다. 이상과 같이 주된 요점은 만몽에 관한 일들은 일본이 위주가 되어야 한다"라고 밝혔다.[16]

또한 1932년 10월 15일 자 베이징 《외교월보外交月報》는 "중국 정부는 처음에 조선인이 만주에 와서 간식墾植하는 것을 환영했으나 최근에 와서는 태도를 바꿨는데, 그것은 일본인이 조선인을 이용해 다른 목적(만주 침략)을 이루려 하기 때문이다"라고 지적하기도 했다.[17]

만주는 정치적·군사적 의미뿐 아니라 경제적 의미도 큰 지역이었다. 일본은 미국으로부터 차관을 빌려 만주에 투자하고 있었다.[18] 인구가 너무 늘어나는 것에 대해 공포를 가지고 있었던 일본은 국내의 과잉인구를 만주로 이주시키고 거기서 수확하는 농산물을 통해 식량 부족 문제를 해결하고자 했다.[19] 일제는 조선의 토지를 약탈해 일본인에게 주어 경작하도록 했고, 파산한 조선인 농민은 중국 동북 지역으로 강제 이주시켰다. 일제가 실시한 전국적인 토지 조사를 살펴보면, 1912년 말 일본이 약탈한 토지는 13만 3633정보町步에 달했으며, 1918년에는 최소 100만 정보에 달했다. 많은 조선인 농민이 중국 동북 지역으로 이주했는데, 1931년 동북에 거주하고 있는 조선인의 수는 대략 100만 명을 넘었다.[20]

1921년 설립된 동아권업주식회사에 대한 조선총독부의 태도는 만주에 대해 일본이 얼마나 큰 이해를 갖고 있는지 보여준다. 동아권업주식회사는 이민과 토지농업 경영을 하는 식민지 개발회사로서 조선총독부는 설립 초기부터 만주 진출을 모색하기 위해 적극적으로 금융지원을 했다.[21] 1920년대 중반 회사 경영이 어렵게 되자 조선총독부는 1000만 엔을 감자하는 방안을 제출하는 등 동아권업주식회사의 회생을 위해 노력했다.[22] 그만큼 만주에 대한 일제의 관심은 지대했다.

　1929년 세계 대공황을 시작으로 1930년 봄 일본도 경제위기를 맞았다. 공업생산량은 30%p 하락했고, 일본 노동자와 농민의 불만이 터져 나왔다. 일제는 심각한 경제위기에서 탈출하고 내부의 불만을 해소하기 위해 문제를 외부로 전환하고자 했다. 이는 구체적으로 중국 동북지역을 무장 점령하는 것으로 나타났다.[23]

　이와 같은 정치적·경제적 상황에서, 일본은 중국에서의 기득권을 지키고 세력을 확장하기 위해 이 폭동에 전략적으로 접근했다. 특히 일제는 배화사건 관련자에 대한 처벌을 매우 신속하게 진행했는데, 이는 사건 발생 초기의 소극적·방관적 자세와는 대조를 이뤘다. 전국적으로 1840여 명의 조선인이 체포되었고, 1931년 7월 중순경부터 이들에 대한 처벌이 진행되었다. 일제는 사상단체 간부들, 반일운동을 전개하는 사회주의자들, 특히 독립 운동가들을 신속히 체포했다. 배화사건 관련자 중에는 이 사건을 반일운동으로 전환하려고 했던 독립운동가들이 있었기 때문이다. 일제는 이들을 신속히 체포함으로써 조선 내에서 반일운동이 격화되는 것을 차단하고 식민지배의 안정성을 도모하고자 했다.

　일본은《조선일보》에 의도적으로 거짓 정보를 제공해서 오보를 유도했다고 의심받는다. 일본 관동군은 중국 동북 지방에 대한 침략을 목적으로 창춘일본영사관에 조선인들이 피해를 많이 입은 것처럼 보도하도록 유도했다고 한다.[24] 지령에 따라 창춘일본영사관은《조선일보》창춘지국장인 김이삼에게 허위 정보를 제공했고, 김이삼은 제대로 사실관계를 확인하지도 않고 본사로 완바오산 사건을 그대로 전송했다. 《조선일보》의 호외에 대해 일본 치안 당국이 검열하지 않고 그대로 발행하도록 허용한 것이 이상하다는 주장도 제기된다. 일제는 치안, 군사 등에 저촉되는 기사를 철저하게 검열했는데, 만주로부터 전달받은 조선인 피살이라는 거짓 뉴스가 가져올 위험성을 인식했음에도 검열을 통과시켰기 때문이다.[25]

더 나아가, 일본 경찰이 오히려 폭동을 지휘했다는 목격담도 있다.[26] 일본 경찰은 화교를 보호하기보다는 오히려 폭도들을 선동했다. 폭도 가운데 붉은 바지에 녹색 상의를 입은 사람이 총지휘를 하였는데, 경찰은 옆에서 폭도들이 중국인의 집을 부수고, 중국인을 살상하는 것을 방관하면서 전혀 제지하지 않았다는 것이다.

당시 중화민국의 인천 주재 영사(외국에 주재하여 자국의 통상을 촉진하고, 자국민 보호를 임무로 하는 공무원)였던 장문학蔣文鶴의 회고도 일본의 계획적 개입 가능성을 지적한다. 그에 따르면, 배화사건은 일본 정부가 중국에 대해 계획적으로 조직한 대규모 중국인 배척사건이었다고 한다.[27] 많은 조선인이 일본 측의 선동에 넘어가 폭동에 가담했다. 일본 정부는 몇 명의 조선인이 모여서 하는 집회도 허가하지 않았는데, 어떻게 순식간에 대규모의 군중이 모여 폭동을 할 수 있었냐고 그는 되묻는다. 그는 어떤 지역에서는 일본인이 한복으로 갈아입고 폭동을 지휘하기도 했다고 주장했다. 영사의 주장에 따르면, 화교들이 기차역이나 인근 항만에서 배를 타려고 모여 급히 표를 구입하려 했으나, 일제 당국은 승차권 판매를 거절했고, 오히려 평양의 일본인 관리가 폭도에게 돈을 주며 격려하기도 했다고 주장한다. 중국에서 조선으로 보낸 각종 전보는 일본

우체국에서 접수만 받고 발송을 하지 않기도 했으며, 전화 역시 불통이었다고 한다.

일제는 배화사건을 기회로 삼아, 만주에서 일본인과 조선인에 대한 탄압이 발생하게 되면 이를 명분으로 대륙을 침략할 계획이었다. 완바오산 사건을 계기로 조선인과 중국인의 충돌이 더욱 격화되면, 이는 만주 점령의 좋은 명분이 될 수 있기 때문이었다. 그런 큰 계획을 가진 조선총독부와 경찰은 폭동을 사주, 방조했고, 공권력의 부재는 사태를 악화시켰으며, 이는 곧 민족 간 단순 충돌을 넘어서는 제노사이드에까지 이르게 되었다.

조선인과 중국인 이간 정책

폭동 사건으로 피해를 본 중국인은 주로 일자리를 찾아 한반도로 이주한 하층 노동자였다. 조선에 대거 유입된 중국인 노동자는 식민지 자본주의 체제가 운영되는 데 큰 역할을 했다. 1883년 209명, 1884년 345명, 1885년 700명이었던 조선 내 화교인구는 1906년 3661명, 1910년 1만 1818명으로 급격하게 증가한다.[28] 급증의 이유는 1904년 러일전쟁의 발발과 함께 일제가 경부선과 경의선 철도공사에 중국인 노동자를 고용했기 때문이다. 일제는 식민지 통치의 기반을 닦기 위한 각종 토목공사에 열심이었는데 이때마다 값싼 임금의 중국인 노동자를 고용했다.[29] 특히 근대적인 교통과 통신 수단의 도입을 위해 1899년 경인철도, 1905년 경부철도, 1910년 평양탄광철도와 평남철도, 1914년 호남철도와 경인철도를 부설하여 조선을 식민지화하는 데 박차를 가했다.[30] 1920년부터 조선에서 산미증식계획이 시작되었고, 그 핵심 사업으로 토지 개량 사업도 추진되었다. 하천 개수의 필요성이 증대되자, 예산을 4만 엔에서 15만 엔으로 급격히 늘리고 직원도 증원했다.[31] 치수 사업과 관련된 다른 항목의 예산 지출도 크게 증가했다. 토목비 보조는 1925년 이전에는 100만 엔 수준이었으나, 이후 꾸준히 증가하여 1930년 175만 엔, 1936년 525만 엔이 되었다. 1925년부터 여섯 개의 직할 하천 개수와 관련된 치수 사업비가 크게 늘어났고, 토목비 보조 등의 항목에서 조선총독부의 예산이 급증했다.[32] 조선총독부는 실업 대책과 같은 궁민구제사업 등 관영사업에서도 많은 중국인을 고용했다.

1920년대에 들어서자 중국인 노동자 수는 더 늘어났다. 자연재해와 내전으로 황폐해진 산둥성의 파산한 농민과 노동자가 대거 조선으로 몰려들었기 때문이다. 자연재해로 인해 쌀값이 폭등했고, 군벌의 막대한 세금 징수 그리고 제국주의 열강의 침략에 따른 약탈과 실업 등 산둥성 내 중국인들의 고통은 극심했다.[33] 이에 이들은 해외로 이주를 결심하게 되고, 지리적으로 접근성이 가장 좋았던 조선으로 중국인 저소득층 노동자가 대거 들어오게 되었다.

1921년에 2만 명가량이었던 화교인구는 1927년에 처음으로 5만 명을 넘어섰다. 이들 중 1920년 건축 노동자로 약 3000명, 부두 노동자로 약 1200명, 광산 노동자로 약 800명 등 총 7000여 명의 중국인 노동자가 조선 땅에서 일했으며, 그 숫자는 1922년에 1만 5800여 명으로 더 늘어났다.[34] 공식적인 통계보다 조선의 중국인 노동자 수는 훨씬 많았을 것이다. 중국인 노동자의 상당수가 계절

에 따라 중국과 조선을 오고 갔던 계절노동자들이었기 때문이다.[35]

당시 일간 신문에서 한반도로 입항하는 중국인 노동자에 대해 부정적 보도를 많이 했는데, 이는 중국인에 의해 조선 노동 시장이 잠식되고 있다는 우려가 확대되는 데 일조했다. 신문에서는 상륙하는 중국 노동자의 사진을 함께 실으며, 중국인들이 조수와 같이 밀려든다고 표현하기도 했다.[36] 《조선일보》는 중국 노동자가 공장을 독점해서 조선인 노동자에게 위협을 가하고 있다든가, 값싼 노임의 중국인 다수가 입항하여 조선 노동자의 생활난에 더욱 타격이 크다는 등의 기사를 게재했다.[37]

《동아일보》도 마찬가지였다.[38] '생활난이 낳은 비극으로 중국인 호떡 장사에게 열한 살짜리 딸을 돈 40원에 팔아넘겼으며', '아편 밀매에 중국인 무리가 다수 적발'과 같은 유의 기사를 접한 조선인들의 중국인 배척 의식은 서서히 사회 전반으로 확산했다.

일본인 고용주들은 저임금에 강한 체력을 가진 중국인 노동자를 선호했다. 신의주의 경우, 중국인 노동자 수는 1920년 2900여 명에서 1930년 6000여 명으로 약 두 배 증가할 정도였다.[39] 그런데 일제는 중국인들의 입국과 고용을 철저하게 제한하지 않았다. 토목과 건축을 비롯한 여러 산업 분야에서 노동력이 필요하기도 했지만, 여기에는 다른 이유도 있었다. 일제는 중국인 노동자 유입을 통해 조선인 노동자의 임금인상을 억제하고, 조선인들이 파업을 벌일 때 중국인 노동자로 대체함으로써 조선인 노동자에게 저임금, 장시간, 고강도의 노동을 강요하려고 했다.[40] 당시 일본인 노동자의 1일 평균 임금은 3.118엔인데 반해, 조선인의 평균 임금은

1.609엔, 중국인은 1.495엔에 지나지 않았던[41] 데서도 일제가 민족 간 임금차별을 통해 식민통치를 꾀했다는 것을 알 수 있다. 실제로 평양목물상조합이 노동자의 임금을 2~3할 삭감하기로 결정하자, 평양목공조합은 노동자의 생활을 힘들게 한다는 이유로 동맹파업에 들어갔다. 그러나 목물상들은 각지로부터 중국인 목공을 데려와 작업을 재개했고, 곧이어 목공조합은 파업을 포기할 수밖에 없었다. 이렇듯 중국인 노동자들의 존재는 조선인 노동자들의 파업을 분쇄하는 역할을 했다. 일제의 민족분열책은 중국인 노동자에 대한 조선인들의 경계 심리를 강화했다.

일제가 중국인 노동자의 유입을 규제하지 않은 또 다른 이유는 만주의 조선인 문제 때문이었다. 만주의 조선인은 1919년 43만 1198명에서 1931년 63만 982명으로 급증했다.[42] 압도적으로 많은 조선인이 중국에 거주하는 상황에서 중국인들의 조선 이주를 막을 충분한 명분이 없었다.

배화사건 당시 경성의 한 교외 지역에서 발생한 중국인 가옥 방화 사건을 보면, 방화에 가담한 조선인들 대부분이 도시의 하층 노동자들이었다. 그리고 소실된 가옥에 살던 중국인들은 원래 그 땅을 경작하던 조선인들을 대체한 야채농들이었다. 경제 불황 속에서, 낮은 임금으로 고용되어 자신들을 대체한 중국인 노동자들에 대한 도시 하층민의 분노가 폭발하여 중국인 가옥 방화로 이어진 것이다.[43] 반중국인 폭동의 피해는 특히 평안도와 황해도 지방에서 많이 발생했는데, 이 지역은 봄에 왔다 겨울에 돌아가는 중국인 계절노동자들이 많이 밀집한 지역이었다.[44]

조선인과 중국인 간 노동 시장에서의 경쟁이 점점 격화되던 차에 언론 보도도 이에 동조해 반중국인 감정은 거세졌다. 《동아일보》는 10만 중국인 노동자가 조선인의 일자리를 다 뺏어간다고 보도하며 대중의 불만을 고조시켰다. 조선인 노동자들은 중국인 노동자를 규제해야 한다는 청원 운동을 꾸준히 했고, 이에 맞서는 화교들의 항의 운동도 벌어졌다. 그러자 조선총독부는 중국인 노동자에 대한 규제를 점차 강화하여, 중국인 노동자를 고용하려면 도지사의 허가를 받거나, 민영사업에서 중국인 노동자를 모집할 때 미리 경찰서의 승인을 받도록 했다.[45]

그러나 조선인과 중국인 사이의 갈등의 골은 깊어만 갔고, 일제 식민 세력의 동조하에 극단적인 폭력 사태로 치닫게 되었다. 물론 반중국인 폭동이었던 배화사건을 조선인과 중국인 사이의 악감정 때문에 일어난 사건으로만 치부하는 것은 사태의 근저를 보지 못하는 것이다. 사건이 일어났던 지역은 일제 식민 권력 치하였고, 당시의 국제정치적인 상황도 고려해야 한다. 배화사건은 일제의 대륙 침략 정책의 일환으로서, 일제는 조선에서의 집단폭력이 다시 만주에서 중국인의 보복으로 이어지면 이를 명분 삼아 대륙 침략을 꾀하려고 했었다는 주장[46]은 주목할 만하다. 이는 폭동 사태에서 이득을 얻었던 사람들이 직접적 가해자인 조선인이 아닌, 일제 식민 세력이었다는 것을 뜻한다. 일제는 대륙 침략 의도를 갖고 조선인과 중국인의 충돌을 방관했다.[47] 경찰은 《조선일보》의 호외가 문제를 일으킬 수 있다고 충분히 예상했으면서도 초기에 적극적으로 폭동을 예방하지 않은 직무태만을 보였다.

타민족에게 집단 폭력을 행사하고 대량의 살인까지 한 조선인들에게 면죄부를 주자는 것은 아니다. 그러나 대중이 광기에 휩싸이는 과정에서 일본의 제국주의와 민족 이간정책이 큰 역할을 했고, 일제는 이 비극적인 사건을 활용하여 동북 침략의 기반을 마련하고 세력 확장을 할 수 있었다는 사실을 우리는 기억해야 한다.

일본 관동대지진 후 학살된 조선인들

조선인은 불령선인

2017년 개봉한 영화 〈박열〉은 일본에서 활동한 독립운동가 박열(이제훈 분)과 그의 애인이자 아나키스트였던 가네코 후미코(최희서 분)의 일대기를 다룬 작품이다. 영화는 1923년 9월 1일, 일본 관동 전역을 뒤흔든 대지진 후 혼란에 빠지는 일본을 배경으로, 일본 정부가 흉흉한 민심을 달래기 위해 비상계엄을 선포하고 조선인의 폭동 사건을 조작하는 모습을 그린다. 일본 정부는 민중이 지진 피해를 항의하여 들고 일어서면 자신들이 표적이 되기에 화살을 조선인에게 돌리고자 했다. 자경단이 조선인들을 대량 학살하는 사태에 이르자, 내무대신 미즈노 렌타로水野 錬太郎는 조선인 사회주의자를 잡아들여 사태를 정당화하려 하고, 이때 박열과 가네코 후미코가 잡혀 들어가게 된다. 박열과 가네코 후미코는 재판장을 저항의 장으로 활용해 일제의 만행을 세계에 널리 알린다. 영화는 두 인물이 무기징역으로 감형된 후, 가네코 후미코는 옥중에서 의문의 죽음을 맞이하고, 22년 후 석방된 박열은 6·25 전쟁 중 납북되어

북에서 사망하는 것으로 끝난다. 아무리 박해를 가해도 죽일 수 없는 독립을 향한 정신, 두 남녀의 사랑 그리고 관동대학살 진실 규명이라는 메시지를 던진 강렬한 영화였다.

"이 영화는 철저한 고증을 거친 실화입니다."

실화와 실존 인물을 바탕으로 만들어졌다는 점을 강조하는 자막으로 시작하는 이 영화의 감독 이준익은 '고증 요정'이라는 별명을 얻을 정도로[48] 사실적인 영화를 만드는 감독이다. 특히 대지진 후 일본이 조선인 폭동설을 퍼뜨리고 자연재해를 자신들에게 유리하게 이용해 조선인 학살로 이끄는 과정은, 영화를 보는 관객이 마치 1923년 그 시대에 살고 있다는 착각을 하게 할 만큼 사실적이다.

영화가 배경으로 하는 지금으로부터 약 100년 전, 1923년 9월 1일 오전 11시 58분, 일본 관동 지역에서 진도 7.9의 대지진이 발생했다. 10만여 명이 사망하고, 경제 피해 규모가 당시 GDP의 약 37%에 달한 이 자연재해는 조선인을 향한 혐오에 불을 지폈고 이어서 대규모 조선인 학살이 벌어졌다.

6661 대 233.[49] 이 학살로 공식적으로 인정된 조선인 사망자만 6661명에 달하는데,[50] 일본 정부는 여전히 사망자 수로 233명을 주장한다. 6428명이라는 사망자 수의 차이는 관동대학살 사건에 대한 양국의 인식 차를 고스란히 보여준다.

당시 일본에 거주하는 조선인은 약 2만 명이었는데, 대학살로 자그마치 한국인 3.3명 중 1명이 사망했다. 대학살은 일본 정부에 의해 의도된 것이었으며, 학살의 주체로 공권력뿐 아니라 일반 민중까지 모두 가세한 유례없는 야만 행위였다.

대지진 직후 도쿄시, 요코하마시, 지바현, 사이타마현, 군마현 등지에서 민간 자경단원들이 조선인들에 대해 무자비한 학살과 폭행을 자행했다. 이 학살은 일본 경찰이 "조선인이 쳐들어오니 여자와 어린이는 빨리 안전지대로 피난시켜라"는 '조선인 습격' 유언비어로 인해 격화되었다. 야마모토 곤노효에山本權兵衛 내각은 의도적으로 유언비어를 조작하고 배포했는데, "조선인이 우물에 독을 풀었다", "조선인이 폭력을 행사한다", "조선인이 강간을 했다" 등의 유언비어는 대지진 후 불안정한 상황에서 일본인들에게 숨겨져 있던 광기를 불러일으켰다.

대지진이 발생한 1923년은 일제 식민 지배 시기로, 당시 일본에는 상당수의 조선인이 살고 있었다. 관동 지방에 살고 있던 조선인은 1만 4144명으로,[51] 이들은 주로 이주노동자로 일본에 왔다. 제1차 세계대전 이후 일본 경제는 호황이었고, 값싼 노동력이 필요한 상황이었다. 조선인들은 주로 수도, 토목공사의 일용직 노동자로 합숙소에서 생활했다.[52]

조선인에 대한 혐오는 대지진 후 갑자기 생겨난 것이 아니다. 이미 1913년에 일본 정부는 전국 경찰이나 관청 창구 등에서 조선인을 식별할 수 있도록 '조선인 식별 자료에 관한 건'이라는 문서를 작성했다.[53] 이 문서는 일종의 매뉴얼로 조선인을 언동에 따라 '갑', '을', 그리고 '기타'로 구분했다. '갑'은 일본에 반항적이며 민족에 대한 자부심이 강한 인물로 미행이 5명 붙었고, '을'은 그 정도가 갑보다는 약하지만 민족의식을 가진 자 그리고 '기타'는 낙천적인 자로 분류했다. 이 문서에선 조선인의 언어 행태에 대해서도 거론하는데, 조선인은 "탁음 발음을 못한다", "라리루레로'를 분명하게 발음하지 못한다" 등의 내용을 담고 있었다.

1919년 3·1운동이 일어나고 무장투쟁이 전개되던 시기에 일본인들은 조선인들에 대해 혐오와 공포를 동시에 느꼈다. 조선을 뒤흔든 3·1운동 이후, 1920년 봉오동과 청산리 전투가 있었으며, 상하이에서는 임시정부가 수립되었고, 1923년에는 상하이 황포탄에서 의열단원들이 일본군 육군 대장 다나카田中義一를 사살하려한 의거가 일어났다. 일본 신문들은 조선인을 적으로 묘사하고, 3·1운동을 무자비한 폭동으로 보도했다. 조선인들의 민족해방투쟁이 고양되는 상황에서, 일본인들은 조선인들에 관해 무자비한 존재라는 공포감과 동시에 적대감을 키우고 있었다. 1910년대부터 이미 일본 경찰과 언론은 조선인을 '후테이센진'이라 부르며 적대시했다. '후테이센진'은 불령선인을 뜻하는데, 불령이란 '즐거움 없이 불만을 품고 멋대로 행동하는 것'을 뜻한다.[54]

1921년 5월 10일 자 《조선일보》는 다음과 같은 기사로 당시 일본에 사는 조선인들의 처지를 묘사했다.

"일본의 여관에서 전에는 조선인의 숙박이 드물었기에 우대해주었는데 최근에는 이것이 관례가 되는 동시에 조선인의 악취가 코를 찌르며, 가래침 뱉기 등 불결 행위가 파다해 (조선인들에 대한) 대우가 일변했다."[55]

조선에서 일본으로 넘어오는 이주노동자들은 적대시되었고, 유학생에 대한 감시는 매우 심해 거의 모두가 요시찰 대상이었다.[56] 요시찰 대상이 된 조선인들은 미행을 당했으며, 요시찰이 아닌 조선인들이라도 '협화회'라는 조직에 강제로 가입되었다. 협화회에선 창씨개명과 일본어 학습을 강요했고, 회원은 가족의 사진을 모두 붙이고 신사 참배 참석 여부가 기록된 수첩(협화회 회원장)을 소지해야만 했다.

일본 정부가 선동한 조선인 사냥

일본의 경제 상황은 점점 나빠지고 있었다. 제1차 세계대전의 호황이 끝나, 많은 일본인이 실업자 처지가 되었고 정부에 대한 불만이 하늘을 찔렀다. 한편 상당수 조선인 농민은 1910년부터 1918년까지 실시된 토지조사사업으로 경작지를 잃고, 일자리를 찾아 일본으로 건너왔다. 조선인들은 낮은 임금을 마다하지 않고 일했고, 일자리를 잃은 일본인들은 조선인들 탓을 하며 원망했다.

이러한 상황에서 관동대지진이 발생하고 수많은 이재민이 생기자, 일본 정부는 두려웠다. 일본 민중의 폭동이 일어날 수도 있고, 사회주의자가 가세해서 일본의 천황 체제에 대한 투쟁으로 번지면 급속도로 통제 불능 상황으로 빠져들 수 있기 때문이었다. 일본 정부는 자국민의 불안을 해소하고 불만을 다른 곳으로 돌려야만 했다. 특히 정치적으로 봤을 때 조선인 대학살은 새 정권의 권력을 과시하면서, 국민을 하나로 묶어낼 수 있는 절호의 기회였다. 사건 일주일 전쯤인 8월 24일, 수상 가토 도모사부로加藤 友三郎가 사망해 야마모토 곤노효에(山本權兵衛)는 급히 8월 28일 제2차 내각에 착수했다. 9월 1일이 내각을 조직하기로 한 날이었기 때문이다.[57] 조국과 떨어져 일본에 살고 있는 조선인들은 일본 정부로서는 매우 좋은 먹잇감이었다. 진도 7.9의 대지진하에서 벌어진 조선인에 대한 비인도적 학살로 일본 정부는 국민 불만 해소와 안정적 국가 운영이라는 이득을 챙겼다.

　　내무성 등 일본 정부 기관은 유언비어 전파에 큰 역할을 했다. 경찰은 조선인을 경계하라며 일본 민중을 대상으로 적극적으로 선동했다.[58] 일본 정부는 치안유지를 목적으로 군대에 경계를 서게 했으며, 9월 2일에는 도쿄부와 그 주변 지역에, 3일에는 도쿄부와 가나가와현, 4일에는 지바현과 사이타마현에 계엄령을 선포했다.[59] 대지진이라고 해도 자연재해인데 계엄령이 발동된 것이다. 계엄사령관은 "불령스러운 움직임으로부터 이재자 보호"를 계엄령에 근거한 명령을 시행하는 목적으로 들었는데, 불령스러운 행위를 할 존재는 다름 아닌 조선인을 지칭하는 것이었다.[60] 계엄령에 따라 도쿄 등지에 6만 4000명의 육군 병력이 투입됐으며, 지바현의 나라시노, 이치가와현의 고노다이에서 군대가 도쿄로 출동하였다. 간토 수역에는 기함 나가토와 150척의 함대가 집결했으며, 하늘에서는 비행기가 선회하고, 기병은 거리를 질주했다. 육해공에 걸쳐 전면적인 군사작전이 펼쳐진 것이다.[61]

　　일본 정부에 유리한 방향으로 의도된 학살이었다는 것은 신문기사에서도 드러난다.

"당시 경시청 및 각 경찰이 그 헛소문에 허둥지둥하여 큰 소동을 연출한 것도 움직일 수 없는 사실이다. 사실 2일 밤부터 3일 오후에 걸쳐 아사쿠사, 스가모, 요도바시 방면에서는 오토바이를 탄 경관과 재향군인이 "조선인이 쳐들어오니 여자와 어린이는 빨리 안전지대로 피난시키고 장정들은…"이라고 돌아다녀서 민심을 불안의 극에 달하게 하고 한층 소동을 크게 했다."[62]

나라시노 기병 13연대 병사 엣추야 리이치越中谷利一가 남긴 회고 역시 일본 정부가 주도적으로 조선인 학살을 자행했다는 것을 잘 보여준다.

"일본인 피난민 가운데서 환호의 소리 '원수! 조선인은 모두 죽여라'라는 소리가 울려 퍼졌다. 우리 연대는 이것을 '피의 잔치의 시작'으로 하여 그날 저녁부터 밤중까지 본격적인 조선인 사냥을 했다."[63]

계엄령하에서 일본의 군대, 경찰은 조선인을 무참하게 학살했고, 일본 민중도 사실상 정부 허가 아래 학살에 가세했다. 일본 치안 행정 책임자인 내무성 경보국장 고토 후미오後藤文夫가 전국 지방 장관 앞으로 보낸 유명한 무전이 있다.

"도쿄 부근의 지진재해를 이용하여 조선인이 각지에서 방화, 불령의 목적을 수행하고자 현재 도쿄 시내에서 폭탄을 소지하고, 석유를 부어 방화하는 자가 있다. 이미 도쿄부에서는 일부 계엄령을 시행했으니, 각지에서 충분히 치밀한 시찰을 하고 조선인의 행동에 대해 엄밀한 단속을 가하라."[64]

야마구치현 지사와 후쿠오카현 지사에게도 유사한 지시 전문이 내려갔다.[65]

"조선인이 도쿄에서 폭동을 일으키고 있기 때문에 당분간 조선에서 일본으로 오는 자를 금지하라."

일본의 각 기관이 모두 합심해서 조선인 사냥에 나선 꼴이었다.

죽창 들고, "주고엔 고짓센"을 말해보라

날조된 사실이 정부 전신망을 통해 전파되고, 이 무전은 각지에서 조선인들에 대한 군대, 경찰이 아닌 사적인 폭력이 불꽃처럼 일어나는 데 큰 역할을 했다. 일본 정부는 유언비어를 유포하면서 일본군이 조선인을 학살하는 것이 당연한 것으로 인식되게 했고, 일본 민중 스스로가 자경단이라는 이름으로 조선인 학살이라는 광기에 휩싸이게 유도했다.

여러 지역에서 재향군인회가 중심이 된 자경단이 조직되었고 대학살이 자행되었다. 내무성이 조사한 바에 따르면, 총 3689개소에서 자경단이 만들어졌는데, 도쿄 1593곳, 가나가와 603곳, 지바 366곳, 사이타마 300곳, 군마 469곳, 도치기 19곳 등이었다.[66] 여기서 자경단은 본래 뜻대로 순수한 의미에서 시민 중 일부가 치안유지를 위해 조직한 자발적 조직이 아니라, 퇴역군인이 주도하는 민간 경찰조직이나 마찬가지였다. 자경단은 일본 정부에 의해 지원을 받기도 했는데, 재향군인회 회원이었던 가와사키 다카쓰川崎高津는 근위보병 제1연대가 사용하던 총 30자루와 실탄 600발을 대여받았다고 증언했다.[67] 자경단은 죽창을 들고 조선인이 잘 발음하지 못하는 일본어인 "주고엔 고짓센(15엔 50전)"을 말해보라 요구했고, 발음이 자연스럽지 않은 사람들은 가차 없이 살해당했다.

살해 방법은 너무나 잔인하고 참혹해서 여기에 차마 다 담을 수 없다. 다음과 같은 증언이 그 참혹함의 일부를 보여준다.[68]

"지금 아라카와역(현 야히로역) 남쪽에 있는 온천지라는 큰 연못이 있었어요. 헤엄도 칠 수 있는 연못이었고요. 쫓기던 조선인 7, 8명이 거기에 뛰어 들어갔는데 자경단이 총을 가지고 쐈단 말이에요. 그쪽에 가면 그쪽에서, 이쪽에 오면 이쪽에서 쏘고 마침내 죽여버렸습니다."

"그건 3일날 점심때였지. 아라카와 요쓰기바시 다리 하류에서 조선인을 몇 명이나 묶어 데려와 자경단 사람들이 죽인 것은 너무나 잔인한 방법이었어요. 일본도로 자르거나 죽창으로 찌르거나 철로 된 봉으로 찔러 죽였어요. 여성 중에는 배가 부른 사람도 있었는데, 찔러 죽였어요. 죽이고 나서는 소나무 장작을 가져와서 쌓아, 시체를 놓아서 석유를 뿌려 태웠습니다."

요코하마에서는 일본 경찰이 민중을 적극적으로 선동하여 자경단을 조직하게 했다. 지바의 경우, 일본군이 포박한 조선인을 일반 민중에게 할당하여 배급한 후 살해하라고 종용하는 등 일본 정부의 전국적인 행정 시스템이 모두 가동되어 조직적이고 의도적인 조선인 제노사이드가 자행되었다.

1923년 10월 23일 자 《도쿄 니치니치 신문》은 사이타마현 구마가이에서 46명의 조선인이 학살당한 사건에 대해 다뤘다. 2명의 조선인을 도끼로 학살한 범인은 범죄 동기에 대해서 "조선인이 대거 구마가이를 공격하러 온다는 소문을 듣고 이건 안 되겠다 싶어 집에 가서 손도끼를 가지고 나왔다"고 말했다.

조선인 학살에 가담했던 일본 민중에 대해서 일본 정부는 매우 관대한 태도를 보였다. 사이타마현 지방검찰청장은 "마을의 치안을 맡아서 하다가 그리된 것으로 일단 검거되면 정촌에서 일체의 비용을 대면서 변호사도 부탁할 정도니까 재판 결과는 기껏해야 집행유예 정도로 생각"한다고 말했고, 조선인 학살에 가담한 자경단원 사건을 담당한 검사는 "피고인이 당시 유언비어에 현혹되어 이러한 대죄를 저지르게 되었다"는 매우 동정적인 설명을 하면서 심문에 들어갔다.[69] 학살 때 기소된 가해자 362명은 대부분 집행유예로 석방되었다.[70]

일본 정부는 여전히 조선인 학살 사건을 은폐하고 있다.[71] 국제적십자위원회가 조사를 위해 방문했을 때 일본 정부는 방문 직전 조선인 등이 매장된 장소에서 유골을 파내어 이장하거나 강 또는 바다 등에 유기했다. 또한 경시청에서 발행한 《대정대진재화재지》에도 조선인 학살에 관한 내용은 전혀 찾아볼 수 없으며, '군마현 후지오카 사건'에 대한 사법성의 2심 판결문에는 1심 판결문에 기록되어 있던 학살된 조선인에 대한 최소한의 신원 내용이 삭제되어 조선인 피해자들의 인원과 신원 파악이 불가능하도록 조작한 시도도 확인된다.[72] 2017년 아베 신조 전 일본 총리는 대학살에 일본 정부가 관여했다는 어떤 기록도 발견되지 않았다고 못 박았다.

일본의 역사 교과서도 조선인 학살 사건을 제대로 다루지 않는다. 요코하마시 교육위원회는 2013년 '학살'이라는 단어가 들어간 2012년 판 중학교용 부독본을 모두 회수했고, 2013년 판에서는 학살 대신 '살해'라는 표현을 썼으며 "군대·경찰에 의한 조선인 학살" 부분도 삭제했다. 도쿄도 교육위원회 역시 2013년도 판 고등학교 교과서에서 '학살'이라는 표현 대신 '조선인의 고귀한 생명을 앗아갔다'로 순화시켜 개정했다. 2023년 일본 정부가 발행한 방재 백서에도 전체 41쪽의 특집 분량 중 조선인 학살 사건에 대해서는 다섯 문장만 들어가 제대로 조명되지 않았다.

2023년 관동대학살을 다룬 일본 영화 〈1923년 9월〉이 제28회 부산국제영화제BIFF에서 한국 관객을 만났다. 이 영화가 일본에서 개봉되자, 마쓰노 히로카즈松野博— 일본 내각관방장관은 영화를 보고 "관련 기록이 전혀 남아있지 않고 조사할 의지도 없다"고 말하기도 했다. 일본인 감독 모리 다쓰야는 "관동대학살은 과거 이야기지만 현재 우리 모습을 비춘다. 다른 민족·인종에 대한 부당한 차별과 증오는 여전히 심각한 문제다"라고 일침했다.[73] 나치의 홀로코스트, 제주 4·3사건, 아프리카 르완다 집단학살, 미얀마 군부의 로힝야족 대량 학살, 캄보디아 킬링필드, 아르메니아인 집단학살처럼 세계 어딘가에서는 똑같은 사건이 계속 발생한다. 그렇기에 100년 전 관동대지진 직후 일본에서 일어난 조선인 대학살 사건을 그리고 쌍둥이처럼 닮은 조선에서 발생한 배화사건의 중국인 대학살을 잊어서는 안 된다. 수많은 무고한 조선인을 대상으로 일본의 국가 폭력이 행해졌고 새 내각은 그 덕택에 국가권력을 안정적으로 유지했으며 일본의 제국주의적 침략의 기반을 닦았다. 한국에서는 중국인을 대상으로 한 차별과 폭력행위로 일본의 군국주의는 확장되었다. 누군가는 이득을 얻었던 차별의 역사에서, 무참히 희생된 조선인과 화교의 목소리는 아직도 긴 침묵 속에 가려져 있다.

4장

정화로 이득 보는 사회

네 번째 짝꿍 :

한국의 형제복지원 원생들

유럽의 차별받는 집시들

소년 박경보는 이름 대신 78-374번이라는 번호로 불렸다. 고아원 출신인 박경보는 1978년 친형을 찾으러 길을 떠났다가 부산역 대합실에서 붙잡혀 단속 차에 태워졌다. 그리고 아무런 절차도 없이 형제복지원에 입소했다. 소년 앞에 373명의 사람이 이렇게 입소했다. 1978년도에 들어온 374번째 사람이라는 뜻으로 78-374라는 번호를 받았다.

"형제원 안에서 맞고 기합받는 건 일상이었어요."

손가락을 잡고 부러뜨리는 것은 흔한 일이었고, 사소한 일에도 몽둥이로 목을 치거나, 추운 겨울에 운동장에 세워놓고 물을 뿌리거나, 물이 담긴 드럼통에 들어갔다 나오게도 했다. 공장에선 일을 시키면서 하루 할당량을 주었는데, 할당량을 채우지 못하면 뒤에서 몽둥이를 내리치는 폭력 세례를 받아야 했고, 머리가 깨지고 뼈가 부러지는 일은 흔하게 일어났다.[1] 그는 무자비한 폭력에 대해 담담하게 말하면서도, 더 무서운 것은 그곳을 나갈 희망이 없는 '기약 없음'이었다고 말한다.

"나 다시 돌아갈래."

영화 〈박하사탕〉의 이 명대사는 순수했던 청년 김영호(설경구 분)가 기차에 몸을 던지면서 절규하며 외치던 말이다. 김영호는 5·18민주화운동 때 진압군으로 동원되었다가 실수로 여고생을 쏴 죽인 뒤 경찰이 되어 타락해가고 결국은 1997년 외환 위기로 몰락했다. 이 영화는 순수하고 꿈 많던 청년이 국가 폭력에 의해 살인을 하게 되고 그로 인한 죄책감으로 자신을 파괴해가는 과정을 가슴 아프게 그렸다. 국가에 의해 가해지는 거대한 폭력 앞에 한 개인은 얼마나 힘없이 무너질 수 있는가? 영호는 "나 다시 돌아갈래"라고 외치며 자살을 선택하지만, 한 번 잃은 인간의 존엄성을 다시 회복하기란 너무나 어려운 일이다.

김영호의 "나 다시 돌아갈래"라는 외침과 형제복지원 피해생존자 한종선의 구술은 오버랩된다. 책 《살아남은 아이》에서 그는 "사람에서 짐승처럼 되긴 쉽다. 그렇지만 짐승에서 사람으로 온전히 돌아간다는 것은 너무나도 힘들다"고 말한다.[2] 〈형제복지원 피해 생존자 모임의 진상규명 촉구 및 출범 기자회견문〉에도 비슷한 말이 나온다.

> "우리는 명백히 국가에 의해 인간 청소가 자행되었음을 밝히고자 합니다. 우리는 거리에서 깨끗이 청소되었습니다. 경찰과 각 공무원들에 의해 인간쓰레기가 되어 형제복지원에 갇혔고, 그 안에서 인간이 아닌 지독한 폭력과 인권유린으로 차마 말할 수 없는 짐승의 삶을 살았고, 여전히 짐승의 삶을 살고 있습니다."

기자회견문과 한종선의 말 모두에서 '짐승'이라는 단어가 등장한다. 그 처절한 차별과 배제의 삶은 도저히 인간의 삶이라고 볼 수 없기 때문인 것이다.

이들은 짐승의 삶에서 인간의 삶으로 다시 돌아갈 수 있을까? 우리 사회는 이들에 대해 얼마나 진심 어린 사과를 했고, 이들이 인간의 삶으로 돌아갈 수 있게 어떤 지원을 하고 있는가?

형제복지원 원생들과 짝을 이루는 또 다른 사람들이 있다. 형제복지원 원생들처럼 사회의 쓰레기로 그래서 청소되어야 할 집단으로 차별받았던 유럽의 집시들이다. 서구에는 '집시나방'이라 불리는 곤충이 있다. 집시나방의 학술명은 리만트리아디스파 Lymantriadispar로 한국에서는 '매미나방'으로 불리지만 서구에서는 집시나방으로 불린다. 집시나방의 애벌레는 많은 나뭇잎을 먹어 치워 산림 생태계에 피해를 주는 해충인 데다 온몸에 털이 있어 사람들에게 거부감을 불러일으킨다. 매미나방 애벌레에 '집시'라는 명칭이 사용된 것은, 생태계를 파괴하는 매미나방 애벌레처럼 집시 역시 사회를 파괴한다는 편견 때문이다. 부정적인 인식이 있는 해충에 특정 민족의 명칭이 붙은 것은 집시라는 소수민족이 그 사회에서 어떻게 인식되는지를 잘 보여준다.[3]

우리나라와 유럽에서 가해자와 피해자의 이름만 바뀐 채, 똑같은 양상으로 벌어지는 이 차별은 '우리나라가 다른 나라보다 차별을 덜 한다'는 유의 논의가 의미 없음을 보여준다. 형제복지원 사건이 보여준 인권유린이 집시에 대한 유럽의 차별보다 덜한가? 만약 덜하다고 해도, 무고한 사람들에게 가해졌던 국가 폭력에 면죄

부를 줄 수 있는가?

이 장에서는 사회정화와 질서유지라는 이름으로 행해진 국가폭력에 의해 희생된 사람들의 이야기를 해보고자 한다. 군대, 경찰, 법으로 중무장한 국가폭력이 개인을 차별하고 인권을 유린하는 대가로, 오늘도 우리 사회는 그리고 사람들의 삶은 더 깨끗하게, 더 풍요롭게, 더 평온하게 흘러간다.

짐승이 되어버린 형제복지원 원생들

시대적 소명, 사회정화

1975년부터 1987년까지, 12년 동안 국가의 위탁으로 운영된 국내 최대 부랑인 수용시설 형제복지원이 있었다. 원장 박인근은 이 사회복지시설을 운영하며 큰 경제적 이득을 챙겼다. 그가 그럴 수 있었던 이유는 '사회정화'라는 미명 아래 이를 묵인하고 방조한 국가가 존재했기 때문이다. 국가는 방조를 통해, 잘 관리되고 통제된 국가 운영이라는 이득을 얻었다. 이러한 이득은 납치, 감금, 강제노역, 폭행 등의 인권유린을 당한 4만여 명과 사망한 657명의 희생을 대가로 한 것이다. 형제복지원은 외관상 부랑인을 갱생시키는 복지시설이었지만, 그곳에 복지는 없었다. 거리에서 납치하다시피 사람들을 데려가서 감금하고, 폭력을 휘두르고, 강제 노동을 시킨, 그야말로 생지옥이나 다름없었다.

누군가에 대한 차별을 대가로, 다른 누군가는 이득을 얻는다. 우리가 하는 차별에는 이득을 얻는 자들이 존재한다는 사실이 형제복지원의 비극에서도 잘 드러난다.

부산의 형제복지원은 부랑인 수용시설이었다. '부랑인'은 일반적으로 일정한 주거와 직업 없이 배회하는 집단을 뜻한다. 그들은 위생, 치안, 도시경관 등 다양한 문제를 일으키는 사회에 도움이 안 되는 존재로 간주되었다. 따라서 이들을 통제하는 일이 필요하고 또 당연한 것으로 여겨졌다. 한국판 '아우슈비츠'로 불리는 형제복지원은 떠돌아다니며 노동하지 않는 자와 빈곤한 자에 대한 혐오와 반감을 자양분 삼아 당대 최고의 사회복지시설로 손꼽혔다. 유럽에서 집시에게 '부랑과 범죄'의 이미지를 덧씌워 소탕과 제거의 대상으로 삼았던 것처럼, 그 시대 한곳에 머물러서 살지 않는 부랑인은 '쓸모없는 존재', '거추장스러운 존재'였다. 부랑인을 청소하고자 했던 이유는 발전국가 시기의 정주(일정한 곳에 자리를 잡고 삶) 사회를 향한 욕구가 그 밑에 작동하기 때문이었다. 전쟁의 폐허로부터 국가의 경제발전을 최선의 모토로 삼아 달려 나가던 발전주의 시기, 국가는 한곳에 머무르고, 착실하게 노동하며, 세금을 내는 '정상성'을 유지하기 위해, 조금이라도 비정상적으로 보이는 사람들은 모두 타자화시켜 철저히 배제했다.

1970~1980년대 발전주의 정권은 '도시미화', '건전사회', '건전시민'을 만든다는 목적 아래, 떠돌아다니는 부랑인을 '사회악', '사회 부적응자'로 보았다. 그들은 정주사회에 반하며, 정상사회에 적응하지 못하는 찌꺼기와 같은 존재였는데, 박정희 대통령의 언사에서도 당시 사회 분위기를 읽을 수 있다.

"우리는 여전히 후진국이라는 낙후성을 탈피하지 못하고 빈곤과 기아와 혼란과 무질서 속에서 허덕이고 있습니다."
"우리는 다시는 가난한 나라, 가난한 나라의 백성, 못사는 나라의 국민, 못난 백성이라는 소리를 들어서는 안되겠습니다."[4]

박정희 대통령은 빈곤과 무질서를 국가의 심각한 문제로 여겼고 이는 오직 '의식개조', '인간혁명', '생활혁명'으로 해결 가능했다.[5] 1960년대 재건국민운동, 1970년대 새마을운동, 1980년대 사회정화운동 등이 펼쳐졌고, 이 운동들은 모두 사회 구성원의 습속을 개조하고자 했다. 근면 정신을 고무시키고, 생산과 건설 의식을 증진시키며, 자력갱생과 자조의 원칙을 세우고자 하였다.[6] 정직하고, 성실하고, 근면한 사람이 우대받고 존경받을 수 있는 건전한 사회 풍토를 만드는 것은 국가적 과제였고, 모든 국민은 이 과제의 달성을 위해 열심히 참여해야 했다.

국가적 목표에 도움이 되지 않는 사람들에 대한 정부의 해결 방식은 이들을 사회로부터 격리, 배제하는 것이었다. 그렇게 해야만 사회가 '정화'될 수 있었다. 한곳에 정착하여 살지 않고 떠돌아다니는 부랑인은 사회를 오염시키는 사회악이었으며, 충동성과 반항심을 지녀 범죄의 소질을 가진 집단으로, 다른 건전한 사회 구성원을 오염시킬 수 있는 자들이었다. 이들을 사회로부터 격리하는 것은 체제의 유지를 위해 필요한 것이자 정권이 자랑하는 치적이었다.

1962년 박정희 정부 때 발간된 소책자는 부랑인을 단속한 성과를 자랑한다.

"과감한 사회정화 시책에 따라 무법천지를 이루었던 폭력배가 자취를 감추고 난마와 같았던 교통질서가 바로잡혔다. 또 부랑아와 걸인이 없어졌고, 판잣집도 철거되었다. 사치와 허영과 퇴폐가 일소되는 대신 건실하고 발랄한 신질서가 수립되었다."[7]

부랑인에 대한 편견은 훈령을 만들어 박제했다. 1975년 12월 15일 발령된 내무부 훈령 410호 제1장 1절과 2절에 의하면, 부랑인은 이렇게 정의된다.

"일정한 주거가 없이 관광업소, 접객업소, 역, 버스정류소 등 많은 사람이 모이거나 통행하는 곳과 주택가를 배회하거나 좌정하여 구걸 또는 물품을 강매함으로써 통행인을 괴롭히는 걸인, 껌팔이, 앵벌이 등 건전한 사회 및 도시 질서를 해하는 자."

훈령에서 '일정한 주거가 없이'라는 표현은 정주사회를 위한 통제와 관리의 욕망을 보여준다. 부랑인은 "건전한 사회 및 도시 질서를 저해하며", "사회에 나쁜 영향을 주는 자"로서, 정부는 이러한 자들을 단속해서 "명랑한 사회질서를 확립하고 도시환경을 정화"해야 했다. 사실 이 훈령에서 부랑인의 정의는 매우 자의적인 판단을 전제로 하여, 광범위한 도시 하층민 집단을 모두 포괄하는 것이었다. 이 훈령은 원장 박인근의 형제복지원 운영에 날개를 달아주었다.

부랑인과 같은 오염물질을 제거해서 사회를 정화하는 일은

1960년대 초부터 우리 사회의 주요 목표였다. '사회정화 범국민운동' 캠페인이 실시됐고, 중요한 연설마다 '사회정화'라는 개념이 사용되었으며, 내무부 치안국도 '사회정화 캠페인'이라는 이름으로 단속 활동을 벌였다.[8] 1970년대 초반부터는 외국인 관광객이 증가하면서, 형제복지원이 있었던 부산을 비롯해, 주요 관광지를 중심으로 관광지 정화사업도 실시되었다.[9] 부랑인으로 범주화된 사람들은 특별한 범죄행위를 저질러서가 아니라 그 존재 자체로 '범죄화'되어 시설에 격리되었다.

그야말로 사회정화는 시대적 소명이나 다름없었다. 당시 정권은 부랑인을 적극적으로 배제해서 눈에 보이지 않는 곳으로 치우는 것을 원했지, 이들을 개조해서 사회로 복귀시키는 것은 원하지 않았다. 정권이 부랑인의 사회 복귀를 원하지 않는 상황에서 형제복지원을 운영하는 사업자가 수용자들의 더 나은 삶을 위한 활동에 매진할 이유는 전혀 없었다.

'형제'도 '복지'도 없는 형제복지원

원장 박인근은 복지원의 지속적 운영을 통해 자기 배를 불리기 위해 무차별적인 폭력과 인권침해를 자행했다. 형제복지원은 건물마다 출입문 안팎으로 견고한 자물쇠 장치가 달려 있어, "사회복지 시설이 아니라 완벽한 감금시설"[10]이었다.

1970년대부터 부랑인 수용에 따른 보조금 지원이 이루어지고, 수용시설 내에서 영리 행위를 할 수 있게 되면서, 형제복지원은 본격적인 영리사업체가 된다. 원생들은 봉제, 벽돌, 나전칠기 등 강제 노동에 시달렸으나, 정상적인 임금을 받지 못했고, 모든 수익은 박인근에게 돌아갔다. 박인근은 3000여 명의 인력을 사실상 무보수로 쓰고, 봉제공장, 목공소, 철공소 등을 운영하여 막대한 수입을 올렸다.

이뿐 아니라, 형제복지원은 국고보조금을 연간 15억 원씩 받았다. 원장 박인근은 그중 11억 원가량을 횡령했는데, 이는 1985년과 1986년 2년간의 국고보조금 39억 원의 3분의 1에 해당하는 금액이었다. 훗날 박 원장 등 핵심 인물 5명이 구속되었는데, 박 원장의 기소 혐의는 특수감금, 횡령 등에만 국한됐다. 인권침해와 담당 공무원과의 유착 의혹 등은 수사하지 않았으며, 재판을 거듭할수록 박 원장의 형량은 줄어들었다. 결국 1989년 박 원장에게 내려진 최종 선고는 징역 2년 6개월에 그쳤고, 횡령액 추징도 없었다. 당시 사건 담당 검사는 "원장실에 있는 대형 금고에 각종 예금증서와 외환이 있었다. 액면가가 20억을 넘었다. 현재 화폐 가치로 환산하면 약 200억 원에 해당하는 액수다. 박 전 원장이 어떻게 그렇게 많은 돈을 벌 수 있었는지 의문이다"라고 말했다.

박 원장은 복지법인 사업에 충당한다는 명목으로 각종 영리사업을 벌여 재산을 크게 불릴 수 있었다. 부동산 임대 사업, 레저 스포츠 사업, 유아·학원 교육 사업, 온천사우나 사업 등을 운영했고, 33개 필지의 부동산도 소유하고 있어, 박 원장 일가의 재산은 1000억 원대가 넘는 것으로 파악된다. 657명이 죽는 동안 누군가는 자신만의 왕국을 만들어 막대한 부를 쌓고 배를 불렸다.[11]

형제복지원은 원장-중대장-소대장-총무와 조장으로 이어지는 군대와 같은 체계를 갖추고 있었다.[12] 원장은 유급 직원을 최소화하고 수용자들을 관리자로 삼았는데, 이들은 무차별적인 폭력을 휘둘렀다. 위에서부터 내려오는 명령과 감시 그리고 명령에 따르지 않았을 때 돌아오는 구타와 기합이 수용자들의 일상이었다.

"여기서 더이상 반항하면 안 되겠다 싶죠. 무조건 숨을 죽이고 말을 잘 들어야해. 왜 그러냐면 살아야되니까."[13]

1980년, 열 살의 어린 나이에 부산진역에서 오빠를 기다리다가 영문도 모른 채 잡혀 들어갔던 소녀 하안녕[14]의 고백이다.

나치 히틀러 치하 아우슈비츠의 유대인들처럼 일단 수용된 후는 지옥과 같은 삶이 기다렸다. 1975년부터 1986년까지 총인원 3만 8000여 명 중 657명이 사망했는데 사망 경위는 대부분 원내에서 자행된 폭행으로 나타났다. 원생의 사체가 연고자에게 인계된 경우도 있으나, 일부 시신의 경우 300~500만 원을 받고 병원 등지에 해부학 실습용으로 팔렸다고 한다.

2014년 형제복지원 피해 생존자 실태 조사에 참여한 사람들이 생존자의 증언을 기록하는 '형제복지원 구술 프로젝트'를 시작했다. 그 결과물이 책 《숫자가 된 사람들》인데, 이 제목이 붙은 이유는 형제복지원에 수용된 모든 이에게 번호가 부여되었기 때문이다. 소년 박경보에게 78-374번이 붙은 것처럼, 마치 죄수나 상품처럼 이들에게는 일련번호가 붙었다. 이들은 더 이상 인간이 아니라, 원장의 통장에 찍히는 국고보조금 액수나 이를 위한 관리 품목에

지나지 않았다.[15]

원래 형제복지원은 1961년 전쟁고아를 수용하는 보육시설이라는 '선한 의지'를 가지고 설립되었다. 그 후 1971년 부랑인 보호시설로 변경되었다가, 1975년 내무부 훈령 410호(부랑인의 신고·단속·수용·보호와 귀향 및 사후관리에 관한 업무처리 지침) 제정이 신호탄이 되어, 본격적인 영리사업을 시작했다. 훈령이 제정되면서 형제복지원은 국고보조금을 받기 시작했다. 그런데 국고지원은 수용인원에 따라 결정되었다. 수용 인원이 많으면 국고보조금이 많이 책정되는 시스템이었다. 그러자 형제복지원은 부랑아가 아닌 사람들도 마구잡이로 끌어와 수용했다. 수용자들은 부랑인도 있었지만, 가족에게서 버림받았거나, 고아원에서 자랐거나 혹은 가족이 없는 사람들, 즉 부랑인이라는 이름으로 장기간 수용해도 누구도 찾지 않을 사람들도 많았다.[16]

소년 김희곤은 열 살 무렵 친구와 놀다가 집에 가는 길에 "친구야, 어디 가나?"라며 등 뒤에서 어깨를 붙잡는 세 남자에 의해 강제로 차에 태워졌다. 그는 공장을 하는 아버지와 형제가 있었고, 경제적으로도 곤궁하지 않은 환경이었다. 어린 소년은 영문도 모른 채 납치되어 차에 올라탔고, 차에 타자마자 그에게는 주먹과 발길질이 날아들었다. 그는 형제복지원에 도착하자마자 머리를 빡빡 밀리고 몽둥이로 두들겨 맞았다. "죽음이라는 말이 정말 자주 떠올랐어"라는 고백처럼, 그는 뒷짐 진 상태에서 가슴에 주먹으로 100여 대를 맞는 등 무지막지한 구타가 일상인 생활을 했다. 어느 날부터인가는 조각품을 만드는 일, 일본 수출용 낚시 제품을 만드는 일을 하기 시작했는데, 작업량이 점점 늘어났으며 조끼리 경쟁을 붙여서 할당량을 채우지 못한 조는 구타를 당했다.[17]

모든 국가 시스템이 한 몸이 되어 움직이다

박경보와 김희곤처럼 부랑아도 아닌 어린아이도 국가 폭력의 희생양이 되었다. 박정희, 전두환으로 이어지는 개발독재 정권은 자신들 권력의 치부를 가리기 위해, 그리고 체제 유지를 위해 빠른 경제성장을 원했다. 신속한 경제성장을 위해서, 국가의 말을 잘 듣지 않거나, 경제가 성장하고 있다는 이미지에 맞지 않는 사람들은 정리되어야 했다. 또한 부랑인을 거리에서 비가시화시킴으로써 정권은 치안 활동이 성과를 내고 있음을 국민이 체감하도록 했다.[18] 정권은 부랑자와 같은 잉여 존재들을 사회에 보이지 않는 곳으로 치워버림으로써, 더 원활하고 효율적인 통치를 이어가는 이득을 봤으며, 형제복지원 원장 일가는 수용자들을 죽음으로 몰아넣는 가혹한 노동을 통해 자신들의 잇속을 챙겼다. 사망에 이르는 잔혹한 폭력 행사, 인권유린, 강제 노동 등이 일어나고 있음에도 대통령과 국가, 부산시는 형제복지원을 적극적으로 비호했다. 1981년 4월 10일자로 전두환 대통령이 총리에게 다음과 같은 지휘서신을 보냈다.[19]

"총리 귀하. 근간 신체장애자 구걸 행각이 늘어나고 있다는 바, 실태 파악을 하여 관계 부처 협조하에 일정 단속 보호 조치하고 대책과 결과를 보고해주시기 바랍니다."

네 번째 짝꿍: 한국의 형제복지원 원생들×유럽의 차별받는 집시들

이에 부랑인 검속이 전국적으로 강화되었고, 형제복지원은 더 많은 사람을 강제수용함으로써 상당한 액수의 국고보조금을 챙겼다. 형제복지원에 한 명의 부랑인이 더 많은 국고보조금을 의미했듯이, 경찰에게는 부랑인 한 명이 더 높은 근무평점을 뜻했다. 당시 경찰 내부 근무평점을 살펴보면, 일반적으로 구류자 1명당 2~3점을 받을 수 있었던 것과 달리, 형제복지원 입소자는 1명당 무려 5점까지 받을 수 있었다. 1986년 전체 원생 3975명 중 경찰이 수용을 의뢰한 것이 3117명으로 78%에 달했으며, 생존자 중에 집 주소를 알려줬음에도 경찰관이 막무가내로 끌고 갔다는 증언도 많았다.[20]

소년 최승우는 경찰의 '승진용 스펙'이 되었던 사례다.[21] 최승우는 막 개금중학교에 입학한 신입생으로, 새 교복을 입고 하교하던 중 경찰에 의해 형제복지원으로 인계되었다. 소년이 사라지자 부모의 이혼 후 승우를 돌보던 할머니는 집 앞 파출소에 실종 신고를 했다. 할머니에게 실종 소년을 찾아줄 유일한 희망은 국가와 경찰이었으나, 바로 그 국가와 경찰이 승우를 형제복지원에 가둔 존재였다.

박인근 원장은 부산 지역 경찰과 공무원에게 영향력이 큰 사람이었다. 사회정화라는 미명하에 모든 국가 시스템이 조직적으로 한 몸이 되어 움직였다. 그 결과 진짜 부랑인뿐 아니라, 가족이나 친척을 만나기 위해 기차를 탔던 어린이, 귀가하던 청소년, 술에 취해서 거리에서 잠들었던 회사원 등이 납치되어 형제복지원에 감금되었다.

정착이 어렵고, 생계 지원이 필요한 도시 하층민들을 정부는 도와주기보다는 격리하고 추방했다. 사회복지사업이라는 명목으로 박인근은 이들을 가둔 후 가혹한 착취를 통해 재산을 축적했다. 가장 모범적인 시설로 인정받은 형제복지원의 박인근 원장은 전두환 정권으로부터 국민훈장인 동백장(정치·경제·사회·교육·학술 분야에 공적을 세워 국민의 복지 향상과 국가 발전에 기여한 공적이 뚜렷한 자에게 수여하는 국민 훈장)을 받기까지 했다.

당시 전두환 정권은 박종철 고문치사 사건으로 위기에 몰렸었기 때문에, 형제복지원 수사가 확대되는 것을 적극적으로 막았다. 그 덕에 박인근은 벌금 없이 징역 2년 6개월을 선고받고, 1989년 7월 20일 출소했다. 2002년 형제복지지원재단으로 법인의 이름을 변경한 형제복지원은 2004년 박인근의 3남인 박천광이 대표직을 물려받았다. 2010년 박인근은 명예회복을 하겠다면서 열네 권짜리 자료집을 발간했고, 한 시사 프로그램에서 그의 아들은 "우리 아버지는 인권이 없냐!"며 따져 물었다.[22]

거리가 거울처럼 환하고 깨끗해졌습니다

"우리에게 진짜 따뜻한 위로는 사회로부터 인정받는 거예요. 이 사건은 박인근 개인의 문제가 아니에요. 부산시 공무원, 경찰 몇몇의 문제도 아니고요. 그 시대, 부산시, 언론, 지식인, 경제인 모두가 한통속이 돼서 묵과했어요. 1987년에 형제원 사건이 터졌을 때 잠깐 시끄러웠다가 결국 다 침묵했잖아요."[23]

네 번째 짝꿍: 한국의 형제복지원 원생들×유럽의 차별받는 집시들

78-374번 박경보의 말이다. 그는 자기가 진정으로 원하는 것은 그 세월이 형제복지원 원생들에게서 무엇을 빼앗아 갔는지 '인정'하고 '기억'해주는 것이라고 했다. 우리 사회가 이 사건에 대해 진정으로 잘못을 인정하고, 두고두고 기억하지 않으면, 박인근 일가처럼 가해자는 더 당당해진다.

형제복지원만이 아니다. 도시를 깨끗이 하고 건전한 사회를 만든다는 명분 아래, 선감학원, 서울시립갱생원, 대구시립희망원, 충남 천성원, 경기 성혜원 등의 강제수용시설이 전국 각지에서 운영됐다. 형제복지원에서 일어났던 강제구금, 폭행, 강제 노역 등이 이들 시설에서도 그대로 발생했다.

"거리가 거울처럼 환하고 깨끗해졌습니다. 청결한 질서가 생겼습니다. 누구도 구걸하지 않는 아름다운 나라, 선진국의 도시처럼 말입니다."

형제복지원 사건의 참혹한 진실을 파헤친 박유리의 소설 《은희》(한겨레출판, 2020) 이런 문장이 나온다. 거울처럼 반짝반짝하게, 선진국처럼 깨끗하게, 청결한 도시를 만들기 위해 무고한 사람들을 강제로 수용하는 대신에 복지제도를 통해서 이들의 자립을 도왔더라면, 정말 더 아름다운 그리고 더 건전한 사회가 되지 않았을까?

정주하지 않는 자유로운 유랑을 '사회악'으로 보고, 평범한 사람조차도 부랑아로 간주해 깨끗이 청소하고자 하는 사회, 한국만의 얘기는 아니다. 유럽으로 눈을 돌려보자.

유럽의 정주사회 속 차별받는 집시들

유럽의 이등시민

1989년 제42회 칸영화제에서 감독상을 수상한 에밀 쿠스트리차 감독의 영화 〈집시의 시간〉은 유럽의 대표적 경계인인 집시의 인생을 그렸다. "감정적이고, 지저분하며, 도둑질을 일삼는 집시." 우리가 집시에 대해 지닌 지배적인 견해에 반기를 든 이 영화는 칸영화제 상영 후 5분 동안 기립박수를 받았다.

영화의 주인공은 유고슬라비아의 작은 마을에 사는 떠돌이 집시 소년과 그 가족이다. 집시 소년 페르한(다보르 두이모비치 분)은 할머니와 여동생 그리고 숙부와 함께 늘 빈궁하게 산다. 할머니는 주술로 사람을 치료하는 능력을 가지고 있으며 여동생 다니라는 선천적으로 한쪽 다리가 불편하고 숙부는 도박과 술에 절어 사는 망나니다. 주인공 페르한은 아픈 동생 다니라를 치료하고 돈을 벌기 위해 이탈리아로 떠난다. 하지만 그가 그곳에서 할 수 있는 것은 구걸과 좀도둑질뿐이어서, 다리 밑에서 먹고 자는 열악한 환경에서 생활해야만 한다. 정착하지 못한 채 늘 떠돌아다니던 페르한은 타락하고, 결국 기차 위에 떨어져 죽음을 맞이한다. 이때 페르한은 하늘에서 하얀 칠면조가 날아오는 환상을 본다.

정착하지 못한 채 늘 떠돌아다닐 수밖에 없는 집시의 인생을 그린 이 영화는 매우 사실적이라고 평가받는다. 그도 그럴 것이, 감독 쿠스투리차는 집시 마을에 찾아가 그들의 말을 배우고 직접 집시들을 출연시켜 영화를 완성했다.

네 번째 짝꿍: 한국의 형제복지원 원생들×유럽의 차별받는 집시들

주인공 페르한과 그의 가족처럼, 실제 현실에서도 집시는 각국에 흩어져 사는 소수 민족으로서 차별적이고 빈약한 삶의 터전에서 생활하고 있다.

"집시의 생활 방식이 프랑스인과는 너무 달라 프랑스에 동화할 것을 기대하는 것은 착각이다. 이들을 프랑스에서 추방해야 한다."

2013년 마뉘엘 발스 프랑스 내무장관이 라디오 방송 인터뷰에서 한 말이다. 인종차별적 발언이라는 비난에 대해 그는 자신의 발언을 수정할 뜻이 전혀 없으며, 집시들을 국경 지역으로 몰아내야 한다고 거듭 주장했다.

"도시에 있는 수백 명의 집시에게서 고약한 냄새가 난다. 그들의 존재에 대해 많은 사람이 불평하고 있다. 집시촌에 한 번만 가봐도 고약한 냄새가 나는 것을 알 수 있다."

2013년 프랑스 극우 정당인 국민전선FN의 설립자이자 대선 후보였던 마린 르펜의 아버지, 장마리 르펜이 기자회견에서 한 말이다.[24]

"진가라차Zingaracia(집시를 비하하는 이탈리아 용어). 곧 불도저가 갈 거야."
"이탈리아의 집시캠프를 모두 철거하는 그날까지 앞으로 나아가겠다."

"집시는 일하는 것보다 훔치는 것을 더 좋아한다."

이탈리아의 마테오 살비니 내무장관 겸 부총리가 한 말들이다. 그는 취임 초반에 집시만을 겨냥한 인구조사 계획을 발표하기도 했다.

유럽 고위 정치 지도자들의 차별적 언사에서 볼 수 있듯이, 집시는 유럽의 이방인이자 이등시민이다. 집시는 유럽 내 인도아리아계 유랑민족을 뜻하는데, 고유의 유랑 문화와 피부색이 백인보다 어둡고 머리카락도 검다는 특징을 갖고 있다. 한국인에게 집시는 익숙한 존재가 아니다. 어떤 이들은 집시 하면, 1980년대 후반 '이치현과 벗님들'이라는 그룹이 히트시킨 〈집시 여인〉이라는 노래를 떠올릴지도 모르겠다. 아니면 보헤미안적인 이미지로, 에로틱하고 자유롭고 낭만적인 이미지를 떠올릴 수도 있겠고,[25] 소설 《카르멘》의 다음과 같은 구절 때문에 더럽고 불결한 외모를 떠올릴 수도 있다.[26]

"남자든 여자든 더럽기가 말로 형언할 수 없을 정도여서 펑퍼짐한 보헤미안 여자의 머리를 보지 않은 사람이라면 가장 뻣뻣하고 기름 끼고 먼지가 덕지덕지 붙은 머리를 떠올려보아도 상상하기 어려울 것이다."[27]

어떤 것을 떠올리든지 집시는 한국인에게는 낯선 존재다. 그러나 바다 건너 유럽에서는 다르다. 집시는 오랜 역사 동안 유럽인들 곁에 있었던 친숙한 존재인 동시에 극심한 차별과 혐오의 대상이다.

정주사회가 만든 '유럽의 식인종'이라는 환상

정착하지 않고 떠도는 집시는 자유롭게 살고자 하는 유목주의자의 생활 방식을 보여준다. 이는 정착해 사는 유럽인들과 갈등을 유발했다. 유럽인들은 일정한 거처 없이 떠돌아다니고, 피부색이 검고, 이국적인 집단인 집시를 통제하기 어렵고 위협적이며 열등한 존재로 인식했다. 주류 사회는 정주가 이상시되는 사회고, 정착하지 못하고 유랑하는 삶은 '노동과 성실성'을 중시하는 정주사회의 가치와 배치되는 것이었다.[28] 그래서 집시는 음악, 플라멩코, 마약 그리고 범죄라는 네 가지 용어로 단순하게 정형화된다.[29]

집시들이 차별받는 대가로 유럽 사회는 한곳에 계속 머물러 사는 정주사회를 공고히 할 수 있었다. 정주사회는 정주하는 사람들을 대상으로 세금을 받고, 국가와 사회의 통제를 용이하게 하는 이득을 챙겼다. 집시의 이동하는 생활 방식은 경멸받고 배척되어야 할 것이었다. 집시처럼 유랑하는 사람을 차별함으로써, 경제 불황이나 사회 분열에 대한 불안과 절망을 이들에 대한 혐오로 대리 분출하게 했다. 현재는 많은 집시가 국적을 획득하기도 하고, 정착하여 살고 있기도 하나, 여전히 그들은 이방인, 특히 노마드(유랑민족)로 간주된다. 집시는 떠돌아다녀야 하는 유랑 집단으로 정주민과 같이 한곳에 정착하여 사는 이웃이 될 수는 없는 것이다. 이들에게는 아동학대자, 사회부적격자, 범죄자, 실패자 등의 꼬리표가 따라붙는다.

앞서 유럽 정치인들의 집시에 대한 혐오 발언 사례는, 혐오를 표출하는 자들이 장관, 대선후보, 부총리 등 최상층 정치 엘리트라는 사실을 드러낸다. 사회의 기득권 세력은 사회 내부가 분열될 조짐을 보이거나, 경기가 침체하거나 지지율이 하락할 때마다 집시를 희생양 삼는다. 집시에게 대중의 분노가 향하게 함으로써 실패를 감추고, 집시에 대한 분노를 지지기반으로 삼아 국가와 사회의 안정성을 확보하는 혜택을 보는 것이다.

앞서 언급한 〈집시 여인〉이란 노래에는 "끝이 없는 방랑을 하는"이란 가사가 나온다. 집시는 이처럼 한곳에 정착해 살지 않고 방랑을 하는 집단이다. 정착지를 찾아서 끊임없이 이동하는 집시들에게는 '이동성' 자체가 그들의 정체성이자 문화다. 현재 유럽 전역에는 약 1200만 명의 집시족이 있다. 루마니아(195만 명), 불가리아(75만 명), 슬로바키아(50만 명), 마케도니아(18.5만 명)에서는 전체 인구의 9% 이상이 집시족이다. 헝가리(60만 명)와 세르비아(50만 명)의 경우 전체 인구의 5~9% 정도를 차지한다.[30] 서유럽에서도 스페인과 그리스, 프랑스 등에 상당수의 집시가 있는데, 이렇듯 집시는 유럽 각지에 흩어져 살고 있다. 이들은 6세기경 인도 북서부 지방에서 이슬람 세력의 박해를 피해 동쪽으로 이주해 왔다. 이후 16세기에 이르러서는 유럽 전역에 흩어져 살아가게 되었다. 이들이 유랑을 하게 된 것은 사실 그들의 의지가 아니라 처한 환경 때문이었다. 그러나 유럽 사회는 유랑민족인 집시는 선천적으로 떠돌이 기질을 지녔다고 믿었고, 그래서 열등하다고 생각했다.

집시는 특유의 유랑 문화 때문에 편견과 차별의 긴 역사를 겪어왔다.[31] 영국에서는 16세기 헨리 8세 때 집시를 탄압하는 법을 만들어 집시의 영국 이주를 금지했고, 단지 집시라는 이유만으로 사형에 처하기도 했다. 프랑스 국왕 루이 14세는 1539년 함선의 노를 젓는 노예로 집시를 부렸으며, 네덜란드는 1695년부터 집시 추방 명령을 내려 집행했다. 추방령에 따르지 않는 집시에게는 태형 또는 공개 처형이 가해졌다. 1697년 이후 체코에서는 집시들에 대한 무자비한 처형이 있었다. 당시 법에 따르면 집시를 죽이는 사람은 법적인 처벌을 받지 않았다.

스페인에서는 1499년과 1783년 사이에 반反집시법들이 10차례 이상 제정되었는데, 집시의 의복, 관습, 언어 등을 금지하는 내용이었다. 18세기 프로이센에서는 유랑 자체를 불법으로 규정하고, 18세 이상의 집시는 재판 없이 사형에 처해지기도 했다. 집시에 대한 강박적인 학대와 배제는 1782년 집시가 사람을 잡아먹었다는 고발 사건이 일어나기까지에 이르렀다.[32] 여러 신문은 집시들이 식인을 한 죄로 헝가리에 잡혀 있는데, 이들이 28명을 잡아먹었다고 적었다. 또 어떤 신문은 잡아먹힌 사람의 수를 84명으로 올려놓기도 했으며, 오스트리아와 독일의 언론은 집시를 '유럽의 식인종'으로 칭하며 집시들의 광기를 앞다투어 보도했다. 문제의 집시들이 서둘러 재판받고 처형된 후에야, 절도죄로 체포된 집시들이 고문을 견디다 못해 거짓 자백을 한 것으로 나타났다.

프랑스는 1907년에 집시에 대한 통제를 강화하기 위해 '호랑

이 기동대Brigades du Tigre'라 불리는 경찰기동대를 창립했다.³³ 또한 프랑스 영토를 떠돌아다니는 사람들을 엄격하게 감시하기 위해 1912년 법을 제정했는데, 이 법에 따르면 집시는 특별 신분증명서인 '신체특징기록 수첩'을 의무적으로 항상 소지해야 했다. 신체특징기록 수첩에는 이름, 생년월일뿐 아니라, 신체의 상세한 특징까지 기록되어 있었다. 키, 오른쪽 귀 길이, 왼쪽 팔꿈치 길이, 왼쪽 발 길이, 눈동자 색깔, 앞모습과 옆모습을 촬영한 사진, 지문 등도 기재되어 있어야 했다. 만약 불심검문 시, 신체특징기록 수첩을 소지하지 않은 경우 범법행위로 간주되어 벌금이 부과되었다. 또한 프랑스의 이 법은 집시들이 사용하는 마차 뒤에 반드시 검열판을 매달아 놓도록 했는데, 이는 집시족들이 이동하는 것을 바로 식별할 수 있게 하는 매우 차별적이고 억압적인 법이었다.

사람들은 제2차 세계대전 당시 600만 명의 유대인이 참혹하게 희생된 것은 역사화하고 기억하는 반면에, 집시 집단학살에 대해서는 잘 알지 못한다. 나치 홀로코스트로 약 50~80만 명으로 추정되는 집시가 학살되었고, 이 중 2만 3000여 명 정도가 아우슈비츠에서 희생되었다. 아우슈비츠-비르케나우의 집시 수용소는 17개월간 존재했는데, 하루에 수천 명씩 처리할 수 있는 가스실과 화장터를 갖춘 집시 특별 구역이 준비되어 전면 가동되었다.³⁴ 이 수용소에서 죽은 집시들의 사인은 기아, 과로, 질병, 가스, 인체 실험이었는데, 이때 학살된 집시의 수는 유럽에 살던 전체 집시 인구의 3분의 2에 달한다. 민족 전체가 거의 절멸된 것이다.

집시에 대한 야만적인 차별의 역사는 현재도 계속되고 있다.³⁵

한 여론조사에 따르면 체코인 대다수가 집시를 '게으르고, 사회질서를 파괴하는 집단'으로 인식하고 있으며 '집시와 이웃에 살기 싫다'고 답했다.[36] 세계은행에 따르면 루마니아의 집시족 10명 가운데 9명은 심각한 빈곤에 시달리고 있으며 기초 교육과 의료서비스를 받을 수 없는 처지다.[37]

'집시소스' 개명은 정당한가?

집시소스는 토마토 베이스의 양파와 파프리카 맛이 강한 매운 소스로 독일인에게 사랑받는다. 이 소스는 독일을 방문할 때 꼭 사와야 하는 인기 품목 중 하나로 한국인들 사이에도 꽤 유명하다. 2020년 식품 업체 크노르는 '집시소스'라는 자사 제품명을 '헝가리식의 파프리카소스'로 변경한다고 밝혔다. 집시라는 차별적인 용어를 사용했기 때문에 개명한다는 것이었다. 오스트리아의 제과 업체 켈리스도 '집시 바퀴들'이라는 과자 이름을 '서커스 바퀴들'로 바꾼다고 밝혔다. 이는 2020년 미국에서 흑인 남성 조지 플로이드가 경찰에 체포되던 중 백인 경찰의 무릎에 목이 짓눌려 질식사한 사건으로 미국과 유럽 등지에서 인종차별에 반대하는 시위가 벌어진 데 따른 변화였다.

업체의 개명 결정을 두고 논란이 일었다. 2021년 독일의 토크쇼 프로그램 〈마지막 심급Die letzte Instanz〉은 연예인들이 모여 "집시소스의 개명이 정당한가?"라는 주제로 이야기를 나누는 모습을 방영했다. 게스트로 출연한 연예인들은 자신들이 어렸을 때부터 먹은 음식 명칭에 인종차별적 의미를 부여하며 사용을 금기시하는 것은 과하다고 주장했다. 지나치게 예민하게 굴지 말자는 것이다. 백인으로만 이루어진 게스트들이 인종차별을 경험해보지도 않았으면서 어떻게 이런 토론을 할 수 있느냐는 비난이 쏟아졌다.

이들의 개명이 논란이 되는 것은 집시에 대한 혐오가 정치인들에만 국한되지 않고, 유럽의 일반 시민에게도 널리 퍼져 있기 때문이다. 2018년 이탈리아의 한 열차 안내방송에서 상스러운 비속어가 섞인 집시 비하 발언이 여과 없이 나와 논란이 되었다. 승무원은 승객들에게 "집시들에게 돈을 주지 말라"고 당부하면서, "집시들은 다음 역에서 내려라. 당신들은 우리의 인내심을 바닥나게 하고 있다"고 말했다. 전국적인 논란거리가 되자, 열차 회사는 해당 승무원을 징계하겠다고 밝혔고, 이에 해당 직원은 "승객들을 보호하려 했을 뿐"이라고 항변했다.

헝가리에서는 2008년 극우집단 '헝가리 호위대Magyar Garda' 회원 50여 명을 포함한 200여 명이 부다페스트 도심에서 반범죄 캠페인을 열었다. 참가자들이 집시에 대한 증오심을 담은 구호를 외친 이 시위는 반집시 시위의 성격을 띠고 있었다.

집시에 대한 혐오는 유럽 전역에서 발견된다. 2018년 4월에는 우크라이나 극우집단 C14가 수도 키이우의 한 집시 캠프에 방화를 하고 여성과 어린이들을 쫓아간 사건이 발생했으며, 6월에는 우크라이나 서부 집시 캠프에 무장 단체가 침입해 24세 남성이 죽었고, 열 살 소년을 포함한 4명의 집시가 부상을 입었다.

스포츠도 집시혐오에서 예외가 아니었다. 2020년 파리의 파르크 데스 프린세스 스타디움에서 유럽축구연맹UEFA 챔피언스리

그 조별리그 H조 6차전이 열렸다. 프랑스 프로축구 리그앙의 파리 생제르맹(PSG)과 터키 프로축구 이스탄불 바샥세히르(iBFK) 간 경기에서 인종차별 논란이 발생했다. 루마니아 출신 대기심이 심판 판정에 항의하던 바샥세히르의 흑인 코치 피에르 웨보에게 '검둥이'란 인종차별적 발언을 했다. 그런데 바샥세히르 코치가 경기 시작 전 "루마니아인들은 집시"라는 차별적 발언을 먼저 했다는 논란이 더해졌다. 이로 인해 양 팀 선수들이 경기장을 떠나 결국 경기는 일시 중단되었다.

일반 시민에게까지도 깊게 스며든 집시에 대한 혐오와 차별은 인권단체 국제앰네스티가 그 위험성을 지적할 만큼 심각하다. 국제앰네스티는 유럽연합이 집시에 대한 폭력과 차별을 감소시키는 노력을 제대로 하지 못하고 있다고 비판했다. 국제앰네스티는 유럽 내 집시들이 박해로 고통받고 있다면서, 일부 국가에서는 경찰이 집시에 대한 일반인들의 공격을 방임하고 있다고 지적하기도 했다.

죽어서도 차별받는 집시들

집시는 유럽의 이등시민으로 취급되면서, 경제적으로도 사회적으로도 배제되고 소외된다. 2014년 경제활동인구 관련 통계[38]를 살펴보면 헝가리에 거주하는 집시 중 경제활동인구는 헝가리 인구(약 1000만 명)의 3.6%인 약 35만 명에 불과한 것으로 나타났다. 15세~62세 집시 중 34%만 일을 하고 있었으며, 15%는 실업자, 51%는 비경제활동인구로 분류되었는데, 헝가리의 15세~62세 일반인 고용률인 65%와 비교하면 상당히 낮다.

이는 기업들이 집시라는 이유로 고용에 있어 차별을 하기 때문인데, 헝가리 사회노동부의 조사는 차별적 현실을 적나라하게 보여준다.[39] 10명 이상의 직원을 둔 헝가리 기업 중 80%는 집시를 전혀 고용하지 않고 있으며, 미래에 고용할 계획도 갖고 있지 않다고 밝혔다. 또 조사 대상 기업의 절반가량은 직원을 채용할 때 집시를 차별하고 있으며, 집시 직원을 채용한 매우 극소수의 기업도 29%는 각종 처우에 있어서 차별 대우를 하는 것으로 밝혀졌다. 고용에서의 차별은 전문직 분야일수록 더욱 심각하다. 따라서 집시에게 남은 일자리는 저숙련, 저임금, 육체노동밖에 없게 된다. 기술이나 자격을 충분히 갖추고 있음에도 '도둑', '마약 거래자', '사기꾼'이라는 이미지가 덧씌워진 집시는 그저 집시라는 이유만으로 채용을 거부당한다. 실제로 2006년 이리 파로우베크 체코 총리가 선거 캠페인 도중 집시들을 '도둑놈'이라고 묘사한 코미디언의 차별적인 농담에 어떤 제재도 가하지 않고, 오히려 그 농담이 재미있다는 듯 슬며시 웃음을 지어 사퇴를 요구받은 적이 있다. 집시에 대한 부정적 편견이 널리 퍼져 있고 이 편견은 차별 행위로 여과 없이 이어진다.

집시가 처한 낮은 경제적 위치는 그들이 학업을 조기 종료하는 데서 비롯된다.[40] 집시 경제활동인구의 80% 이상은 저학력층으로서, 중학교를 졸업하지 않았다. 이 중 20%는 초등학교도 졸업하지 않았으며, 3명 중 1명의 집시 어린이는 초등학교 과정도 마치지 못하고, 대학 졸업자는 1%도 안 된다. 헝가리 전체 경제활동인구와 비교하면, 집시의 저학력 비율은 4배나 더 높다. 성인 집시의 문맹률은 14.5%로 추정되며, 16세 이상의 상당수 집시 청소년은 학교

생활을 하지 않아서 문맹률이 30.6~58%에 이른다.[41]

　열등반 편성 등의 집시 아이들에 대한 차별적인 교육환경은 결국 높은 실업률로 이어져, 악순환의 고리가 만들어진다. 유럽 국가들은 집시를 사회의 골칫거리로 여기며, 관리와 통제의 대상으로 간주한다. 교육 현장에서도 집시들은 다른 학생들과 격리되고 있다. 헝가리 북동부 듀듀시퍼터Gyöngyöspata(대부분의 한국 매체나 국제 문헌에선 '죈죄슈퍼터'나 '죄르죄슈퍼터'라는 표기를 사용한다) 지역의 한 초등학교는 집시 아이들만 분리해서 수업하고, 집시 아이들을 수영 수업에서 배제하기도 했다. 집시 비율이 높은 학교의 경우 헝가리 학생들이 하나둘씩 다른 학교로 옮겨가면서 결국엔 집시만 남게 되는 경우가 자주 발생한다. 집시만 남게 된 학교는 폐쇄하라는 교육 당국의 방침에 따라, 남은 집시 학생들을 인근 학교로 분산시키는데, 주변 학교들이 이들을 거부하는 일이 일어난다. 그 과정에서 집시 어린이들이 갈 곳이 없게 돼 인근 공공 도서관 등에서 임시 수업을 받는 일도 발생했다.[42] 2020년 헝가리 빅토르 오르반 총리는, 집시 차별에 대한 법원의 보상 판결에 반발하며 이에 대한 대국민 설문조사를 시행할 계획이라고 밝혔다. 그러면서 그는 "집시 출신이 아닌 학생들이 집시 학생들의 잦은 결석과 규칙 위반에 시달려야 했다. 집시 가족이 일도 하지 않고 돈을 받는 것은 매우 불공평하다"고 주장한 바 있다.

　학교 당국은 집시 아동의 취학을 매우 번거로운 과정으로 생각하기도 하는데, 이는 집시 아동이 학적 등록을 하는 데 필요한 자료, 예를 들어 주소 관련 증빙서류를 확보하기가 어렵기 때문이다.

또한 집시 아동들은 경제적 어려움 때문에 교통비, 급식비 등을 지불하지 못하고, 빈번하게 집행되는 정부의 강제철거나 추방으로 인해 한 학교에서 지속적인 교육을 받기가 어려운 상황이다.[43]

낮은 학력 수준과 취업률로 '유럽의 천민'인 집시는 각 국가의 최빈민층을 형성하고 있다.[44] 6명 중 1명의 집시는 항상 기아의 위협에 노출돼 있다. 집시의 평균수명은 일반인에 비해 15년이나 짧고, 슬로바키아와 체코의 집시 사망률은 일반인에 비해 2배나 높다. 집시들은 전염병을 비롯한 질병과 재해에 노출될 위험도 크다. 부족한 식수, 쓰레기 수거와 화장실 사용 등 위생 관련 설비의 미비, 고속도로와 철도 주변같이 위험한 장소에 캠프를 설치하는 경향 등으로 인해 집시의 생존 환경은 매우 열악하다. 집시의 신생아 사망률은 프랑스인 평균보다 9배나 더 높다. 또한 집시는 이동과 일시 정착 과정에서 수시로 정착민들이 분출하는 폭력의 대상이 된다.[45] 그래서 이들의 평균수명은 프랑스인의 평균수명인 81세보다 매우 낮은 50~60세로 추정된다.[46]

심지어 집시들은 죽어서도 묘지를 일반인과 같이 쓸 수 없다. 2015년 프랑스에서 집시 부모가 생후 2개월 된 딸이 사망하여 묘지를 구하고 있었다. 그런데 파리 외곽 샹플랭chanplan시의 크리스티앙 르클레르Christian Leclere 시장은 여아의 샹플랭시 묘지 안장을 거부했다. 부모가 납세자가 아니라는 이유였다. 아기의 부모는 프랑스에 정착한 지 8년이 지났지만, 전기가 들어오지 않는 판잣집에 살며 세금을 내지 못했다.

2013년 스웨덴 남부 스코네 경찰서가 집시족 4000명의 명단을 데이터베이스에 등록해 관리해온 사실이 드러나 큰 논란이 일었다. 경찰은 "집시의 명단을 관리하는 것은 범죄 예방을 위한 정보 수집 활동"이라고 해명했으나, 이 해명에서부터 '집시=범죄자'라는 차별적 시선이 드러난다. 경찰이 집시 명단을 만들어 관리했다는 사실은 집시라는 소수민족에 대한 국가 폭력이 여전히 존재함을 보여준다. 경찰에 의한 자의적인 국가 폭력 행사는 스페인 집시들이 경찰의 불심검문에 백인보다 열 배나 더 많이 걸리고,[47] 헝가리 교도소 재소자의 60%가 집시인 차별적 현실을 만든다.[48]

푸른 눈의 금발 아이는 집시가 유괴한 아이

2013년 아일랜드에서 경찰에 의한 끔찍한 국가 폭력이 발생했다. 집시 가정에서 푸른 눈의 금발 아이가 발견되자, 경찰이 유괴를 의심하고 아이를 부모와 강제 분리하는 일이 연달아 일어난 것이다. 유전자 검사 결과, 친부모가 맞다고 나와 각각 7세 소녀와 2세 소년은 집으로 돌아갈 수 있었다. 경찰의 이러한 대응은 집시들이 아이를 유괴해 앵벌이 등에 이용한다는 널리 퍼진 의심 탓이었다. 시민의 제보만 믿고, 아무런 범죄 혐의도 없는 집시 가정을 불시 단속한 이 사건은 심각한 인권침해와 소수민족 차별 논란을 일으켰다. 2019년 프랑스 파리에서는 집시를 흉기로 폭행한 20여 명이 체포되었다. 이들은 소셜 미디어를 통해 집시들이 아이들을 유괴했다는 허위 정보를 접한 뒤 범행을 저질렀다.

빅토르 위고의 소설 《파리의 노트르담》에서 집시 여자 에스메랄다가 진짜 집시가 아니라 아기 때 집시에게 유괴당해 그들 사이에서 자란 프랑스인으로 묘사되는 것처럼, 서구에는 '아기를 유괴하는 집시'라는 끔찍한 이미지가 있다. 오랜 유랑 생활로 피가 섞인 집시들은, 드물지만 금발이나 푸른 눈을 가진 아이들이 태어나기도 한다.

루마니아에서도 집시들의 부모 자격을 의심하는 행태가 발생했다. 2020년 루마니아 중부 도시 터르구무레슈Targu Murse 시장인 도린 플로레Dorin Florea는 페이스북에 이렇게 적었다.

> "유럽연합 국가는 안정적인 직업과 재정 기반, 교육과 나이 수준 등으로 부모가 될 수 있는 기준을 정해야 한다. 이 기준에 맞지 않은 부모에게서는 아이를 빼앗아야 한다. 나는 일할 수 있지만 일하고 싶어 하지 않는 사람들 그리고 수입원을 마련하기 위해 아이를 갖는 사람들에 대해 말하는 것이다. 루마니아에 있는 수많은 집시가 문제를 일으키고 있지만 우리는 못 본 척하고 있다."

루마니아 반차별위원회는 시장이 소수민족의 존엄을 침해한 것으로 판단하고 1만 레우(약 270만 원)의 벌금을 부과했다. 그러나 플로레아 시장은 자신의 발언을 철회하지 않을 것이며 벌금을 부과한 데 대해 이의를 제기할 것이라고 반발했다.

부모에게서 아이를 빼앗는 것뿐 아니라, 많은 서유럽 국가에서 집시는 국가에 의해 강제추방되는 국가 폭력을 경험한다. 서유럽인들은 공원 등에 임시거처를 마련하고 구걸하는 집시들을 '더러운 골칫거리'로 생각한다. 유럽의 우파 정부들은 국정 실패가 있을 때 집시를 이용하여 문제를 희석하곤 한다. 프랑스의 전 대통령 사르코지는 집시 문제를 권력 유지를 위해 매우 잘 활용한 인물이다. 사르코지는 각종 추문으로 인해 2012년에 재선이 어려운 상황이 되자, 2007년 자신이 당선되는 데 도움이 됐던 '제로 똘레랑스'를 다시 부르짖으며 집시를 추방했다. 그는 집시를 프랑스가 용인할 수 없는 낯선 가치와 문화적 차이를 가지고 있는 '밀입국자', '갱스터', '의무 불이행자'로 묘사했다.[49] 2009년 1만 1000여 명의 집시를 출국시켰고, 2010년 가을쯤까지 8313명을 추방했다.[50] 2014년에는 138개 지역에서 집시 주거지를 철거했는데, 철거가 이루어진 해에만 1만 3483명이, 2015년에는 111개 지역에서 매주 216명씩 총 1만 1128명이 강제추방당했다.[51] 이는 빈민촌 거주 집시의 절반 이상에 해당한다. 2만여 명에 달하는 집시의 거주 환경은 매우 열악하여 전기가 들어오지 않는 판잣집 등에서 거주하고 있다. 하지만 똘레랑스의 나라 프랑스는 매년 수천 명의 집시를 추방하고, 정기적으로 집시 주거지를 철거하고 있다.

국가가 주도하는 집시혐오는 사회의 최고위층뿐 아니라 일반 시민들에게도 전염되며, 집시를 제외한 공동체 다수를 하나로 굳건히 단결시키는 자양분이 된다. 공동체는 결속과 결집 아래, 더 강력하게 효율적으로 운영될 수 있다. 집시 차별로 사회 전체가 눈에 보이지 않는, 큰 이득을 보는 것이다.

차별은 집시들의 생명을 앗아가기도 한다. 2021년 '체코판 조지 플로이드' 사건이 발생했다. 미국에서 백인 경찰에 의해 무릎에 목이 짓눌려 질식사한 흑인 조지 플로이드처럼, 이번에는 체코에서 경찰 세 명이 40세 집시 남성을 제압하는 과정에서 무릎으로 목을 짓눌러 사망케 했다. 행인들은 "질식할 수 있다"고 말했지만, 경찰들은 아랑곳하지 않은 것으로 알려졌다. 피해 집시 남성이 길가 자동차를 부수는 다른 남성을 제지했는데, 경찰은 집시 남성이 차량을 부순 줄 알고 제압한 것이라는 주장이 나와 더욱 안타까움을 더했다. 플로이드 사건으로 "흑인 생명도 소중하다Black Lives Matter" 시위가 촉발됐는데, 체코에서도 "집시의 생명도 소중하다Romani Lives Matter"라는 추모운동이 시작되었다.

집시혐오에 의한 사망 사고는 계속된다. 2022년 그리스에서 16세 집시 소년이 기름을 훔쳐 달아나다 경찰의 총격에 사망하는 사건이 발생했다. 소년은 한 주유소에서 20유로(약 2만 7000원) 상당의 기름을 채운 뒤 돈을 내지 않고 달아났다. 경찰관 네 명은 그와 추격전을 벌인 끝에 머리에 총을 쏴 소년을 사망케 했다. 그러자 경찰의 과잉 진압에 항의하는 집시족의 시위가 벌어졌고, 이들은 이렇게 외쳤다.

"가스 때문이 아니다. 돈 때문도 아니다. 집시라서 경찰이 총을 쐈다."

비슷한 사건이 2021년에도 발생했다. 아테네 인근에서 15세 소년과 20세 집시 남성이 차를 훔쳐 달아나다 경찰에 총격을 당했다. 단순 절도범에 대해 경찰이 인종차별적 과잉 진압을 했다는 비난이 일었다.

유엔은 집시를 "유럽에서 가장 배제된 집단 중 하나"라고 묘사한다. 중세에 루마니아에서는 집시를 돼지 한 마리 값으로 사고팔기도 했다. 사실상 집시는 인간보다 못한 '비인간화'된 존재였던 것이다. 최근에 이탈리아에서 찍힌 한 장의 사진은 비인간화된 집시의 모습을 적나라하게 보여준다. 나폴리의 아름다운 해변에 집시 소녀 두 명의 시신이 수건으로 덮인 채 방치되어 있고, 피서객들이 시신을 옆에 두고 일광욕을 즐기는 장면이었다. 비현실적이며 비극적인 사진의 주인공은 14세, 16세인 두 명의 집시 소녀였다. 휴양객들을 상대로 기념품을 파는 소녀들인데, 잠시 바다에 들어갔다가 파도에 휩쓸려 익사하고 말았다. 그런데 구조대원이 두 소녀의 주검을 해변에 방치한 채 경찰서로 돌아가버린 것이다. 누군가가 대형 수건으로 덮어 놓은 시신 옆으로 피서객들이 유유히 해수욕을 즐기는 장면이란. 그들에게 집시는 사람이 아닌, 돼지 한 마리 값에 불과한 존재였다.

2021년 프란치스코 교황은 중부유럽을 순방하면서 44만 명의 집시가 거주하고 있는 슬로바키아에서 이렇게 말했다.

"여러분 모두(집시)는 너무 자주 편견과 가혹한 판단, 차별적인 고정관념, 명예를 훼손하는 말과 행동의 대상이 돼왔다. 판단과 편견은 거리만 늘릴 뿐이고 적대감과 날카로운 말은 도움이 되지 못한다. 다른 사람을 소외시키는 것으로는 아무것도 성취하지 못하고 우리를 다른 이들과 분리하는 것은 결과적으로 분노를 일으킨다."

집시들이 배제된 대가로 유럽 사회는 정주사회를 공고히 했으며, 정치적 실패가 있을 때마다 그들에게 화살을 돌려 권력을 획득하고 정권을 안정적으로 유지할 수 있었다. 그런데 교황이 말한 것처럼, 다른 사람을 소외시키는 것으로는 결국 아무것도 성취하지 못한다. 30년을 노동 변호사로 살아온 김선수 전 대법관은 한 사건의 전원합의체 판결문 보충의견에서 이렇게 말했다.[52]

> "높이에 차이가 있는 벽으로 둘러싸인 물통에 물을 채울 경우 가장 낮은 벽 부분으로 물이 흘러넘칠 것이기 때문에 그 물통으로 담을 수 있는 물의 양은 가장 낮은 벽 부분의 높이에 의해 결정된다. 그 물통이 담을 수 있는 물의 양을 증가시키기 위해서는 가장 낮은 벽 부분을 높여야 하며, 가장 낮은 부분을 그대로 둔 채 높은 부분을 아무리 더 높게 해보았자 그 물통이 저장할 수 있는 물의 양은 하나도 증가하지 않는다."

한 사회의 포용력은 그 사회에서 소수자 집단이 받는 대우와 존중의 수준에 의해 결정된다는 그의 말은, 우리에게 이런 질문을 하게 만든다. 형제복지원 원생들과 집시들처럼, 가장 낮은 벽 아래 사는 사람들을 그대로 방치하고서도 우리는 물통의 물의 양을 늘릴 수 있을 것인가? 진정 그게 가능하다고 보는가? 언뜻 사회는 더 깨끗해지고 더 풍요로워지는 것 같아도, 장기적으로 우리 사회는 물통의 물은 전혀 증가하지 않고, 차별 이득만 가득한 야만적인 사회가 될지도 모른다.

5장

낙인으로 이득 보는 사회

다섯 번째 짝꿍 :

한국의 한센병 환자들

미국의 에이즈 감염인들

누군가 '인생 영화'가 뭐냐고 묻는다면, 〈앙: 단팥 인생 이야기〉를 꼽겠다. 일본식 스낵인 도라야키 가게를 운영하는 무기력한 남자 센타로(나가세 마사토시 분)에게 아르바이트를 하고 싶다며 76세 할머니 도쿠에(키키 기린 분)가 찾아오며 영화는 시작된다. 나이도 많고 손도 불편한 도쿠에를 채용하기 부담스러운 센타로는 이런저런 핑계를 대며, 자신이 만든 도라야키를 쥐어주고 도쿠에를 돌려보낸다. 그런데 다음 날 다시 찾아온 도쿠에는 자신이 만든 팥소를 한번 맛보라고 주고 간다. 별 기대 없이 팥소를 한 입 먹어본 센타로는 그 맛에 깜짝 놀라고, 그렇게 도쿠에를 받아들이게 된다. 새벽부터 나와 팥알들과 다정한 대화를 하며 정성스럽게 팥소를 만드는 도쿠에 덕분에 그저 그런 동네 가게였던 센타로의 가게는 사람들이 줄을 서서 사 먹는 맛집이 된다. 무기력했던 센타로도 따뜻한 도쿠에 할머니 덕분에 잊었던 꿈을 기억하게 되고, 그들은 서로 교감하기 시작한다.

그런데 할머니가 한센병을 앓는다는 소문이 동네에 퍼지게 되면서 그 많던 손님이 갑자기 발길을 뚝 끊는다. 그리고 도쿠에는 센타로에게 폐를 끼치지 않기 위해 더이상 가게에 나오지 않게 된다. 도시 외곽에 한센병을 앓는 사람들만 모여 사는 집단 거주지에서 사회와 단절된 채 평생을 보낸 도쿠에는, 생의 마지막쯤에 센타로의 가게에서 일하며 넓은 세상으로 나올 기회를 얻었지만, 이내 한센병을 낙인찍는 사람들에 의해 다시 고립된 세계로 돌아가 생을 마감한다.

한센병 환자들에게 냉랭한 일본 사회와, 그럼에도 불구하고 팥소를 만들며 삶에 대한 열정과 사람에 대한 사랑을 보여준 도쿠에 할머니가 대비되며 잔잔한 감동을 주는 이 영화를 나는 좋아한다.

도쿠에 할머니의 병든 몸은 차별의 이유가 된다. 질병에 걸린 몸은 사회로부터 낙인찍히고 배제된다. 그렇게 함으로써 나머지 사람들은 질병으로부터 자유롭고 편안하게 살아갈 수 있다. 코로나19라는 신종 팬데믹이 전 세계를 휩쓸고 지나간 지 얼마 안 된 지금, 질병에 대한 두려움과 불안은 우리에게 새로운 것이 아니다. 우리는 낯선 질병이 발생하면, 위협감을 느끼고 질병에 걸린 사람을 쉽게 낙인찍고 소외시킨다. 특히 국가는 사회적 낙인에 합세하거나 때로는 조장하며, 질병을 이유 삼아 사회 통제를 강화하고 정부 운영을 효율적으로 하는 이득을 본다.

도쿠에 할머니의 이야기는 우리나라와 상관없는 딴 나라 이야기일까? 일본 사회가 한센병 환자들에게 보였던 무관심과 냉정함은 우리 사회에서도 똑같이 보였다. 그리고 질병의 이름만 에이즈로 바뀐 채, 미국에서도 질병에 대한 낙인은 유사하게 벌어졌다. 이 장에서는 질병을 낙인찍고 질병에 걸린 사람들을 타자화하는 사회와 이로 인해 우리 사회가 얻게 되는 혜택에 대해 이야기해보자.

다섯 번째 짝꿍: 한국의 한센병 환자들×미국의 에이즈 감염인들

우리나라의 한센병 환자들

한센인들은 나라의 수치

한센병은 문둥병 또는 나병으로 불렸던 세균성 감염증으로, 신체 말단이 변형되는 증상으로 인해 사람들이 꺼리는 혐오의 대상이었다. 1873년 노르웨이의 의사 한센Gerhard Henrik Armauer Hansen이 발견한 나균에 의해 발발하는 것으로, 피부 반점, 운동신경 장애, 지각 마비 등의 증상이 나타난다. 한센병에 걸린 사람들은 주로 신체 말단 신경 부위의 감각을 잃게 되는데, 이 부위에 상처가 생겨 궤양으로 발전하게 된다.

한센병은 우리 사회에서 하늘이 내린 형벌인 '천형'으로, 한 번 걸리면 영원히 낫지 않는다고 인식되어 오랜 기간 두려움과 거부감을 불러일으키는 대상이었다. 〈앙: 단팥 인생 이야기〉에서 도쿠에 할머니가 한센인이라는 사실이 알려지자 순식간에 사람들에게 외면받았던 것처럼, 한센인들은 일상생활에서 극심한 차별을 받았다. 그뿐 아니라 정부에 의해서도 직접적으로 오랜 기간 심각한 인권침해를 당했다. 한센인은 강제격리, 강제노역, 집단학살, 강제송환, 단종과 낙태 수술, 한센 시설에서의 폭력, 언론에 의한 인권침해 등 매우 많은 영역에서 인권을 유린당한 집단이었다.[1]

그들은 '사회적 합의'하에 국가의 강력한 격리 조치를 당한 피해자였다. 대부분의 한센인은 병에 걸렸다고 의심을 받은 순간부터 바로 공동체에서 배제되었다. 특정 소수 집단이 국가의 정체성을 오염시킨다는 인식이 생겨날 때, 다수는 소수에 대한 두려움과 분노를 품게 된다. 다수는 소수에게서 한 집단의 구성원이라는 자격을 박탈하고, 더 나아가 이들을 말살하고자 하는 '약탈적 정체성'이 생기기 시작하는데, 그렇게 함으로써 다수는 소수와 구별되는 정체성을 형성하게 된다.[2]

한센인들은 발병 후 한동안은 집에서 숨어 지내다가 결국은 마을 사람들의 눈초리를 이기지 못해 마을을 떠나거나 추방되어 부랑생활을 했다. 어떤 한센인들은 가족의 손에 살해당하거나 스스로 목숨을 끊기도 했고 또는 제 발로 격리시설에 입소하기도 했다.

"내가 한센병에 걸렸다는 소문이 동네에 퍼지니까 그 어렵게 들어간 학교도 못 다니고, 동네 사람들이 우리 식구들이 우물에만 가도 상대를 안 해주니까 고향에서 살 수가 없는 거야. 그래서 아버지가 하시던 장사도 접고, 산골에 들어가 살았어."[3]

"버스를 태워주지를 않잖여. 기사들도 그게 당연한 일이라고 생각했고, 일반인들도 마찬가지였어. 그래서 녹동에서 고흥까지 걸어갔는데, 발이 다 까지고 (…) 그리고 기차를 탈 때는, 일반인이 타는 칸에 탈 엄두도 못 냈어…."[4]

일상적 차별은 집단학살까지 이르렀다. 1940년대 중반부터 1950년대 후반까지 전국 곳곳에서 한센병 환자 학살 사건이 벌어졌다. 1947년 6월경 안동의 한센병 환자 마을 근처에서 한 어린이가 실종되자, 한센인이 범인으로 의심되어 경찰은 환자 3명을 공동

묘지로 데려가 총살했으며, 한센병 환자 마을을 습격해 환자들을 구타하는 일이 벌어졌다. 한센인들이 치료를 위해 어린이를 잡아갔다고 의심했던 것이다. 1957년 8월 사천군의 비토리섬에서도 대규모 한센인 학살 사건이 발생했다. 한센인들이 비토리섬의 유휴지를 개간해서 거주하기 위해 일을 하던 중, 지역민 100여 명이 이들을 습격했고, 한센인 26명이 사망했다.

한센인 관리 시설에 입소한 사람들은 강제로 정관절제수술(단종 수술)과 인공임신중절수술(낙태수술)을 받아야만 했고, 단종이나 낙태를 강요당한 한센인들은 큰 정신적·신체적 트라우마를 겪었다. 한센인들은 병원 당국이 허락한 부부를 제외하고는 성적 교류가 금지되었으며, 특히 가임기의 여성들이 더욱 엄격하게 감시당했다. 임신 사실이 발각되면 여성들은 강제로 낙태 수술을 받아야 했다. 낙태 수술 후 적출된 태아는 포르말린 유리병에 담겨 임신 주기별로 전시되었다. 또 임신이 상당히 진행될 때까지 임신 사실을 숨기려 한 많은 여성이 중절수술 중 사망하기도 했다.[5] 단종수술은 환자들에 대한 징벌 수단으로 악용되기도 했는데, 규칙을 어겨 감금실에 갇혔다가 풀려날 때 강제적으로 단종수술을 시행했다.

1990년대 초까지 '민족의 정화'라는 목표 아래 정부에 의한 단종수술과 낙태수술이 시행되었다. 한센병 환자의 혈통은 한센병에 걸릴 가능성이 더 높다는, 과학적으로 증명되지 않은 주장을 바탕으로 정부는 한센인들을 사회로부터 격리하기를 원했다. 단종수술은 사실상 한센인들의 '절멸'을 목적으로 한 것으로, 한센병 환자 수용 시설은 단순히 치료 공간이 아니라 사회 통제의 역할을

했다.⁶

한센인을 단종시키자는 데는 언론도 뜻을 같이했다. 1927년 4월 15일 《동아일보》는 "나병근절은 거세 외 무無도리: 거세로써 유전방지"라는 제목으로 다음과 같은 기사를 내보냈다.

> "나병환자 질멸책에 대해서는 예전부터 연구도 하고 상당한 의견도 있으나 가장 좋은 방법은 거세를 하여 유전을 못 하게 하는 것이다. 그러나 이것은 인도상 문제니 쉽게 채용할 수는 없으나 그렇다고 현재 조선인에 삼만 명가량의 환자가 있을 뿐 아니라 더욱 증가되는 상황이니 거세의 법률이라도 제정하여 근멸을 하지 않으면 장래에 무서운 결과가 올 것이다."⁷

나라와 민족의 발전을 위해서 열성인자를 보유한 나병과 같은 혐오스러운 질환자들은 단종수술을 해서 뿌리를 뽑아야 한다는 논리였다. 피를 깨끗이 해서 국민의 수준 향상을 도모하기 위해 한센인들은 사라져줘야 했다.

특히 한센병이라는 질병은 야만국에서나 발생하는 치욕이라고 여겨졌다. 1927년 1월 15일 자 《동아일보》는 전염병을 가진 모든 이가 수치이자 천벌이니, 다 몰아내야 한다고 말하며, 한센인을 사회로부터 소거하자고 주장했다.⁸

> "질병은 비과학적으로 생활하는 자에게 오는 천벌이요, 더구나 전염병은 그러하니 질병을 가짐은 큰 수치다. 어떤 국토에 전염병이

있다 하면 그는 그 국토 주민의 최대한 수치라 함은 조금도 과장한 말이 아니다. 우리는 불행히 전염병 있는 국토의 주민이거니와 혹은 전염성 질병에 대한 연구기관 혹은 예방설비 혹은 치료설비 혹은 위생사상 선전기관을 완비하야 조선의 국토에서 모든 전염성 질병을 구축하기를 육력해야 할 것이다."

한센인 차별의 긴 역사

한센병에 걸린 사람들에 대한 사회적 통제는 일제강점기까지 거슬러 올라간다. 한센병은 식민지 조선인을 충성스러운 신민으로 만들어가는 도구였다. 1935년 조선총독부는 조선나예방령과 시행규칙을 공포했는데, 이는 환자의 강제 격리수용을 법률화한 것이었다. 이제 도지사는 한센병 환자의 직업을 제한하고 요양소에 입소시킬 권한을 갖게 되었고, 경찰서장은 의심이 되는 자를 검진하고 한센병 환자의 출입 장소도 제한할 수 있게 되었다.[9] 한센병 환자는 시장과 극장을 비롯해 사람들이 많이 모이는 곳에 출입이 금지되었으며, 한센병 환자가 만졌던 모든 물건은 매매와 접수가 금지되었다. 이렇듯 한센병 환자들은 거주와 이전의 자유를 박탈당하고 사회 진출을 통제당했으며, 인간으로서의 기본적인 권리도 보장받지 못했다. 결국 그들에게 놓인 선택지는 스스로 시설에 들어가 격리당하거나, 경제력이 있고 가족이 이해를 해준다면 집에서 숨어 지내는 것뿐이었다.

전쟁을 무리 없이 수행하기 위해서 일제는 식민지 내부 질서를 바로잡을 필요가 있었고, 이를 위해 한센인들은 철저히 격리되어야 하는 존재였다. 철저한 격리를 위해서는 자금이 필요했다. 따라서 격리 시설을 짓기 위한 시민 기부금을 독려하는 당시 신문과 잡지 기사가 상당히 많았다. 기부금에 대한 이야기를 '미담'으로 소개하고, 기부한 사람의 따뜻한 마음씨를 강조한 글들이 이어졌다. "00엔 돌파!"처럼 목표치를 달성했다는 기사를 통해 일반인들의 기부를 독려한 탓에, 나병 통제에 대한 일반의 관심은 상당히 높았다. 27만 엔의 기부를 예상했는데 81만 엔을 돌파하여 3배 더 많은 기부금 모금에 성공하기도 했다. 식민지 의학의 성과는 일본제국의 자랑으로 여겨졌으며, 조선인들을 충성스러운 신민으로 서서히 길들여갔다.[10]

해방 전 대표적인 격리시설은 1916년 개설한 소록도 자혜의원이었다. 한센인에 대한 평생 격리정책의 시행으로, 소록도 자혜의원은 소록도 갱생원으로 확장되었으며, 강제입소자가 증가하여 1940년에는 최대 6136명이 수용되었다. 소록도 병원에서 15년을 살았던 한센인의 증언은 격리된 삶의 처절함을 보여준다.

"나는 우리나라가 해방이 되기 전에 한센병에 걸려서 소록도 병원에서 15년을 살았어. 그러니까 해방되기 전에 소록도에 들어갔지. 그때는 일본 사람들이 전쟁으로 모든 물자를 긁어갈 때고 그리고 먹을 게 특히 모자랐어. 하얀 쌀밥을 구경을 못 했어. 해방되고 나서도 먹는 건 크게 좋아지지 않았어. 좋아지기는커녕, 해방이 되었는데도 일본 사람들이 하던 그대로 소록도 병원이 운영되었어. 결혼하려면 남자들은 단종하고, 여자들은 임신이 되면 강제중절하고, 나도 둘째 아이를 가졌을 때 강제로 중절당했고, 아이고, 사는 게 사는 게 아니었어."[11]

"소록도에서는 주로 공동 작업을 했어. 불쏘시개로 쓸 나무를 자르고, 일본 사람들이 벽돌 구워놓은 걸 옮기고, 일도 징글징글하게 했어. 어떻게 하면 이 고단한 일을 안 하고 살 수 있을까를 생각했어 (…) 정말로 한센병에 걸려 고생한 것도 그렇지만, 소록도에서는 배를 무지 곯았어. 먹을 게 없는 거야."[12]

소록도 갱생원은 부족한 예산을 메우기 위해 환자들에게 헌금을 강요했고, 배급량을 줄이거나 노동력을 착취하기도 했다. 가혹한 노동으로 환자들이 쓰러지면 채찍이 날아왔다. 명령에 고분고분 따르지 않는 환자들은 3개월에서 6개월 동안 감금실에 구금되기도 했다. 당시 원장은 환자에 대한 판결과 징벌을 할 수 있는 절대적인 권력을 갖고 있었다. 징벌은 견책, 30일 이내의 근신, 7일 이내의 2분의 1까지의 감식, 60일까지 연장 가능한 30일 감금 등 다양했다.[13] 한센병 환자들은 상처가 나면 잘 낫지 않는 취약한 몸이었는데도 불구하고, 노동을 강요당했으며 적절한 치료와 영양 공급도 이뤄지지 않았다. 소록도는 환자를 치료하는 병원이 아니라 감옥이자 수용소였다. 이름은 소록도 '갱생원'이었으나, 새로운 사람으로의 재탄생은 일어나지 않았고, 수많은 죽음만이 생겨났다.[14]

한번 소록도 갱생원에 수용된 한센병 환자에 대해 사회는 더 이상 관심을 두지 않았다. 정부는 더 많은 환자를 저비용으로 소록도에 수용해 사회의 불만을 잠재우고자 했다. 그곳에는 가혹한 강제 노동, 잔인한 폭력, 엄격한 통제가 존재했고, 그로 인해 한 해 수백 명이 사망해도 신문에 기사 한 줄 실리지 않았다.[15]

한편, 한센병 환자의 자녀는 잔인하게 이용되었다. 환자 자녀들을 대상으로 부작용이 강하고 효능이 입증되지 않은 새로운 약제들이 투여되었다. 환자 자녀는 한센병에 대해 더 자세히 알고 치료제의 효과를 실험하는 데 매우 좋은 연구 대상이었다. 한센병에 걸린 적이 없음에도 그리고 연구에 참여한다는 동의 여부도 묻지 않은 채 그들은 실험 대상이 되어 한센병 치료제를 만드는 데 이용되었다.

처치해야 할 문둥이들

광복 이후 억압적인 직원들과 심각한 식량난으로 소록도를 탈출하는 환자들이 늘어나기 시작했다. 환자들이 무리를 지어 도시를 배회하자, 한센병 환자는 다시 전국적인 이슈가 되었다. '처치해야 할 문둥이'인 이들은 "국민 보건상 우려"가 되는 존재였고, 이들을 다시 소록도로 보내기 위한 방안이 논의되었다.[16] 강제격리를 위해서는 수용소를 더 지어야 했고, 수용소의 확장을 위해 정부는 '문둥이 구축권'을 발행하여 할당했다.[17] 이는 한센병 환자의 강제 집단수용을 위해 1000만 원의 기금을 마련하기 위한 것이었다. 500만 원은 대구 시내 각 기업체에 그리고 나머지 500만 원은 각 노동회에 1매에 100원 하는 '문둥이 구축권'을 발행하여 팔도록 했다. 문둥이 구축권을 구입한 가정은 집 앞에 구축권을 붙이게 했고,

협조하지 않은 가정에는 직접 문둥이가 방문하도록 했다. 정부가 직접 나서서 한센인의 공포스러운 이미지를 강화한 것이다. 한 집단을 국가가 낙인찍는데 이보다 더 비인도적인 방법이 있을까.

흉한 질병을 발생시키는 병원균을 없애는 일은 새로운 국민국가의 성공을 보여주는 지표나 마찬가지였다. 따라서 한센인을 배제하는 일은 좌우 이념을 뛰어넘어 민족공동체가 공유하는 지상 최대의 목표처럼 떠받들어졌다. 정부는 가용한 모든 자원을 사용해 한센인을 사회에서 제거하고자 했다.[18] 1949년 보건부는 나병 박멸이 현 정부가 직면한 가장 시급한 문제라고 언급했으며, 국가는 강제격리를 유일한 방안으로 내세웠다. 구영숙 보건부 장관은 1949년 7월 취임사에서 나병 수용소를 건설하겠다고 밝혔으며, 차관 이갑수 역시 실태조사 중에 있다고 보고했다.[19]

나병 박멸을 가장 중요한 문제로 인식한 만큼 관련 예산도 크게 편성됐다. 보건부 총예산에서 나병 관리가 차지하는 비중은 매우 컸다.[20] 1948년 보건비의 절반 이상인 57.8%가 나병 관리에 사용되었으며, 1953년에는 54.8%, 1958년에는 50.2%가 사용되었다. 보건비의 절반 이상을 사용하면서 한센인을 통제한 이유는, '한센인'이라는 사회적 약자 집단의 배제를 통해 '건강하고 깨끗한 사회'를 유지하는 이득을 챙길 수 있었기 때문이었다. 초대 보건부 차관 이갑수가 《동아일보》와 나눈 인터뷰는 한센인에 대한 차별이 '우수한 민족'이 되기 위한 것과 강력하게 연관되어 있다는 것을 보여준다.[21]

"이(갑수)씨는 한때 보건부 차관을 역임한 바도 있는데 그는 지금도 차관 당시 '우생법령'을 제정하지 못한 것을 후회하고 있다. 우리 민족이 '후진'이라는 오명을 벗고 우수한 민족이 되려면 우리가 결혼 때부터 우생학적인 견지에서 해야 한다는 것이다. (…) 자기가 차관 당시 보건부 예산의 6할가량이 '나병환자 수용소'를 위해서 소비되었다는 점을 지적하고 이러한 현상은 오로지 '우생정책'으로서만이 해결해야 할 것이라고 하면서 오늘날 나병환자가 날로 늘어가고 있음을 개탄해 마지않는다."

<u>한센인들은 우수한 민족이 되는 데 방해가 되는 걸림돌이었고, 이들을 제거함으로써 우리 사회는 더 깨끗해지고 한민족은 더 우수해질 수 있었다.</u> 언론도 여기에 발을 맞추어 환자들을 범죄자로 묘사하는 기사를 앞다투어 실었다. 인천 지역 신문인 《대중일보》는 "문둥이 절도단"이라는 제목의 기사에서 부랑 한센인 환자들이 인천 시내에서 절도 등의 범죄를 저지르며, 인천의 공원들이 문둥이로 가득 차 있으며, 문둥이들이 절도와 강간 등의 범죄를 저지른다고 보도했다.[22]

2007년 한센인 피해사건 조사와 생활 지원을 명시한 '한센인 피해 사건의 진상 규명과 피해자 생활 지원 등에 관한 법률'이 통과되었다. 그러나 100여 년 동안 우리 사회가 낙인찍었던 한센인들에 대한 차별이 이로써 모두 해결된 것은 아니다. 전염병 환자이므로 위험하고, 불결하고, 무능력하다는 인식은 이들이 국가의 통제를 받는 게 당연하다는 인식으로 이어졌다. 한센인들은 민족의 발전을

저해하는 민족의 수치며, 국가에 부담이 되는 존재로 여겨졌다. 우리 사회는 이들의 배제를 대가로 사회 안정과 민족 순화라는 길을 향해 맘껏 달려 나갈 수 있었다. 한센인 차별을 통해 우리가 얻은 차별 이득에 대해서 진지한 성찰과 반성이 있어야 한다.

미국 이성애 중심 사회 속 에이즈 감염인들

형제애는 어디에?

필라델피아는 미국 독립의 역사를 간직한 미국 동부 제2의 도시이자, 미국에서 여섯 번째로 많은 사람이 살고 있는 멋진 도시다. 필라델피아는 그리스어로 '형제애'라는 의미여서 이곳은 'The City of Brotherly Love'라는 별칭으로 불리기도 한다.

그런데 필라델피아를 배경으로 하는 영화 〈필라델피아〉에서 이 도시는 눈 씻고 봐도 형제애를 찾아볼 수 없는 냉정한 장소로 그려진다. 주인공 앤드루 베켓(톰 행크스 분)은 필라델피아에서 가장 큰 로펌의 선임 변호사로 막 승진한 능력 있는 변호사다. 그는 동성애자이자 에이즈HIV/AIDS 환자인데, 자신의 병을 감추고 일하던 중 에이즈[23] 환자와 일한 경험이 있던 한 중역이 그의 병세를 눈치채게 된다. 어느 날 앤드루는 수천만 달러가 걸린 큰 소송을 준비하면서, 법원 제출용 서류가 분실되는 해프닝을 겪는다. 다행히 마감 몇 분 전 서류가 발견되어 소송은 차질 없이 진행된다. 그런데도 회사는 태도 불량과 능력 부족을 이유로 그를 해고한다. 앤드루는 이 분실 사건이 자신을 해고하기 위한 구실로 사용되었고, 자신이 에이즈 환자이기 때문에 부당해고를 당했다고 여겨 여러 변호사에게 소송을 의뢰하지만 전부 거절당한다. 정의를 위해 일한다는 사람들조차도 에이즈 환자인 앤드루를 외면한다. 온갖 고생 끝에 재판은 열리고, 양심 있는 로펌 간부가 앤드루에게 유리한 증언을 하여 승소하지만, 그는 재판 중에 쓰러져 배심원들의 다수 판결이 나오는 순간을 보지 못하고 세상을 떠난다.

1993년 개봉된 이 영화는 에이즈 감염자에 대한 미국 사회의 편견을 사실적으로 그려냈다. 영화에서처럼 미국은 에이즈 감염인에 대해, 우리가 한센인에게 가했던 차별과 유사한 모습을 보이며 차별을 통해 이익을 얻는 메커니즘 역시 그대로 반복된다. 동료 시민을 병원균의 매개체로 간주하고 사회에서 추방하는 대신, 사회의 안전과 발전이라는 공공선을 얻는 그 모습 말이다.

얼마 전 코로나19 팬데믹이 세계를 휩쓸었을 때, 동성애에 대한 사회의 여전한 차별이 다시 한 번 확인되었다. 2020년 미국 케이블 채널 브라보 TV의 부사장이자 토크쇼 진행자 앤디 코언이 혈장을 기증하려 했으나 동성애자라는 이유로 거부당했다.[24] 그는 코로나19에 감염된 후 완치됐고, 코로나19를 이겨낸 사람들의 혈장이 긴급히 필요하다는 병원 공지를 보고 혈장 기증을 결정했다. 그러나 병원은 그가 동성애자라는 이유는 혈장 기증을 거부했다. 미국 식품의약국FDA이 에이즈를 예방하기 위해 최근 3개월간 다른 남성과 성관계를 한 남성이 혈액, 혈장을 기증하는 것을 금지하는 규정을 두고 있기 때문이다.[25] 이 규정은 에이즈가 게이 남성에 의해 옮겨지는 병이라는 편견에 기반을 둔 것이다.

코로나19와 같은 낯선 질병이 계속 등장하는 가운데, 특정 집단을 표적으로 삼아 질병의 원인으로 지목하는 것은 질병에 대한 두려움과 공포를 완화해 사회의 안정성을 도모하는 데 도움이 된다. 에이즈가 발생한 후 동성애자에 대한 차별이 확산한 것도 비슷한 과정을 겪었다. 1980년 초반, 에이즈가 유럽, 북미, 남미, 아프리카 등 전 세계로 급속히 확산하기 시작했다. 그러나 에이즈의 발병은 훨씬 이전에 이미 시작되었다. 1987년 미국 뉴올리언스의 툴레인대학교Tulane University 분자생물학자들이 1969년 사망한 청소년 환자의 시료에서 HIV 바이러스를 검출했다.[26] 이 연구는 에이즈가 이미 1960년대부터 발병하고 있었음을 보여준다. 산발적인 발병에서 전염병으로 유행하기 시작한 1970년대 중반부터 1980년에 이르러 전 대륙에 걸쳐 약 10만~30만 명 정도가 감염되었다. 이후 약 40년 동안 세계적으로 약 8840만 명이 에이즈에 감염되고, 그중 약 4230만 명이 관련 질환으로 사망한 것으로 추정된다.[27] 새로운 질병에 대해서 잘 알지 못하는 상태에서 사람들은 이 질병이 주로 동성애 남성이나 마약중독자 등에게서 나타나는 것을 보고 에이즈를 동성애나 마약중독과 동일시하기 시작했다.[28] 치료법이 부재한 상태에서 에이즈는 두려움의 대상이었고, 동성애 남성들은 가해자로 인식되었다.

수십 년간 에이즈가 동성애와 동일시되는 과정에서 동성애자들은 큰 피해를 입었고, 이성애 중심 사회는 더욱 공고해졌다. 우리나라를 비롯해 여전히 많은 나라에서 반동성애 이데올로기가 지배적이다. 반동성애 이데올로기란, 이성애주의와 가부장제를 기본으로 전통적 가족 중심 질서를 지향하는 사상이다.[29] 동성애자의 삶과 전통적인 가족 구성원으로서의 생활은 양립할 수가 없었다. 이성애주의 문화에서 가족을 재생산하고 복제해내지 못하면 그것은 가족제도에 대한 큰 위해가 되기 때문이다. 따라서 동성애자들은 도덕적으로 타락했다는 비난, 종교적으로 신의 섭리에 위배된다는 비난 등과 함께 신성한 가족제도를 파괴한다는 질타도 같이 받는다.[30]

　　에이즈가 등장한 초기에는 이 질병에 대해서 알려진 것이 없었고, 오로지 동성애자만 감염되므로 일반인은 걱정할 필요가 없다는 생각이 퍼져 있었다. 특히 1980년대 미국 내 급격한 유행으로 '미국병American disease'으로 불리기도 했는데, 로널드 레이건 정부 때에는 바이러스의 정체, 감염경로 등에 관한 검증된 과학적 설명이 부재한 미스터리한 상태가 오래 지속되었다. 그래서 제대로 된 질환 이름이 만들어지기 전에 '게이병gay compromise disease', '게이들에 대한 천벌', '게이 역병', '신의 심판' 등으로 불리기도 했다. 이런 사회적 분위기 속에서, 1984년 미국 샌프란시스코의 모든 게이 공중목욕탕과 사설 섹스클럽은 문을 닫게 되었다. 도덕적으로 타락한 동성애자들이 에이즈에 걸리고 곧 죽게 된다는 예정된 미래가 동성애 집단을 공포로 몰고 갔으며, 동성애자들은 완전한 사회적 배제의 대상이 될지도 모른다는 불안감에 시달렸다.[31]

　　동성애와 에이즈가 관련성이 없다는 것이 밝혀진 후에도, 에이즈에 감염된 일반인들에 대한 배제는 계속되었다. 미국에서 당시 열세 살이던 아동은 에이즈에 걸렸다는 이유로 학교에서 쫓겨

났고, 아홉 살짜리 혈우병 에이즈 감염 어린이는 학교에 다니는 것은 허용되었으나, 같은 학교에 다니는 학생들이 휴학하는 사태가 벌어지기도 했다.[32] 미국 노스캐롤라이나 병원은 에이즈 증세를 보인 간호사를 양성 반응을 확정 받기도 전에 서둘러 해고했으며, 필라델피아에서는 에이즈로 사망한 자의 매장을 묘지 관리소장이 거부하는 일이 발생했다. 앞서 소개한 영화 〈필라델피아〉에서 앤드루의 변호사로 출연한 덴젤 워싱턴의 캐릭터도 소송을 의뢰하러 찾아온 앤드루와 악수를 하다 에이즈 얘기를 듣고 기겁을 하며 서둘러 병원에 가서 검사를 받는다. 이처럼 에이즈 감염인에 대한 타자화는 미국 사회에서 공공연히 진행되고 있었다.

'바른생활 USA' 건설

에이즈 감염인과 동성애자에 대한 차별과 배제는 미국 정부의 지원 아래 이루어졌다. 레이건 대통령은 기독교 세력인 복음주의 교회를 주요 지지 기반으로 집권에 성공했고, 기독교 세력은 집권 후에도 국정운영에 중요한 역할을 했다. 레이건은 이들 교회의 이념적 정책 선호에 민감하게 반응했는데, 이는 자신의 정치적 지지 기반을 두텁게 하기 위한 것이었다.[33] 당시 복음주의 기독교 세력은 "성경적 가르침을 거스른 인간의 죄성에서 비롯된 일탈, 특히 성적인 타락에 대한 신의 징벌"이 에이즈라고 보았다.[34] 아프리카 지역에서는 '성', 소위 성관계와 거리가 멀다고 간주되는 상당수의 아동도 에이즈에 걸리는데, 이는 에이즈를 반드시 '성'과 직결되는 것으로는 보기 어렵다는 것을 보여준다. 그럼에도 불구하고 에이즈는 특히 '성'과 관련되어 부정적 시선이 더해진다. 이 병이 특수한 '성' 그리고 사회에서 차별받는 '성', 즉, 동성애와 관련되어 논의되는 것은 우리 사회에 이성애 중심의 혼인 관계 이데올로기가 작용하고 있음을 시사한다.[35] 성을 바람직한 것과 그렇지 않은 것으로 구분하고, 바람직하지 않은 성을 억압함으로써, 바람직한 것으로 간주되는 성은 더 많은 권력을 누리고 더 공고히 유지된다.

1980년에 집권한 레이건 정부는 1950년대의 가치로 회귀할 것을 주장하는 신보수주의 정부였다. 냉전체제가 해체되면서 미국의 보수 세력은 세계에서 유일한 슈퍼 파워로서의 미국을 만들어가고자 했다. 신보수주의자들은 미국 내 체제 유지를 위해 '바른생활 USA' 건설에 나섰는데, 이는 전통적 도덕과 의무를 우선시하며, 기존의 위계질서와 성역할 분담을 강조하는 것이었다.[36] 신보수주의의 특징 중 하나가 기독교의 부흥이었는데, 이들은 1960년대 말 이후 진보 세력이 펼친 인권운동, 반전운동, 여권운동 등으로 사회가 혼란스러워졌다면서 미국에 전통적 가치와 질서를 다시 불어넣자고 주장했다. 미국인은 성경 말씀에 따른 윤리관을 가지고, 각자의 신분과 역할에 걸맞은 삶을 살아야 사회가 풍요로워진다고 강조했다. 이러한 사회적 분위기 속에서, 동성애에 대한 극단적 혐오감은 당연하게 여겨졌다.[37]

지금도 그러하지만 당시 미국에서 '가족'이라는 단어는 TV 광고부터 선거 캠페인에 이르기까지 빈번히 등장했다. 특히 레이건 정부는 보수화 기반을 다지기 위해 가족의 의미를 정치화했다. '가족의 가치'라는 수사를 빈번히 사용하고, 미국적 가족의 붕괴로 사회가 혼란에 처했다는 위기감을 조장했다. 해결책은 과거처럼 단순하고 순수한 가족생활로 돌아가는 것이었고, 여기에서 중시되는 것이 가부장제와 전통적인 성역할 분담이었다. '가정의 생계를 책임지는 아버지', '가사를 돌보며 남편에게 복종하는 어머니'의 존재가 이상시되었으며, 남성은 남자다워야 하고 여성은 여성스러워야 했다.[38]

가족의 가치를 찬양하는 것에 자부심을 느끼는 미국 사회에서, 에이즈는 가족이 상징하는 모든 가치에 역행했다.[39] 동성애는 바람직한 가족의 부재, 가정의 몰락과 바로 연결되었다. 강한 미국과 전통적 가족 중심주의를 강조한 레이건 정부는 사회복지 지출을 크게 줄였다. 레이건은 교회의 지지가 절대적으로 필요했고, 교회의 에이즈에 대한 해석을 중요하게 받아들여, 과학에 대한 불신을 통해 편 가르기에 나섰다. 레이건 행정부는 에이즈 감염자들을 사회의 안녕과 건강을 위협하는 존재, 사회적으로 배척해야 하는 집단으로 다루었다.[40] 예를 들어, 1985년 한 기자회견에서 레이건은 에이즈에 걸린 학생이 다니는 학교에 자녀를 보내겠느냐는 질문을 받고 "자신이 당장 그런 어려운 선택을 해야 하는 곤란한 상황에 처하지 않아 다행"이며, "과학계의 연구 결과에 의하면 학교에서 행해지는 어느 활동으로도 바이러스에 감염될 가능성이 희박하다고 하지만, 이 연구가 의심할 여지없이 명백한 결론에 이르렀다고 보기 어렵다"고 답변했다. 그 당시 이미 과학의 발전과 더불어 일상적인 접촉에 의해 에이즈에 걸린다는 가설은 오류로 판명되었으나, 대통령 자신이 과학에 대한 깊은 불신을 표명하는 모습을 보였다.

레이건의 연설문을 작성했던 패트릭 뷰캐넌Patrick Buchanan 역시 아래와 같이 말하며 공개적으로 동성애자들을 처단했다.⁴¹

"불쌍한 동성연애자들, 그들은 자연에 대항하여 전쟁을 선포해왔고 지금 자연은 끔찍한 형벌을 내리고 있다."

"8만 명의 에이즈 죽음으로 난교를 즐기는 동성연애자들은 악마주의와 자살, 말 그대로 지옥으로 치닫고 있는 것처럼 보인다."

에이즈와 동성애가 연결되던 시점은, 동성애자들의 인권 투쟁이 막 결실을 보려던 때였다. 스톤월항쟁 이후 1981년까지 계속된 게이 인권운동은 동성애자 스스로 자신의 정체성에 자부심을 품게 했고, 동성애자에 대한 대중의 시선도 조금씩 달라질 가능성이 보였다. 도시를 중심으로 게이 커뮤니티가 만들어지며, 새로운 하위문화로 성장하던 차에, 에이즈가 창궐했다.⁴² 이에 레이건 행정부는 동성애 집단의 정신적·물질적 성장을 방해하기 위한 정치적 수단으로 에이즈를 이용했다.⁴³ 1979년부터 활동한 복음주의 기독교 성향의 미국 내 가장 큰 보수 로비 단체 중 하나인 '도덕적 다수Moral Majority'는 레이건 행정부에서 지대한 역할을 했다. '도덕적 다수'는 동성애 허용 반대, 전통적인 가족 제도 강화 등을 주장했는데, 1980년 대통령 선거에서 레이건은 '도덕적 다수'의 지지를 받아 대통령에 당선되었다. '도덕적 다수'가 큰 세력을 얻게 된 데는 당시 미국이 직면한 사회적 변화가 있었다. 1960년대 이후로 많은 기독교 교회가 도덕적 가치를 사회에 부여하는 것을 포기하면서 동성애, 낙태, 이혼 등에 대한 법이 개정되고, 이로 인해 개인의 도덕 기준과 사회질서가 혼란스러워졌다. 이러한 사회 변화에 저항하는 도덕 절대론자들과 사회정화를 표방하는 세력이 힘을 합하기 시작했는데, '도덕적 다수'는 그 중 대표적인 세력이었다.[44] 당선 후 레이건은 '도덕적 다수'의 원칙에 부합하는 정책을 실행했는데, 그 과정에서 에이즈는 정치화되어 교회와 도덕적 보수주의자들이 외치던 가치를 실현하는 수단으로 활용되었다.

레이건 정부는 1982년 미국 시카고 지역에서 타이레놀 제품을 이용한 후 7명이 사망한 사건에는 2000만 달러를 지출하면서, 에이즈에 대해서는 그에 한참 못 미치는 금액만 지출할 뿐이었다. 레이건은 동성애를 인정하는 것으로 보일 수 있는 어떤 일에 대해서도 반대하겠다는 의사를 표명하며 에이즈에 대한 적개심을 드러냈다. 에이즈 발병 후 침묵으로 일관하던 레이건은 첫 발병 보고 후 6년이 지난 1987년 5월에서야 처음으로 공식적인 언급을 했는데, 그때는 이미 2만여 명이 에이즈로 사망하고, 3만 6000여 명의 에이즈 감염자가 발생한 뒤였다.[45] 레이건 대통령의 보좌관이었던 개리 바우어 Gary Bauer는 정부의 늦은 대응에 대해, "정부는 에이즈의 위험성을 인지하고 있었지만, 아직 일반 대중에게 널리 알려지지 않았기 때문에 심각한 문제로 인식하지 않았다"고 해명했다. 그러나 이러한 발언 자체가 동성애자를 '일반 대중'과 구분 짓고 낙인찍는 표현으로, 차별적 인식을 드러낸 것이었다.[46]

정부의 태도는 에이즈에 대한 사회적 편견을 더욱 강화했다.

사람들은 에이즈 감염자를 사회적 위협으로 간주하고, 자신들은 잠재적 피해 집단으로 인식했다. 당시 〈ABC News〉의 여론조사 결과에 따르면, 미국인들은 물컵을 같이 사용하거나 좌변기 접촉을 통해 에이즈에 걸릴 수 있다고 믿었으며, 미국이 직면한 가장 시급한 보건 위협으로 에이즈를 꼽았다.[47]

언론의 태도도 마찬가지였다. 《뉴욕타임스》는 1981년 7월, "마흔한 명의 동성애자에게 나타난 희귀한 암"이라고 에이즈를 보도했으며, "게이"라는 단어 대신 경멸적인 "호모homosexuals"라는 단어를 선호하면서 동성애자를 소외시켜 그들을 문화권 내의 하층민으로 만들었다.[48] 《라이프》가 커버스토리로 낸 에이즈 기사의 제목이 〈지금 아무도 에이즈로부터 안전하지 않다Now No One is Safe from AIDS〉였는데, 이는 아무도 게이로부터 안전하지 않다는 메시지를 강력하게 던졌다.[49] 무서운 역병의 근원이 바로 동성애자 집단이며, 동성애는 이성애자와 가족의 생명을 위협하는 존재라는 메시지가 선명했다.

미디어는 감염자의 모습을 대부분 성소수자, 약물 중독자, 성노동자, 가난한 흑인 등으로 묘사했으며, 병증이 나타난 감염자의 모습은 얼굴을 지워서 내보내곤 했는데, 이는 감염자를 끔찍한 중범죄자처럼 처리하는 방식이었다.[50]

사회는 에이즈를 질병이 아닌 '도덕'의 영역에 두고 통제하려 했고,[51] 배제된 에이즈 환자들을 제외한 나머지 사람들은 청결하고 도덕적인 사회 테두리 안에서 편안한 삶을 영위할 수 있었다.

당신은 에이즈 환자와 이웃으로 지낼 수 있나요?

이제 에이즈는 1980년대의 그것과 전혀 다른 질병이 되었다. 에이즈의 원인이 되는 바이러스를 밝혀냈고, 치료약을 개발했으며, 북미에서는 스무 살에 에이즈에 감염된 청년이 평균 70세까지 생존하는 것으로 나타났다. '현대판 흑사병'으로 불리던 질병이 이제 하나의 만성질환으로 다뤄지고 있다.

그러나 "당신은 에이즈 환자와 이웃으로 지낼 수 있나요?"라는 질문에 무려 88.1%의 한국인은 "그렇지 않다"고 응답한다.[52] 에이즈 보균자와 에이즈 환자에 대한 차별이 우리나라에서 법적으로 문제가 된 사례는 드물다. 이는 우리 사회에 에이즈 문제가 존재하지 않는 것이 아니라, 관련 분쟁이 제기되기도 어려울 만큼 감염인들이 숨어서 살아야 하는 것이 현실이기 때문이다.[53]

드문 사례 중 하나는 2007년 5월 서울출입국관리사무소장(피고)이 HIV 항체 양성반응을 보인 한국계 중국인(원고)에게 출국명령을 내린 데에 원고 승소 판결이 내려진 것, 2011년 국가인권위원회가 서울 소재 모 대학병원에서 수술용 특수 장갑이 미비하다는 이유로 에이즈 보균자의 수술을 거부하고 전원 조치한 것을 차별이라고 판단한 예 등이 있다.

또한 인구 13만의 중소도시를 떠들썩하게 만들었던 '제천 에이즈 사건'도 우리 사회의 에이즈에 대한 인식을 환기한 사례였다.[54] 2009년 에이즈 환자인 택시 운전기사가 제천시와 인근 지역 여성들과 성관계를 가졌던 사실이 알려지면서 큰 파문이 일었다. 제천시 보건소는 에이즈 검사를 해달라는 사람들로 인해 업무가 마비될 정도였고, '청풍명월의 고장 제천에서 에이즈 발생'이라는 수사를 사용하는 언론 보도가 넘쳐났다. 에이즈 사건으로 인해 제천이 가졌던 청정의 이미지가 훼손되어 해당 지역에서 사는 것이 '수치스럽다'는 지역 주민들의 인터뷰도 잇달았다. 이에 제천시는 제천의 이미지 회복을 위해 도심 내 오물을 제거하는 청결 운동과 시민이 참여하는 대청소 사업을 추진하겠다고 밝혀, 에이즈를 치료의 대상인 질병이 아니라 부정하고 불결한 그래서 퇴치되어야 할 악으로 간주하는 우리 사회의 모습을 여실히 드러냈다.

2022년 원숭이두창이 영국에서 처음 발병하여 유럽과 북미를 중심으로 확산했는데, 이때 우리나라 언론 보도에도 에이즈와 동성애에 대한 우리 사회의 편견이 투영되었다. 원숭이두창의 발병 소식을 전하는 외신을 인용해 보도할 때, 일부 매체가 동성애를 키워드로 보도한 것이다.

"영국서 '원숭이두창' 감염⋯ 모두 남성, 동성과 성관계"
《서울신문》, 2022년 5월 19일 자.

"동성과 성관계한 게이, 양성애자 남성들만 걸린 희귀병 원숭이두창 걸렸다"
《인사이트》, 2022년 5월 18일 자.

"동성애 남성들 감염, 원숭이두창 유럽 이어 미국까지 확산"
〈MBC NEWS〉, 2022년 5월 19일 자.

성소수자에 대한 혐오와 편견을 드러내는 보도 행태는 동성애에 대한 사회적 편견과 혐오 감정이 여전히 강고함을 보여준다.

에이즈는 "의미의 유행병epidemic of significance"이라고 불린다.[55] 에이즈는 새로운 질병이었지만, 이 질병이 가지고 있는 의미가 사람들의 마음속에 이미 존재하고 있었다는 뜻이다. 에이즈는 천벌, 재앙을 묘사하는 은유로 사용되며, 문란하고 도덕적으로 타락했다고 비판받는 게이 공동체에 대한 심판으로 활용되었다. 사람들의 마음속에 에이즈는 게이들의 질병이고, 여전히 에이즈와 게이는 왠지 분리되기 어려운 미묘한 관련성을 가진 것처럼 여겨지곤 한다.[56] 이는 동성애자들에 대한 억압과 차별의 역사성 때문이다. 누구나 걸릴 수 있는 에이즈를 우연히 동성애자들도 걸리게 되고 이를 정치권에서 이용하여 에이즈에 도덕적 의미를 덧씌운 것이다.

낯선 질병이 등장했을 때 사회 규범과 제도는 문제의 근원을 특정 집단으로만 몰아가려는 경향이 있다. 에이즈가 특정한 집단의 특성이나 생활 방식에서 비롯된 것이 아니라 바이러스에 의한 것이라는 과학적 근거가 제시되었음에도 불구하고, 사회 통제의 메커니즘을 위해 에이즈가 이용되었다.[57] 에이즈와 동성애를 연결하는 신화 덕택에 전통적인 이성애주의 가족 개념은 더욱 강고히 유지되어 현재에 이르렀다.

미국 매사추세츠주에 영화 〈죠스〉 촬영지로 알려진 마서스비니어드라는 섬이 있다.[58] 아름다운 휴양지인 이 섬은 1600년대만 해도 고립된 섬이었다. 처음 이곳엔 영국인이 정착하여 살았는데, 여러 세대에 걸친 근친혼으로 후손에게 유전적 청각장애가 생겨나 1800년대 말 주민 4분의 1이 청각장애를 가지게 되었다. 그러자

주민들은 서로 소통할 수 있는 수어를 고안해서 의사소통을 함으로써 계속해서 평화롭게 살아갈 수 있었다. '정상인'인 4분의 3의 주민은 청각장애를 가진 나머지 사람들을 소외하고 배제할 수 있는 선택권이 있었다. 그러나 그들은 들을 수 없음이 결여의 의미가 아닌, 다른 목소리라고 생각하며 같이 살 것을 선택했다. 누가 청각장애인이고 누가 비청각장애인인지 구분할 수도, 구분할 필요도 없었다. 이 사례는 질병과 장애가 사회문화적으로 만들어질 수도 또는 없애버릴 수도 있음을 보여준다. 우리가 특정 질병을 사회의 골칫거리가 아니라 함께 해결해나가는 공동의 문제로 인식한다면, 질병은 더는 비정상이 아니게 되는 것이다.

    질병으로 낙인찍는 대신, 우리에게는 마서스비니어드섬 주민들처럼 포용적인 문화를 만들 수 있는 선택권이 있다. 언제 새로운 질병이 인류를 덮칠지 모른다. 그때 우리는 어떤 선택을 할 것인가.

6장
여성혐오로 이득 보는 사회

여섯 번째 짝꿍 :

한국의 여성들

×

중세 유럽의 마녀사냥

"여성 테니스는 열등하다. 그렇지 않다면 나와의 시합을 통해서 증명해라."

남자 윔블던 전 챔피언이자 남성 우월주의자 바비 릭스Bobby Riggs는 공개적으로 이렇게 말했다. 1973년 전 세계를 들끓게 했던 세기의 테니스 성 대결이 있었다. 여자 테니스 챔피언 빌리 진 킹(당시 29세)과 한때 남자 챔피언이었지만, 은퇴하고 시니어 리그에서 뛰고 있는 바비 릭스(당시 55세)가 맞붙었다. 이 세기의 대결은 전 세계에서 9000만 명이 지켜보았고, 해당 중계 방송은 달 착륙 이후 사상 최고 시청률을 기록했다. 1973년 9월 20일 미국 휴스턴에서 벌어진 대결에서 빌리 진 킹은 3대 0으로 바비 릭스를 제치고 낙승했다. 바비 릭스는 여성 플레이어를 "그들이 있어야 할 부엌과 침대"로 보내겠다고 호언장담했지만, 그의 말대로 되지 않았다.

이 성 대결은 일회성 경기로 끝나지 않고 남녀평등에 관한 치열한 토론의 장으로 이끌었다. 당시 킹은 여자 선수의 상금이 남자 선수의 상금보다 터무니없이 적은 것에 반발해 테니스협회를 탈퇴하고, 동료들과 여자테니스협회를 만들어 따로 경기를 벌였다. 동등한 권리를 요구했지만 여성의 요구는 스포츠계 중역을 포함한 남성들에게 웃음거리일 뿐이었다. 킹은 불평등한 구조를 바꾸는 데 성 대결이 결정적 이벤트가 될 수 있다고 생각했고, 그가 불을 지핀 남녀 임금 격차 논쟁은 지금까지도 이어지고 있다. 이 일화는 2017년 〈빌리 진 킹: 세기의 대결〉이란 제목의 영화로 제작되기도 했다.

　우리나라에서도 이런 성대결이 벌어지면 어떨까? 테니스든 배드민턴이든, 아니면 수영이 됐든지 간에, 남성과 여성의 성 대결이 펼쳐진다면 우리 사회는 어떻게 반응할까? 아니, 그런 성 대결이 과연 성사될 수는 있을까? "여성이 있어야 할 곳은 부엌과 침대"라는 바비 릭스의 공언은 50여 년이 지난 현재에도 메아리처럼 귓가에서 맴도는 것 같다.

　나는 대학에서 '혐오와 차별의 정치학', '다문화 정치론', '소수자 정치론' 등의 과목을 가르친다. 인종, 성별, 지역, 외모, 학력, 성 정체성, 장애 등에 따른 다양한 차별 이슈를 학생들과 이야기한다. 그런데 여러 종류의 차별 이슈 중에서도, 유독 젠더와 관련된 주제는 논의하기가 무척이나 어렵다. 성차별 이슈를 꺼내면 강의실 공기가 달라질 때가 있다. 어떤 학생들은 젠더 이슈에 대해 민감하게 반응하고 논의하기를 꺼린다. 겨우 논의가 시작된다고 하더라도 군대, 출산, 역차별, 불공정 문제 등을 꺼내며 감정적인 반응을 보인다.

　정체성 대화를 나누다 보면, 사람들은 네 가지 함정에 빠지곤 한다. 회피, 굴절, 부인, 공격이라는 함정인데, 뉴욕대학교 교수인 켄지 요시노와 데이비드 글래스고는 이를 줄여서 '회굴부공'이라고 부른다.[1] '회피'는 입을 다물거나 진심을 숨기는 대화법으로, 가장 흔한 부정적 대화 방식의 하나다. '굴절'은 화제를 나에게 더 편한 주제로 바꾸는 것으로, 대화의 초점을 다른 주제로 이동하거나 확대 또는 축소한다. '부인'은 사실이나 상대방 감정의 진실성을 거부함으로써 반사적으로 일축하는 대화법이다. 마지막으로 '공격'은 전투적이고 사적인 비난을 하는 가장 난폭한 방식의 대화법이다. 젠더 이슈에 대해서 일부 학생들은 일단 '회피'하거나, 회피하지 못할 경우 '공격'적인 대화법을 보인다. 정치권의 젠더 갈라치기로 인해서, 일부 한국인들은 젠더에 관해 차분하고 품위 있는 대화법을 보이지 못하고, 우리 사회는 이 문제에 대한 대화의 장을 제대로 제공하지 못하고 있다.

    이 장에서는 여성에 대한 편견과 혐오로 우리 사회는 어떤 이득을 보는지에 시선을 돌려볼 것이다. 기득권 남성을 도덕적으로 비난하기 위한 것도 아니고, 여성의 권익을 무조건 남성보다 더 많이 보장해달라는 것도 아니다. 다만 우리 사회의 성차별에 대해 회피도 공격도 아닌, 차분하게 앉아 서로의 이야기를 들어보자는 취지다. 이 장은 21세기 우리나라의 여성혐오 현상과 중세 유럽의 마녀사냥이라는 쌍둥이를 다룬다. 둘은 시공간적으로 멀리 떨어져 있지만, 슬프게도 일란성 쌍둥이처럼 매우 닮아 있다.

혐오의 대상이 된 우리나라 여성들

숏컷도 안 되고, 집게손가락도 안 되고

　우리나라에서 머리가 짧은 여성은 폭력의 피해자가 될 수 있다. 2023년 11월 여성 편의점 아르바이트생이 20대 남성에게 폭행을 당했다. "머리가 짧은 것을 보니 페미니스트"라는 이유였다. 경남 진주시 하대동의 한 편의점에서 아르바이트를 하던 여성 A 씨는 술에 취해 편의점에서 행패를 부리던 B 씨에게 "경찰에 신고하겠다"고 했고, 그러자 B 씨가 A 씨를 주먹으로 때리고 발로 차는 등 폭력을 행사했다. 경찰에 따르면 피의자는 "나는 남성연대인데 페미니스트는 좀 맞아야 한다"는 취지의 발언을 한 것으로 조사됐다.

　주로 온라인상에서 이뤄지던 여성혐오가 실생활에서 나타나고 있다. 비슷한 사례가 약 4년 전에도 있었다. 2021년 양궁 국가대표 안산 선수는 도쿄올림픽 양궁 종목에서 세 개의 금메달을 획득한 후, 일부 누리꾼에게 숏컷 헤어스타일과 여대 출신이라는 점을 지적받으며 온라인에서 수많은 악성 댓글을 받았다. 〈BBC〉는 우리나라에서의 여성 숏컷을 둘러싼 논쟁을 다룬 기사에서 "한국은 경제 선진국 중에서도 성평등 수준이 낮아 직장인 여성들이 살기 힘든 나라 중 하나로 꼽힌다"며 "특히 역차별당했다고 느끼는 일부 젊은 남성 사이에서 반페미니즘 정서가 최근 증가했다"고 보도한 바 있다.

　손가락도 논란이 되었다. 편의점 브랜드 GS25, 치킨 브랜드 BBQ와 교촌치킨이 손가락 논란에 따른 불매운동으로 광고를 내려야만 했다. 광고에서 보이는 엄지와 검지를 사용한 집게손가락 모양이 한국 남성의 성기 크기를 비하한다는 이유였다. 또한 넥슨의 게임 '메이플스토리' 홍보 영상에 집게손가락 모양을 넣었다며 남초 커뮤니티로부터 애니메이터가 마녀사냥을 당하기도 했다.

일련의 사건은 우리나라에 여성에 대한 혐오 정서가 강력히 존재한다는 것을 시사한다. 여성혐오는 여성에 대한 멸시를 뜻하며, 여자를 성적 도구로만 생각하고 남성과 동등한 성적 주체로 인정하지 않는 여성의 타자화를 의미한다.[2]

1999년 군 가산점 위헌 소송이 온라인상의 반페미니즘 담론을 일으킨 것을 시작으로, 일베(일간베스트저장소)라는 인터넷 커뮤니티의 유행, 2015년 메갈리아의 등장, 2016년 강남역 살인사건, 2018년 홍대 누드 크로키 사건, 2018년 이수역 폭행 사건 등 일련의 사건들은 우리 사회를 여성혐오의 소용돌이로 몰아넣었다. 페미니즘을 표방하는 여성을 비난하고 여성가족부를 비하하는 등의 방식으로, 여성의 권리 문제를 제기하면 쉽게 '꼴페미'로 불리며 공격의 대상이 된다. 책의 첫머리에서 언급했던 것처럼, 나도 '꼴페미'라 불린 적이 있다. 페미니즘을 전혀 다루지 않고 인종차별을 얘기하는 내 이전 책에 대한 기사 댓글에서도 내가 여성인 것을 안 사람들은 나를 '꼴페미'라 공격했다.

2000년대 중반 이후에 여성혐오 현상은 더 많은 일반 여성들에게로 확장되었다. 개똥녀, 강사녀[3], 군삼녀[4], 신상녀, 루저녀, 명품녀, 패륜녀, 지하철 반말녀 등 새로운 '녀'를 만들어내고, 특정한 여성의 신상을 파헤쳐 공격의 대상으로 삼는 것을 넘어서서 여성 일반에 대한 비하와 낙인으로 확산되는 패턴으로 진화했다.[5] 2005년 지하철 '개똥녀' 사건은 온라인 마녀사냥의 원형이 되었는데, 몰상식한 특정 여성의 행동을 문제 삼아 잠재적으로 모든 여성에 대한 무차별적인 혐오를 표출한 대표적인 사례라고 할 수 있다.[6] 해당 여성에 대한 가공할 만한 폭력에 온 나라가 들썩였고, 위키피디아 영문판에 'dog-poop girl' 사건이 실리고, 《워싱턴포스트》에 자세히 보도되기도 했다.[7] 공중도덕 위반을 넘어서서, 사회적 통제를 거부하는 대담한 젊은 여성들을 더는 예전처럼 통제할 수 없다는 불안과 공포가 여성 일반에 대한 혐오로 표출된 것이었다.[8]

우리나라 여성들을 비하하고 혐오하는 표현은 여성의 여러 특징에 따라 매우 다양하게 생겨났다. 외모와 관련되어서는 '뚱녀', '성괴', '오크녀', '껌딱지'가 있으며, 나이와 관련되어서는 여성이 특정 나이 때에만 가치가 있다는 의미를 담은 '상폐녀'가 그리고 여성의 능력을 비하하는 의미를 담은 '김여사' 등이 있으며, 이외에도 여성을 성기로 치환하여 표현하는 모욕적 표현도 여럿 있다.

우리 사회의 여성혐오는 여성의 '엄마'로서의 삶조차 존중하지 않는 지경에 이르렀다. 몇 년 전 '맘충'이라는 단어가 등장했는데, 이는 육아에 익숙하지 않은 초보 엄마에게 민폐를 준다고 비난함으로써 결국 여성은 집 밖으로 나오지 못한 채 가부장적 공간에서 육아 책임을 전적으로 떠맡게 만들었다. 여성을 규정하는 다양한 어휘가 중립적인 표현이라면, 대응형으로 '○○남'도 다양하게 존재해야 할 것이다. 그렇지 않다는 것은, 여성이라는 사회적 약자가 언어로 쉽게 집단화되고 타자화됨을 시사한다.[9]

여성은 군대도 가지 않으며, 남성의 능력에 기생하고, 공공의식이라고는 눈뜨고 찾아볼 수 없으며, 성적으로 방종한 존재로 여겨진다. 성형중독에, 돈 많은 남자와 명품만 밝히며, 공공장소 등에서 새치기를 일삼고, 회사에서는 생리휴가를 남발하고 칼퇴근하며, 어학연수 가서는 외국 남성과 동거하는 문란한 존재가 여성혐오 현상에서 읽히는 우리나라 여성의 모습이다.[10]

남성들의 근거 없는 위기감

무한 경쟁에 내몰린 남성들 중 일부가 피해의식을 보상받기 위해 사회적 약자인 여성에게 폭력성을 표출한다.[11] 즉, 여성을 혐오함으로써 기존의 남성 중심의 위계 구조를 떠받드는 남성 집단은 더 단단히 결속할 수 있고 가부장제는 더욱 공고해지는 이득을 얻는다.[12] 여성 혐오는 사회적 불안이 만들어낸 분노가 향할 출구가 되며, 일종의 신자유주의적 안전망의 역할을 하게 되는 것이다.

온라인을 넘어서서 오프라인상으로까지 확산되는 여성혐오는 가부장제의 위기라는 관점에서 설명이 가능하다. 신자유주의 경제 속에서 평생 다닐 수 있는 안정적인 일자리는 사라졌고 가부장적인 체제의 유지는 힘들어진 상황에서, 남성들의 분노가 여성에게 향하고 있는 것이다. 여성에게 분노를 표출하고, 억압함으로써 전통적인 남성 중심 가부장적 사회체제는 마지막 힘을 다 짜내 유지된다. 인터넷 시대가 도래하기 전에도, 여성들은 아침 첫 손님이 여자면 하루 종일 재수가 없다고 택시기사에게 승차를 거부당하고, 옷가게에서 소금을 맞기도 했으며, 생리 중인 여자가 제사를 지내면 안 된다는 속설이 존재하기도 했다.[13] 그리고 "여자와 북어는 사흘에 한 번 패야 맛이 난다", "암탉이 울면 집안이 망한다"는 속담도 즐겨 사용되었다.

일제강점기를 전후로 여성은 '모던걸', '음부탕자', '유한부인' 등으로 불렸으며 그 후 '여성 스파이단', '양색시', '양공주', '직업여성', '공순이', '식모', '창녀' 등으로 지칭되며 다양한 방식으로 혐오의 대상으로 규정되었다.[14] 비난받아야 마땅한 존재로 여성을 유형화하는 방식은 여성에 대한 통제력을 상실할지도 모른다는 남성지배 체제의 두려움에서 기인한다. 시대별로 사회의 지배적인 구조의 유지와 생산을 위해 여성에 대한 혐오는 반복되고 지속되었다. 그렇기에 인류 역사 대부분의 기간에 여성이 혐오의 대상이 되는 과정에서 이득을 얻는 자들은 다름 아닌 남성 중심 체제의 유지를 바라는 자들이었다.

여성혐오 담론의 세계적인 권위자인 우에노 지즈코가 남성지배사회를 구성하는 3종 세트로 남성유대, 동성애혐오 그리고 여성혐오를 든 것처럼, 남성 집단은 자신들의 동질성을 유지하기 위해 남성 동성애자처럼 남자답지 못한 이들과 여성을 차별한다. 고대부터 현대까지 모든 사회에서 여성혐오는 보편적으로 발견되며, 인류 역사의 대부분의 시기에 걸쳐 여성적인 것은 체계적으로 가치 절하되었다.[15]

1990년대 후반부터 2000년대까지 기존의 가부장제적 사회에서 좀 더 양성 평등적인 사회로 나아가기 위한 여러 법과 제도가 만들어졌다. 성폭력, 성희롱에 대한 특별법이 제정되었고 호주제가 폐지되었다. 여성가족부가 신설되고, 여성목표채용제와 성별 영향평가제도도 만들어졌다. 여성의 대학 진학률은 최고조에 달했고, 사법고시, 행정고시 등 각종 고시에서 최고 득점자는 여자들이 차지했다. 전문직에 진출하는 여성의 비율도 증가했다. 1980년 10.9%에 불과했던 여성 치과의사의 비율은 2009년 24.9%로 증가했으며, 여성 한의사 비율도 1980년 2.4%에서 2009년 16.4%로 증가했다.[16] 2012년에는 박근혜, 한명숙 두 여성이 여야 정당 대표가 되었고, 2013년에는 박근혜 대통령이 우리나라 최초로 여성 대통령으로 취임했다. 신자유주의 경제 광풍 가운데 사회 각 방면에서 여성의 영향력 증가는 남성들에게 '위협'이자 '위기'로 느껴졌을 수 있다. 고단하고 팍팍한 현실을 가져오는 원인으로 '이기적인 여성'이 지목된 것이다. 이는 이주노동자에 대해서, 성소수자에 대해서 그리고 다른 많은 소수자에 대한 차별을 정당화하는 논리와 유사하다.

그런데 정말로 한국 여성들은 남성을 압도할 정도로 성공적인 지위를 확보했는가? 여성은 능력주의와 수월성이 강조되는 교육 분야에서 두각을 나타낸다. 이들 분야는 상대적으로 개인의 노력 여하에 따라 성취가 가능하기 때문이다. 대학 진학률이나 고시 등의 합격률에서 여성이 남성을 앞지를 수 있었던 것처럼 말이다. 그러나 대졸자 경제활동 참가율을 보면 남성들의 '위기감'은 실질적인 근거가 부족하다. 2024년 12월 기준, 여성의 경제활동 참가율은 55.9%로, 남성의 경제활동 참가율 72.0%보다 16.1%p나 낮다.[17] OECD(경제협력개발기구)의 성평등 관련 보고서에 따르면 우리나라 경제활동 인구의 성별 격차는 2021년 기준 18.1%로 OECD 평균인 10.9%보다 7.2%p나 높았다. 이는 OECD 평균의 1.7배 수준이며, OECD 38개국 가운데 일곱 번째로 크다.[18] 세계경제포럼WEF이 조사한 젠더격차 지수를 보면, 우리나라는 전체 146개국 중 105위로 최하위권이다. 이는 지난해 99위보다 여섯 계단이나 하락한 것으로, 우리나라는 가나, 부탄, 세네갈보다도 순위가 낮다.[19]

노동 시장에 참여한 여성의 평균 소득 역시 남성보다 낮다. 여성의 시간당 임금 수준은 남성의 70%에 불과하다. 2022년 여성 임금노동자의 시간당 임금은 1만 8113원으로 남성의 2만 5866원보다 한참 적다. 여성 임금노동자의 월평균 임금도 268만 3000원으로 남성의 413만 7000원의 65% 수준에 그친다.[20] OECD 내에서 1위다. OECD 회원국 평균이 12.1%인데, 한국은 이보다 2.6배가량 더 남성과 여성 간 임금 격차가 크다.

이뿐이 아니다. 여성 중 비정규직 비율은 46%로, 남성의 30.6%보다 15.4%p 높아 일자리의 질도 떨어진다.[21] '경단녀'라는 단어는 있어도, '경단남'이라는 단어는 없다. 여성의 연령별 노동 시장 진출 현황을 살펴보면, 정규직 여성은 20대 후반에 최고에 이른 후 계속 감소하고, 비정규직 여성은 20대 초반과 40대 초반에 가장 높고 30대 초반에 가장 낮은 '엠(M)자형 곡선'을 그린다.[22] 영국 주간지 《이코노미스트》가 제시하는 유리천장 지수에서 우리나라는 선진국 중 여성들이 일하기 최악의 환경을 가진 국가로 꼽힌다.

정부, 입법부, 민간 기업에서의 여성 관리자 비율은 14.6%로, OECD 평균 34.2%의 절반에도 미치지 못하는 수준이다.[23] 정치적

대표성도 여전히 낮다. 제22대 국회에서 여성 국회의원 수는 60명이고, 이는 전체 300명 의원 중 20%에 지나지 않는다.

물론 여성의 지위와 권익은 과거보다 많이 향상됐다. 여풍女風 담론, 알파걸 현상, 골드미스의 등장 등이 보여주는 것처럼 말이다. 그러나 여전히 여성에 대한 심각한 차별은 존재한다. "여성 '상위'를 외치는 것은 말 그대로 여성이 상위에 있지 않음을 단적으로 보여준다. 언제나 호명당하는 자는 호명하는 자보다 '하위'에 있기 때문이다."[24] 구조화된 청년 실업과 경제 양극화는 해결될 기미조차 보이지 않는데, 모든 것이 개인 간 경쟁과 성과에 종속되는 신자유주의 논리 속에서 남성 우위 체제의 흔들림은 불안하고 공포스럽다. 가부장제 권력 질서에 미세한 균열이 가는 것을 참지 못하고, 그 지배와 위계의 체제를 더 견고히 하기 위해 여성에 대한 혐오는 계속되고 있다. 여성을 혐오하면 할수록, 가부장제 체제는 그래도 명맥이나마 유지될 수 있다는 이익이 있기 때문이다.

2024년 개봉한 한국 코미디 영화 〈파일럿〉에서 여장 남자 캐릭터 한정미(조정석 분)가 K에어 항공사의 면접을 보는 장면이 나온다. 그때 임신과 출산, 육아에 대해 질문이 쏟아지려 하자 한정미는 이렇게 답한다.[25]

"남자친구 없고, 결혼 계획 없고, 결혼이 싫고, 난자를 얼릴 생각도 없다."

여자 면접자가 남자친구가 있고, 결혼 계획이 있으며, 난자를 얼려서 나중에 아이를 낳을 계획이 있다고 답하면 불리할 것을 우려해 나름 고심한 답변이었다. 이 답변이 '모범' 답안으로 받아들여지는 사회에 우리는 살고 있다.

중세 유럽 마녀사냥으로 희생된 여성들

헨젤과 그레텔의 마녀

"어느 놈의 쥐새끼가 감히 남의 집을 함부로 뜯어먹는 게야?"

세계적으로 유명한 어린이 동화 《헨젤과 그레텔》에서 길을 잃은 헨젤과 그레텔이 설탕과 비스킷으로 만들어진 커다란 과자 집을 허겁지겁 뜯어 먹자, 집주인 할머니는 고래고래 소리를 지르며 남매를 꾸짖는다. 숲속에 사는 가난한 나무꾼 부부와 아들 헨젤 그리고 딸 그레텔을 주인공으로 하는 이 동화는 가난한 부모가 자식들을 숲속에 버리고, 버려진 헨젤과 그레텔이 과자집의 주인 할머니를 만나는 과정을 그린다. 그런데 주인 할머니의 진짜 정체는 마녀였다. 마녀는 과자 집으로 길을 잃은 사람들을 유혹한 뒤 잡아먹고 있었다. 마녀 할머니의 본색을 눈치챈 헨젤과 그레텔은 꾀를 내어 마녀를 화로 안에 밀어 넣고 문을 잠근다. 마녀는 화로 안에서 끔찍한 비명을 지르며 불타 죽고, 그 뒤 남매는 마녀의 보물을 가지고 집으로 돌아와 행복하게 산다. 어린아이들의 용기와 재치 그리고 환상적인 과자 집의 모습에 어린 시절 재미있게 읽었던 기억이 있다.

성인이 된 후, 이 동화가 사실 생각보다 잔인한 내용이며 15세

기부터 독일 각지에서 파다하게 퍼진 영아 살해 관련 민담을 모티브로 해, 중세의 악습을 경고하는 내용이라는 것을 알고 놀랐다. 또한 어렸을 때는 그냥 넘겼던 마녀가 묘사되는 방식도 다시 생각하게 되었다. 동화에서 마녀 할머니는 코가 긴 얼굴에 지팡이를 짚고, 아이들을 잡아먹는 악한 모습으로 그려진다. 이는 우리가 '마녀'라는 단어를 들었을 때 떠올리는 전형적인 이미지와 같다. 매부리코에 주걱턱과 긴 손톱을 가진 사악한 노파가 뾰족한 검은 모자를 쓴 채 빗자루를 타고 날아다니는 모습 말이다.

이 전래동화는 2013년 〈헨젤과 그레텔: 마녀 사냥꾼〉이라는 제목의 영화로도 만들어졌는데, 영화에서도 기존의 마녀에 대한 사회의 정형화된 관념이 그대로 이어졌다. 헨젤과 그레텔이 무사히 집으로 돌아오고 15년 후, 마녀들이 무려 11명의 어린아이를 납치해가는 일이 발생하고, 마을 사람들은 전설적인 마녀 사냥꾼으로 성장한 헨젤(제레미 레너 분)과 그레텔(젬마 아터튼 분)에게 마녀를 죽이고 아이들을 찾아달라고 의뢰한다. 남매는 마녀가 아이들을 단순히 잡아먹기 위해 납치하는 것이 아니라, 더 엄청난 계략이 숨겨져 있음을 직감하고 마녀와 대접전을 벌인 끝에 결국 마녀를 소탕한다. 동화에서도 영화에서도 마녀는 여성으로, 사악한 목적을 가진 존재로 악마화되며, 결국은 모두가 나서서 소탕해야 할 존재다.

신화나 전설 혹은 동화나 영화 속 등장인물로 그려지는 마녀의 이미지는 실제로 벌어졌던 마녀사냥의 심각성을 희석시킨다.[26] 왜 수많은 여성이 마녀로 몰려 잔혹하게 죽임을 당했는지 그리고 그들을 마녀로 지목함으로써 누가 어떤 이득을 얻었는지에 대해 동화도 영화도 말해주지 않는다.

약 300년의 기간에 걸쳐 벌어졌던 마녀사냥은 인류 역사상 가장 심각한 여성혐오 현상 중 하나였다. 15~18세기에 이르는 동안 유럽에서는 마녀사냥을 통해 수십만 명의 여성이 처참하게 살육당했다. 마녀사냥을 통해 희생된 여성의 숫자가 얼마나 되는지 정확한 통계는 없다. 일부 종교재판소나 행정기관에서 자신들의 실적을 홍보하기 위해 과장된 숫자를 발표하기도 했고, 법정 기록이 소멸 또는 분실되기도 했기 때문이다. 일반적인 통계는 약 10만 명에서 50만 명에 이르는 사람이 마녀사냥에 의해 처형되었다고 한다. 심지어 어떤 학자는 3세기에 걸쳐 900만 명이 마녀사냥으로 처형당했다고 주장하기도 했다.[27] 정확한 통계는 존재하지 않지만 "수 세기 동안 생나무로 마녀를 태우는 연기가 유럽의 공기를 검게 물들였다"는 역사가의 말처럼,[28] 집단적인 광기로 수많은 여성이 희생당한 것은 변하지 않는 역사적 사실이다.

1480년에서 1700년 사이 다른 죄목의 범죄자를 모두 합한 것보다 많은 수의 여성이 마녀로 지목돼 처형됐다.[29] 남서부 독일의 경우, 기소자 중 여성 비율은 82%, 영국의 에식스는 92%, 스페인 카스티야 지방은 71%로 여성이 압도적으로 많았다. 미국 뉴잉글랜드에서는 1620~1725년 사이 344명이 마녀로 기소되었는데, 그중 성별이 밝혀진 342명 중에서 78%인 267명이 여성이었다. 남성의 경우, 고발된 75명 중 절반이 마녀의 남편, 아들, 인척 등 마녀와의 관련성 때문에 기소되었고, 이들 대다수는 재판에 회부되지도 않

앉다.[30]

　마녀임을 스스로 고백한 경우에도 남성은 여성과는 다른 처분을 받았다.[31] 목사와 치안판사들은 여성들에게 악마와 계약을 맺었음을 자백하라고 압력을 가했고, 어쩔 수 없이 그에 따른 여성들은 대부분 처형당했다. 1648년 미국 뉴잉글랜드 웨더스필드의 메리 존슨Mary Johnson, 1662년 미국 하트퍼드의 레베카 그린 스미스Rebecca Green Smith, 1688년 미국 보스턴의 앤 글러버Goody Ann Glover가 마녀사냥으로 희생된 여성들이었다. 그러나 남성인 미국 랄리의 존 브래드스트리트John Bradstreet는 스스로 마녀라고 고백했으나 사법부는 증거 불충분으로 채찍질형에 그쳤고, 거짓말을 했다며 벌금형을 부과했다. 1674년 크리스토퍼 브라운Christopher Brown도 자신이 악마와 대화했다고 자백했으나, 사법부는 믿을 수 없다면서 석방 조치했다.

　남성 혐의자와 여성 혐의자가 매우 다른 처분을 받았다는 사실은 마녀사냥이 상하수직적인 젠더 체계를 유지하기 위한 도구로서 활용되었음을 뜻한다. 급격한 사회변동의 시기에 불안을 해소하고 기존의 가부장적 기독교 질서를 유지하기 위해 사회적 약자였던 여성들이 희생되었다.

광기의 시대, 광기의 유럽
　마녀라는 이름으로 기소된 사람들은 악마와 결탁하여 마법을 행했다는 이유로 기소되었는데, 마녀사냥이 가장 극심했던 시기는 1560년에서 1660년경 유럽이었다. 이 시기에 마녀로 기소된 사람들은 이웃에 의해 고발되어 특별재판소에 회부되었고, 이단 심문관의 고문을 받고 판결에 따라 구속되거나 추방 또는 처형당했다.

왜 유럽은 이렇게 광기에 휩싸이게 되었을까? 당시 유럽은 극도로 혼란스러운 상태였다. 프랑스 내전, 스페인의 무적함대 패전, 신성로마제국의 분열, 1590년대의 기근 등으로 정치적·사회적 불안정성이 매우 높았다. 또한 수천만에서 수억 명의 목숨을 앗아간 흑사병, 11~16세기에 이르는 십자군 원정으로 인한 경제위기와 새로이 대두한 부르주아 중심의 자본주의 그리고 종교개혁으로 인한 혼란이 유럽 전체를 휩쓸었다.[32]

흑사병은 1347년부터 1700년대까지 유럽 지역에 창궐하여, 유럽 인구의 30%의 생명을 앗아간 무서운 전염병이었다. 기독교인들은 유대인들이 흑사병을 퍼뜨렸다고 모함했는데, 그 모함의 내용은 유대인들이 여성의 월경혈이 들어 있는 물약을 사용했다는 것이었다. '여성의 월경혈'이 언급됐다는 것에서 여성을 열등하고 부정한 존재로 보는 여성혐오적 시각이 읽힌다. 흑사병의 창궐로 남편을 잃고 혼자 사는 여자들이 늘어났는데, 이들은 가장 취약한 혐오의 대상이 되었다. 당시 의료시술을 시행하던 산파와 같은 여성은 그들이 생명을 다룬다는 점에서 사제들을 넘볼 정도로 사회적 지위가 상승했는데, 이는 기존 권력자들에게 위협으로 다가왔다. 여성들이 임신, 출산, 피임, 낙태 등의 행위들과 관련이 깊었던 이유는 종교와 마술의 구분이 완전하지 않았던 중세의 특수한 상황에서 주술적 행위가 자신과 가족의 몸을 지킬 수 있는 유일한 수단이었기 때문이다.[33] 마녀재판 과정에서 마법사의 고약, 연고, 물약 등이 증거로서 제시되었는데, 때때로 마리화나와 아편 같은 자연산 마약이 사용되기도 했다. 또 지역에 따라서 다양한 약용버섯과 식물이 존재했고, 이들은 대부분 환각성 물질을 포함하고 있었다.[34] 약초의 비밀을 대대로 전수하거나 치료방법을 알고 있는 여성들은 마을 공동체에서 특별한 역할을 수행하고 있었으나, 사회적 긴장이 고조되자 이들은 마녀로 의심받게 되었다. 민간 치료자였던 여성들의 활동은 가톨릭교회와 남성 중심의 사회에 위협적인 것으로 여겨졌고, 교회의 권력과 기존 사회질서에 위해를 가할 수 있다고 인식되었다.

경제위기도 마녀사냥의 주요 배경이었다. 15~17세기 유럽은 화폐경제 출현, 도시산업 확대, 부르주아 계급의 성장 등 경제적 격변기를 겪고 있었다. 특히 부르주아 계급의 성장은 교황권의 약화를 가져왔고, 유럽 각국은 부르주아 계급에 기대어 왕권을 강화하기 시작했다. 중세 체제의 붕괴로 사회의 혼란이 가속화되자 실질임금이 하락하고 인플레이션이 심화하는 등 경제가 위기 상황에 처했다. 1590년대 기근으로 경제적 궁핍이 전 유럽으로 확산되었다. 스페인 경제의 파탄과 함께 전 유럽 국가에서 통화 가치가 급격히 하락했고 임금 수준이 급락했다. 실업자와 부랑자가 증가하여 사회 문제를 일으키던 아노미적 상황에서 지배계층인 엘리트들의 불안은 가중되었고, 흔들리는 자신들의 기득권을 지키기 위해 취약한 여성이 손쉬운 먹잇감이 되었다.

종교개혁도 마녀사냥이라는 사회적 폭력을 불러일으킨 중요한 배경 중 하나다. 1517년 마르틴 루터에 의해 촉발된 종교개혁 이후 한참 동안 가톨릭교회의 영향력은 줄어들었으나 개신교 역시 자리를 잡지 못하는 권력의 공백 상태를 가져왔다. 가톨릭교회는 자신의 기반을 잃게 되자 불안감을 느꼈는데, 가톨릭교회에 대항한 종교 개혁가들을 지원한 개신교 국가 역시 아직 안정되지 못해 혼란스럽기는 마찬가지였다. 중세에서 근대로 넘어가는 전환기에 특히 교황을 중심으로 한 엄격한 위계질서는 로마교회의 개혁운동, 가톨릭에 대한 반종교운동 등 중대한 도전에 직면한 상황이었다. 가톨릭교회는 이러한 도전들에 대해 이단을 퇴치해야 한다는 명분으로 응징했는데, 이단을 마법사라는 이유를 들어 종교재판을 통해 처형했다. 후에 마법사는 마녀가 되었고, 새로운 형태의 종교재판인 마녀사냥이 등장했다.

마녀사냥은 구교와 신교 모두에서 행해졌다. 가톨릭이 중심이었던 스페인과 이탈리아에서도, 개신교 국가가 된 독일, 스위스, 프랑스 일부, 스웨덴에서도 마녀사냥이 참혹하게 일어났다. 두 기독교 분파의 극심한 종교적 관점 차이에도 불구하고, 양측은 신도들의 통제를 강화하려는 광신적인 개종 운동으로 마녀에 대해서만은 놀랄 만큼 동일한 믿음을 보였다.[35]

마녀사냥은 그 후 교회에서 세속 정부로 이어졌다. 특히 개신교를 신봉하는 국가에서 교회의 사법권이 전반적으로 쇠퇴하면서 국가는 마녀사냥을 관장하는 주체가 되었다. 수많은 마녀재판을 실시하면서 유럽 각국은 입법과 사법적 권한을 부여받았고, 계속되는 마녀사냥은 정부의 권한을 확대시켰다. 국가는 도덕성의 수호자로서 자리를 굳혀갔다. 마녀로 몰려 억울하게 희생당한 여성이 늘어나면 늘어날수록, 교회 권력과 정부 권력은 커져만 갔다.

"마녀=악마 숭배자"라는 발명품

흑사병, 경제위기, 그리고 종교개혁이라는 도전에 직면한 가톨릭교회는 신앙심이 위기에 처하고 교회가 중심이었던 중세적 세계관이 붕괴하자 이에 대한 대처로 마녀사냥에 앞장섰다. 중세에 가장 강력한 권력을 독점했던 가톨릭교회는 체제의 위기로 인해 혼란이 일어나자 그 불행의 원인으로 마녀를 지목했다.

이 과정을 젠더 관점에서 살펴볼 필요가 있다. 종교개혁으로 인해 기독교가 구교와 신교로 갈라지고 제도화에 실패하자, 남성 엘리트들은 자신들의 통제를 강화하기 위해 피지배계층의 문화를 저속한 것이라고 탄압했다. 그 과정에서 전통적으로 존재했던 상하수직적 젠더 체계와 여성혐오 인식에 더하여, 타락한 문화를 가진 피지배계층에 대한 비난을 사회적 약자인 여성에게 모두 전가했던 것이 마녀사냥이라는 사회적 폭력 현상이었다.

중세에 여성혐오는 폭넓게 자행되었다. 전통적으로 가톨릭교에는 아담과 이브의 이야기에 나오는 "죄업은 여자로부터 생긴다"는 여성혐오주의가 있었다.[36] 여성은 육체적인 존재인 반면 남성의 존재는 영혼과 정신으로 격상되었다.[37] 여성은 선과 악의 이분법적 구도하에서 악의 근원으로 정죄되었다. 여성은 오직 세 부류만 존재했다. 첫째, 순결을 유지하는 동정녀, 둘째, 육욕적인 존재, 셋째, 남편에게 종속된 아내. 이런 사회적 분위기였기에 중세의 신학자 토마스 아퀴나스는 모든 수태는 남성을 생산하는 것을 목적으로 한다고 주장했다.[38] 종교 개혁가들조차도 여성이 남성에게 종속되는 것이 신의 질서라고 보았다. 장 칼뱅이나 마르틴 루터는 하와로 인한 타락과 원죄를 강조하며 여성이 남성에게 종속되는 것, 여성이 남성에게 지배받는 것이 하나님의 창조질서라고 주장했다. 칼뱅은 "여성으로 하여금 복종하는 것에 만족하게 하라. 그리고 여성이 한층 우월한 성보다 열등하게 만들어졌다는 사실을 잘못된 것이라고 생각하지 않게 하라"고 말했다.[39] 루터는 악마의 실재를 굳게 믿었으며 실생활에서 사악한 능력을 발휘하는 악마의 현존을 특별히 강조했다. 루터가 강조한 종말론적 공포 의식은 설교를 통해 확대 재생산되었고, 대중들은 설교를 통해 악마의 실재를 확신했으며, 이는 결국 마녀사냥의 폭발적인 증가로 이어졌다. 기독교의 여성혐오 전통과 악마에 대한 이해가 결부된 결과였다.

《마녀를 심판하는 망치》라는 책이 이 당시 매우 인기를 얻었다. 이 책은 마녀사냥에 정당성을 부여하는 큰 역할을 했는데, 교황 인노켄티우스 8세Innocentius VIII의 인준을 받고, 도미니크수도회 수도사인 야코프 슈프렝거Jacobus Sprenger와 하인리히 크라머Heinrich Kramer가 집필했다. 교황의 인가하에 유럽 전역으로 널리 퍼진 이 책에서는 인간사회에서 발생하는 모든 불행을 마녀가 행하는 마법 탓으로 돌린다. 또한 마법의 악행은 여성의 문제로 간주되었는데, 여성들은 머리가 나빠서 잘 속고, 정욕에 취약하여 악마의 유혹에 잘 넘어가기 때문에 마녀는 주로 여성이라고 주장했다.[40] 15세기 이전의 마녀들은 다른 사람에게 해악을 끼치는 범죄자로 이해되었는데, 《마녀를 심판하는 망치》 이후 마녀는 기독교의 하나님을 부정하는 이단의 개념으로 확대되었다. 마녀에 대한 탄탄한 이론적 근거가 만들어졌고, 이런 이론화는 교육받은 지배계층 사람들이 여성을 마녀로 의심하고 박해하는 데 유용하게 쓰였다.

'마녀=악마 숭배자'라는 등식의 성립은 당대 평범한 민중 사이에서 일어난 인식의 전환이 아니라 지배계층이 만들어낸 발명품이었다.[41] 교황, 정부, 고위 성직자, 신학자, 법률가, 대학자 등 사회 상층부의 남성 지식인은 마술과 같은 초자연적인 현상을 어떤 동인에 의해서 발생하는 것으로 보았다.[42] 종교지도자들은 사탄과 악마의 실존이나 능력을 강조했고, 마녀들은 악마에게 영혼을 판 존재라며 열정적으로 설교했다.[43] 마술의 동인이 바로 악마이며, 마녀는 악마의 도움을 받는 사람으로 인식되었다. 이러한 인식은 악마의 사주를 받은 마녀는 세상의 질서를 위협하는 존재이므로 제거해야 한다는 논리로 이어졌다. 프랑스의 유명한 사상가인 장 보댕Jean Bodin 역시 조직적인 마녀술이 유럽에서 광범위하게 행해지고 있다고 주장하며, "느리게 타오르는 생나무 불에 타더라도 마녀에 대한 벌로서는 충분하지 않다. 마녀는 어린아이라도 용서해서는 안 된다"라고 말했다.[44]

이러한 지적 기반 위에서, 사법제도도 마녀사냥의 광기에 불을 붙였다. 전통적으로 유럽의 사법제도는 고소에 의한 재판제도였으나 13세기 이후 심문에 의한 재판제도가 생겨났는데, 이는 늘어나는 범죄에 효율적으로 대처하기 위한 것이었다. 고소에 의한 재판제도는 고소인이 범죄 사실을 입증할 증거를 확보해야만 고소나 고발을 할 수 있는데 반해, 심문에 의한 재판제도는 사법관의 심

증만으로도 혐의자를 체포하여 심문하고 재판에 회부, 처벌할 수 있었다. 교회법에 의해서 용의자의 체포는 첫째, 누군가가 고발을 하고 죄를 입증할 것을 자청하는 경우, 둘째, 누군가 고발을 했지만 입증을 원하지 않는 경우, 셋째, 고발도 밀고도 없었으나 세상에 떠도는 소문만 있는 경우에 가능했다.[45] 마녀재판은 대부분의 경우 세 번째에 해당했다.

세상의 소문에 따라 재판관은 판단했고 용의자를 체포했다. 자백을 받아내기 위해 혐의자를 고문하는 것도 가능했기에, 마녀사냥 과정에서 마녀로 몰린 여성은 극도로 잔인한 고문을 받고 스스로 마녀라고 자백하곤 했다. 남성 엘리트들이 만들어낸 악마 숭배자로서의 마녀의 이미지는 엄청난 파괴력을 가지고 민중 사이로 퍼져나갔다. 평범한 여성들이 위협적이고 반사회적인 인물로 재창조되고, 죽임을 당했다.

능력 있고 독립적인 여성들은 모두 마녀

여성 중에서도 가부장적 남성주의 질서를 위협하는 것으로 여겨지는 여성이 마녀로 지목돼 처형당했다. 중세 말 여성들은 정치적·종교적·경제적 영역에서 역할 박탈에 대해 적극적으로 저항하는 움직임을 보였다. 북서부 유럽을 중심으로 한 신앙 공동체 운동으로 주체가 여성들이었던 베긴 운동, 카타르 운동과 같은 이단 운동, 도시 소상인 여성들의 농민 반란과 도시 반란에의 참여 등이 그 예다.[46]

또한 중세 말 사회경제적 변혁기에 직업여성들이 등장하기 시작했다.[47] 경제적으로 소작농에서 임금노동 시스템으로 변화하는 과도기였고, 이때 노동집약적 방직산업에 많은 여성이 취업을 했다. 이제 여성이 독자적으로 생계유지를 할 수 있고, 여성에 대한 전통적인 남성 통제로부터 독립할 수 있는 계기가 마련되었다. 마녀로 고발된 여성 중 다수는 초기 페미니스트였거나 적어도 전통적으로 여성적이라고 간주되지 않는 태도를 지녀 트러블메이커로 비춰졌던 인물들이었다.[48] 그들은 가부장제 사회에서 여성에게 요구되는 미덕을 결핍한 자들이었고, 그들에게 허용되지 않은 권력을 보유했고 그래서 징벌의 대상이 되어야 하는 여성들이었다.

남성 중심 사회에 심각한 위협을 가하는 여성들로 여겨져 추방당하거나 처형된 여성들의 예로 17세기 미국의 앤 허친슨Anne Hutchinson, 제인 호킨스Jane Hawkins 그리고 메리 다이어Mary Dyer 등이 있다.[49] 앤 허친슨은 1636년 ~ 1638년 뉴잉글랜드 식민사회를 뜨겁게 달구었던 엔티노미언Antinomian 논쟁으로 잘 알려진 여성으로 산파였는데, 그는 개인의 종교적 자유를 주장하여 신정정치에 도전했다. 허친슨은 성직자들의 목회권력 강화를 비난하며, 자기 집에서 종교모임을 열어 신학적 문제에 대해 토론활동을 했다. 그의 활동은 매우 파격적인 것이어서 기독교계를 긴장시켰다. 당시 가부장적 사회 분위기에서 여성은 아버지의 딸이자 남편의 아내로서 순종하는 삶이 요구되었다. 법적으로도 여성은 남성에게 종속되어 있었다. 여성들은 왕국과 사회의 통치에 있어서 어떤 역할도 할 수 없었다. 공직을 가질 수도, 재판관, 법률가로 활약할 수도 없었으며, 왕이 소집한 의회에 참여하는 것도 법으로 금지되었다.[50] 기혼 여성은 독립적인 법적 지위를 가질 수 없었고 재산도, 자신이 벌어온 돈도 소유할 수 없었으며, 대학교육으로부터 철저하게 배제되었다. 교회에서의 투표권도 여성에게는 허락되지 않았으며 성도들을 대표해서 기도할 권한도 없었다. 형벌 부과에 있어서도 여성은 차별받았다. 중세에 화형은 가장 잔인한 형벌이었는데, 남성이 화형을 당하는 경우는 이단, 마법, 방화, 주인 살해 등의 죄에 국한되었으나, 여성은 이 죄목에 더해서 살인, 유아 살해, 절도죄의 경우도 화형을 당했다(남성들은 보통 교수형을 받았다).[51]

해방을 원하는 많은 여성이 허친슨을 따르자, 당국자들은 1638년 3월 그를 마녀재판에 회부했다. 재판에서 반대파들은 이렇게 그를 비난했다.

"신이 보시기에도 참아낼 수 없는 것일 뿐 아니라 당신의 성별에도 적당하지 않을 것이었다."

"당신은 당신의 본연의 자리를 박차고 나와 아내보다는 남편, 경청자보다는 설교자, 백성보다는 치안판사가 되려 했다."

미국 보스턴의 제인 호킨스Jane Hawkins와 메리 다이어Mary Dyer 역시 종교적 도전을 이유로 고발되었다. 이들은 도덕적·지적으로 열등하여 악마의 유혹에 넘어간 여자들로 사회적 통제가 필요한 존재로 여겨졌다. 비슷한 시기에 미국의 브리짓 비숍Bridget Bishop도 마녀로 처형당했다. 그는 다른 마을에 살다가 결혼을 하며 이사를 온 외지인으로,[52] 선술집을 운영했는데 많은 젊은이가 그의 선술집을 찾았다. 남성들이 독점해오던 공동체의 부를 여성과 나눠 가져야 하는 상황은 여성에 대한 적대감을 증대시켰다. 이런 사회적 분위기에서 1692년 브리짓은 마녀로 고발되어 법정에서 심문받았고, 결백을 주장했음에도 불구하고 그 해 6월 처형되었다.

 재산을 상속 받아 부를 소유할 여성들도 남성들에게 위협적인 존재였다. 17세기 미국의 캐서린 해리슨Katherine Harrison, 수재너 마틴Susanna Martin, 조앤 페니Joan Penny, 마사 캐리어Martha Carrier가 대표적으로 희생양이 된 여성들이다. 이들은 공통적으로 아들이 없거나 아들을 잃은 부모를 두었거나, 아들이 죽거나 딸만 낳은 경우, 혹은 아이가 전혀 없는 여성들이었다.[53] 모두 가까운 가족 중에 남성 상속자가 없어서 아버지나 남편이 사망할 경우 재산을 상속 받게 된 사람들이었다. 남성이 재산을 물려받는 상속체제에서 예외적인 존재였던 이들은 기존의 남성 중심의 상속질서를 파괴하는 여성들이었고, 그러한 이유로 마녀로 몰려 처형당했다.

 같은 시기 미국의 앤 버트Ann Burt와 엘리자베스 모스Elizabeth Morse는 의료 서비스를 제공하면서 생계를 꾸려가던 여성들이었다.[54] 이들도 마녀로 고소되었는데, 당시 대부분 남성들에 의해 독점되었던 의학계에서 이들은 남자 의사들의 기득권을 유지하기 위해서 배제되어야 하는 존재들이었다. 여성 주술가나 치료사는 지혜를 가지고 있어 마을의 상담자 역할을 했고, 전통신앙을 고수하는 이들을 중심으로 공동체를 결집하는 영향력을 발휘했다. 당시 여성들은 의사 수가 부족한 상황에서 가족의 건강을 책임져야 했다. 따라서 가정주부를 위한 지침서에는 요리 방법뿐 아니라 의학적 지식도 같이 담겨 있었고, 이는 주로 어머니로부터 딸에게 전수되었다. 그런데 이들의 의료행위는 마법이 전수되는 통로라며 고발되었고, 남자 의사들과 경쟁 관계에 있던 여성 민간 치료사들은 마녀로 누명을 쓰고 억울하게 처벌받았다.

산파, 선술집 주인, 상업 등에 종사하여 경제적 기반을 확보한 독립적인 여성들, 상속재산이 많은 여성들이 마녀로 몰려 처형당하고 재산을 빼앗겼다. 당시에는 선한 여성과 악한 여성이 확연히 구분되었다. 선한 여성상은 정숙하고, 조용하고, 신성하며, 결혼이라는 제도를 통해 남편에게 의존하는 현모양처였다. 반면에 악한 여성상은 공격적이고, 독립적이며, 남자의 보호를 거부한 여성을 의미했다. 마녀는 현모양처의 반대 개념으로, 사회에서 기대되는 역할 수행을 제대로 행하지 않은 여성들을 칭했다.[55] 이들은 악마 숭배, 마법 집회 및 의식, 성적 문란 행위, 반가톨릭, 마약 사용 등의 죄와 연루되었고 마녀라고 자백할 것을 강요당했다. 여성들은 당시 지배적 권력층인 교황과 사제, 국왕, 귀족 그리고 지식층에 의해 조직적으로 희생되었다.[56] 심지어 프랑스의 구국 영웅으로 추앙받는 잔 다르크도 '마술사', '악마의 기도사'라는 죄명으로 마녀재판을 받고 처형되었다는 사실은 독립적이고 능력 있는 여성들에 대한 차별의 대가로 중세 남성들이 그들의 기득권을 유지했음을 보여준다.

300년이 넘는 시간 동안 수십만 명의 여성이 마녀라는 이름으로 살육된 데에는 남성들의 종교적·정치적 권력과 부를 온전히 지켜내기 위한 자기 합리화가 도사리고 있다. 권력의 횡포에 의해서 여성들이 마녀재판이라는 이유로 희생되었고, 그 덕분에 기득권

권력과 사회질서는 유지될 수 있었다. 역사상 가장 잔인하고 집단적인 광기의 발현인 마녀사냥으로 이득을 본 자들은 다름 아닌 남성과 종교 그리고 국가 권력 집단이었다.

최근 우리나라에 딥페이크 범죄가 기승을 부리고 있다. 서울대, 인하대 그리고 청소년들에까지 번진 딥페이크 성착취물 사건은 범인들이 동문 여성들의 SNS 프로필 사진 등을 몰래 가져다 성적인 장면으로 합성한 다음 인터넷 메신저 텔레그램으로 유포하는 방식이었다. 채팅방 이름 중에 '지능방'은 '지인능욕방', '겹지방'은 '겹치는 지인방'의 준말로 서로 겹치는 지인들이 모여서 한 사람을 욕보이는 방이다. 직장동료, 동문, 학교 친구, 동아리 친구 등 지인의 사진과 신상정보를 올리고, 성희롱성 글을 붙이거나 사진을 합성하는 방식으로 대상자를 성적으로 비하하고 이를 다수가 소비하는 '지인능욕'이 횡행한다. 해외 보안업체 조사 결과에 따르면 딥페이크 피해자 중 53%가 한국인으로 세계 최다다. 프랑스 일간지 《르몽드》는 우리나라를 '딥페이크 공화국'이라 부른다.[57]

딥페이크 피해자에는 남성도 극소수 있지만, 여성 피해가 대다수일 것으로 추정된다. 경찰도 딥페이크 성범죄 피해자의 성별 통계를 가지고 있지 않기 때문에 누구도 정확한 통계를 모른다. 그런데 딥페이크 범죄와 관련해 해외 보안업체가 발표한 보고서에 따르면, 2023년 만들어진 딥페이크 동영상 피해자 중 대다수인 99%가 여성인 것으로 나타났다.[58]

중세에 죄 없는 여성들을 마녀로 몰아 화형시켰던 것처럼, 현대 사회에서는 IT기술로 무고한 여성들을 사냥한다. 사냥된 여성들은 온라인상에서 인격적으로 처형된다. 남성 지인을, 동료를, 친구를 믿어도 될까? 혹시 나도 모르게 내 사진을 합성해서 온라인상에서 능욕하지는 않을까? 이 심각한 신뢰 위반 사건은 남성 중심 사회의 비인간성을 적나라하게 보여준다. 마녀사냥은 지금도 계속된다.

여섯 번째 짝꿍: 한국의 여성들×중세 유럽의 마녀사냥

| 에필로그 |

천천히 걸어도 되는 사회

동물과 로봇 그리고 인간. 종을 넘어선 이들의 연대를 담은 천선란 작가의 《천 개의 파랑》은 내가 여러 번 다시 찾은 책이다. 중학생인 내 아이에게도 권해서 읽게 한 이 책은 '콜리'라는 이름의 로봇과 경주마 '투데이' 그리고 이들과 인연을 맺게 된 엄마 보경, 두 딸 은혜와 연재의 이야기다. 폐기를 앞둔 로봇 기수 콜리는 만들어지는 과정에서 소프트웨어 칩이 잘못 삽입되어 인간과 교감할 수 있게 된다. 콜리는 연골이 닳아 더이상 달릴 수 없게 되어 안락사당할 위기에 처한 경주마 투데이의 파트너로 호흡을 맞춰오다가, 투데이를 지키기 위해 스스로 낙마를 선택하고 산산이 조각난다. 집안 형편으로 꿈을 접은 채 방황하고 있던 연재, 장애를 가진 채 살아가는 은혜 그리고 불의의 사고로 소방관인 남편을 잃고 무기력하게 살아가는 엄마 보경은 우연히 집에 들어온 휴머노이드 콜리와의 교감을 통해 서로에게 다가가며 회복하게 된다. 과학기술의 발달로 우리는 많은 혜택을 누리며 과거보다 편안하게 살고 있지만, 너무 빨리 달리느라 차별받고 고통받는 사람들의 이야기에는 정작 제대로 귀 기울지 못해왔다. 인간보다 더 인간적인 로봇 콜리는 인간들 사이에서 무엇보다 필요한 것은 '공감'이라는 것을 보여준다.

작가 천선란은 작가 노트에 이렇게 적었다.

"나는 천천히 걷는 연습 중이다. 뛰는 발걸음에 지나가던 개미가 밟히지 않도록."

이 책에서는 열둘의 소수자 집단이 마치 지나가던 개미처럼 권력과 사회의 뛰는 발걸음에 밟혀서 으스러져간 모습을 전하고자 했다. 개미가 밟히는 동안에도 뛰는 사람들은 더 멀리 앞으로 나아갈 수 있었다. 이처럼 차별에는 이득을 보고, 더 많이 선택되는 사람들이 존재한다. 누군가는 외국인이라는 이유로, 여자라는 이유로, 질병에 걸렸다는 이유로, 특정 민족이라는 이유 등으로 좋은 직장을 구하지 못하는 반면, 또 다른 사람은 내국인이어서, 남자라서, 건강한 신체를 가져서, 한국인이어서 좋은 직장을 얻는다. 특정 정체성을 이유로 소수자 집단에 행해지는 차별과 혐오의 이면에는 다수자 집단에 돌아가는 혜택과 이득이 존재하기 마련이다.

그런데 우리 눈에는 이런 특권과 이득이 잘 보이지 않는다. 다수자가 누리는 이득에 너무 익숙해져서 그것이 누군가에 대한 차별에서 비롯되는 것임을 눈치채지 못한다. 어쩌면 차별이 비가시화되어 있는 정도보다, 차별의 대가로 누리는 이득이 더 클지도 모른다. 누군가의 값싼 노동으로 나의 삶이 더 편안하고, 누군가의 소외로 더 깨끗하고 안정적인 사회에서 우리는 살고 있으며, 누군가의 죽음으로 기존 정치권력은 더 확대된다.

우리가 당연하게 누려왔던 혜택이 실상은 소수자 집단에 대한 차별의 결과는 아니었을까? 이제는 차별로 얻는 이득과 혜택에 대해 천천히 걸으면서 조금 더 눈을 크게 뜨고 살펴봐야 한다. 그렇게 해야만 불균형한 사회구조 속에서 계속해서 차별받고 있는 사람들의 처지가 눈에 더 잘 들어올 것이고, 운동장을 조금 더 평평하게 만들어 더 많은 사람이 행복하게 살 수 있는 방법을 찾는 것도 가능할 것이다.

만약 우리가 천천히 속도를 늦춰 걷지 않고, 놓치고 가는 사람들에 대해 돌아보지 않는다면 어떻게 될까? 그 미래를 일본 작가 가즈오 이시구로의 문제적 소설 《나를 보내지 마》에서 엿볼 수 있다. 소설에는 주인공 캐시와 함께 그의 친구 토미와 루스가 등장한다. 어린 시절 그들은 헤일섬이라는 기숙학교에서 교육을 받으며 함께 유년기를 보낸다. 학교의 교사들은 그들을 보살펴주고, 교육하며, 인생에 대해 가르쳐준다. 그런데 이 세 인물은 사실 모두 복제인간이다. 그들은 부랑자, 창녀, 알코올 중독자, 매춘부, 정신병자나 죄수들로부터 복제되었다. 소설에 나오는 용어를 빌려 말하자면 그들은 '근원자'의 건강이 위독할 경우, 장기를 기증할 목적으로 태어났다. 복제인간들은 인간에게 장기를 몇 차례 기증하고 나면 몸이 쇠해서 죽는 운명이다. 캐시, 토미, 루스는 클론이지만, 그 누구도 그들이 복제인간이라는 것을 느낄 수 없을 정도로 그들은 인간으로서의 감정과 영혼을 가지고 있다. 오히려 실제 인간들은 인간임에도 인간답지 못했고, 복제인간을 필요로 하지만 그들과 대면하는 것을 꺼렸다.

작가가 그리는 디스토피아적인 사회의 모습이 그리 낯설게 느껴지지 않는다. 우리가 계속해서 빨리 달리기만 한다면, 가까운 미래에 캐시, 토미, 루스 같은 복제인간이 탄생할 것이고, 휴머니즘은 영영 사라져버릴 것이다.

인간은 쉽게 내 편, 네 편을 나누고, 자기 집단에 대한 강한 애착심과 타 집단에 대한 강렬한 배타심을 드러낸다. 심리학자들은 편을 가르고 타 집단을 차별하는 것이 인간의 뿌리 깊은 본성이라고 설명한다. 이를 잘 보여주는 유명한 실험이 있다. 1970년대 초 심리학자 헨리 타즈펠Henri Tajfel과 동료들은 10대 아이들을 대상으로 실험을 했다. 타즈펠은 10대 남학생들이 자신이 속한 '우리 집단'에는 소속감과 충성심을, 반대로 '타 집단'에 대해서는 근거 없는 편견을 무척이나 빨리 형성한다는 것을 발견했다. 개인을 집단으로 분류하는 것만으로도 이들은 같은 집단에 소속된 이에게 우호적인 감정을 보인다. 심지어 우리와 상대방을 나누는 기준이 '좋아하는 추상 예술가가 누구인지'와 같은 무의미하고 자의적인 기준이었을 경우에도 편 가르기는 매우 신속하게 이루어졌다. 집단을 이루고 살아가는 인간의 고유한 본성인 편 가르기 행태는, 국가권력과 사회구조가 '이득'을 위해 다수자와 소수자로 편을 가를 때 쉽게 이득을 받는 다수자 편의 일원이 되도록 이끈다. 그리고 내 편이 아닌 사람들에게는 무관심, 적대감, 무관용을 보이고, 그들이 희생되는 것을 당연하게 생각한다.

인간은 소속의 욕구를 가지고 있어서 다른 사람의 의견에 쉽게 동조하기도 한다. 1955년 심리학자 솔로몬 애쉬Solomon Asch는 피

험자들에게 이런 문제를 냈다.

"왼쪽 카드에 그려진 막대와 길이가 같은 막대를 오른쪽 카드에 그려진 3개의 막대 중에서 고르시오."

3개의 막대는 각각 A, B, C라고 이름 붙여졌다. 하나를 제외한 2개의 막대는 왼쪽 카드의 막대와 확연하게 길이에 있어 차이가 있어 일상적인 상황에서 사람들의 정답률은 99%에 달했다. 그런데 앞서 답변한 실험 협력자들이 모두 막대 C라고 답하자, 정답이 막대 B였음에도 불구하고 참가자의 3분의 1은 올바른 답이 아닌 앞 사람들이 말한 대로 따라서 답했다. 이 실험은 사람들이 사회적 압력 속에서 비상식적인 선택을 하는 모습을 보여준다.

머리로는 약한 사람들이 차별받고 고통받는 것을 보고 그 차별을 멈춰야겠다고 생각하지만, 많은 사람이 '차별 이득'을 얻는 방향으로 갈 때 우리는 '정답' 대신에 눈을 감고 편한 길을 따라가곤 한다. 특히, 우리나라와 같이 '빠르게 달리는 사회'에서는 편 가르기 좋아하는 인간의 본성은 더욱 빛을 발한다. 극심한 경쟁 구조와 승자독식의 법칙이 정치, 경제, 사회 등 사회 구석구석에 뿌리를 내리고 있는 사회에서, 약자들이 받는 차별을 천천히 살피며 같이 걸어가는 것은 쉽지 않은 일이다. 그렇기 때문에, 우리 사회의 차별 문제는 더욱 뒷전으로 밀리고, 차별이 다른 나라보다 적다는 믿음과 착각이 지속된다. '모두가 공유한 착각은 현실이 된다'는 말처럼 말이다.

편을 가르고, 쉽게 동조하는 인간의 본성에 고속으로 달리는 한국 사회의 특성이 더해져, '차별 이득의 사회구조'는 시공간적으로 반복된다. 차별에는 차별받는 사람들과 그 차별로 인해 이득을 취하는 자들이 함께 존재한다. 그리고 이득을 취하는 자들은 사회 구조적으로 뒷받침된다.

이 글을 통해 말하고자 했던 이 메시지가 더 많은 사람들에게 전해졌으면 한다. 그러기 위해서는 미디어와 교육의 역할이 매우 중요하다. 미디어 매체와 교육을 활용해 사람들이 가진 소수자에 대한 편견을 바꾸려는 시도가 적극적으로 이뤄질 필요가 있다. 미디어에서 외국인, 성적 소수자, 이주노동자 등 소수자 집단을 긍정적으로 묘사하면, 그 집단에 대한 부정적 편견이 줄어든다는 연구 결과는 이미 너무도 많다.

현재 우리나라 미디어의 차별 관련 기준은 구체적으로 마련되어 있지 않다. '벡델 테스트'를 우리 사회에 적용해보면 어떨까? 1985년 미국의 만화가 앨리슨 벡델Alison Bechdel이 연재만화 《주목할 만한 레즈들Dykes to Watch Out For》에서 고안한 영화의 성평등 평가 방식인데, 만화가의 이름을 따 벡델 테스트라고 한다. 이 테스트에는 아래와 같은 세 가지 기준이 있다.

1) 영화에 이름을 가진 여성이 둘 이상 등장한다.
2) 여성들이 서로 이야기를 한다.
3) 이야기의 주제가 남자 이외의 것이다.

우리나라 미디어와 교과서에 다음과 같은 소수자 차별 방지 기준이 제시되면 어떨까?

1) 소수자 집단 구성원이 한 명 이상 등장한다.
2) 소수자 집단 구성원과 비소수자 집단 구성원이 이야기를 한다.
3) 이야기의 주제가 반차별, 반혐오, 그리고 평등과 인권에 관한 것이다.

소외받는 소수자 집단이 비소수자 집단과 활발하게 교류할 수 있는 기회도 더 많이 늘었으면 한다. 2023년 미국 뉴욕주 에릭 애덤스Eric Adams 시장이 "Breaking Bread, Building Bonds"라는 이니셔티브를 추진했다. 10여 명의 다른 인종 사람이 모여 식사하고 대화를 나누는 모임인데, 현재까지 총 1000회의 모임이 있었다. 모임을 통해 소수인종과 다수인종 간 다양한 문화와 전통을 공유하며 유대가 형성되는 긍정적 효과를 얻었다. 우리나라에서도 서로 다른 집단 간 이해를 구축함으로써 차별과 편견을 해소하는 데 도움이 될 프로젝트가 추진된다면 어떨까?

글을 마무리 짓기 전 하나의 제안을 더 하고 싶다. 새로운 시대를 반영하는 교육 헌장의 제정이다. 젊은 세대에게 차별받는 사람들과 이들로 인해 혜택을 입은 사람들이 구조적으로 존재함을 알리고, 서로의 권리가 균형 있게 존중받아야 함을 교육해야 한다. 2013년 프랑스는 '라이시테 헌장'을 제정했다. 프랑스에서는 사회 내 소수자 집단인 이민자들에 의한 폭력 시위가 빈번하게 발생하고 있다. 이에 프랑스 정부는 '라이시테 헌장'을 제정해, 유치원에서 고등학교까지 모든 학교에 이 헌장을 부착하게 했다. 그리고 교사가 학생들에게 헌장의 내용을 설명하도록 제도화했다. '라이시테 헌장'의 핵심 내용은 타 종교와 타 문화를 존중하자는 것인데, 이는 종교 중립적·민주적·사회적 가치를 강조하며 시민 교육을 강화하고자 하는 프랑스 정부의 의지의 발현이다.[1] "우리는 민족중흥의 역사적 사명을 띠고 이 땅에 태어났다"라는 유명한 문장으로 시작하는 국민교육헌장이 시대적 소명을 다하고 2003년 폐지되었다. 이제는 다양성과 소수자 존중이라는 새로운 시대정신을 반영한 교육 헌장이 나올 때가 아닌가 싶다.

작년 한강 작가가 노벨 문학상을 수상한 후, 친구와 동료가 있는 단체 카톡방도 흥분과 기쁨으로 한동안 난리였다. 온 나라가 기쁨에 들썩였을 때, 한강 작가의 아버지인 한승원 작가의 인터뷰가 눈길을 끌었다. 한승원은 딸이 노벨문학상 수상에 공식적으로 기쁨을 표하거나 기자회견을 하지 않는 이유에 대해 다음과 같이 말했다.

"세계 각지에서 벌어지고 있는 전쟁과 죽음 때문", "우크라이나—러시아 전쟁, 팔레스타인—이스라엘 전쟁에서 날마다 사람이 죽어나가는데 무슨 잔치를 하고 기자회견을 할 것이냐", "기자회견을 안 할 것이니 양해해 주면 좋겠다."[2]

나 같았으면 잔치를 백 번을 열고도 남았을 일인데, 전쟁에서 날마다 사람들이 죽어나가는데 나 혼자 기뻐할 수 없다는 한강 작가의 말은 깊은 감동을 주었다. 지금 우리 세상에 필요한 것은 바로 이러한 따뜻한 인간애가 아닐까. 누군가는 지금도 차별로 아파하고 죽어가고 있는데, 나 혼자만 잔치를 열 수는 없다는 미안함 그리고 차별의 역사를 기억하고자 하는 노력이 무엇보다 필요하다.

한 발, 한 발 조금씩 나아가는 개선을 통해 누군가에 대한 차별과, 소수자의 눈물로 지어진 사회가 아닌, 모두가 함께 이루고 기여하는 사회에 더 가까워질 수 있을 거라 믿는다.

주

1장 돌봄으로 이득 보는 사회
첫 번째 짝꿍 : 조선족 간병인 × 한국인 파독 간호사

1. 임인택, 〈마라탕 양꼬치도 정착을 했는데… MZ 조선족이 말했다〉, 《한겨레신문》 2023년 3월 17일 자.
2. 대한노인요양병원협회, 〈요양병원 간병비 부담 해결을 위한 요양병원형 간호·간병통합서비스 도입방안 모색 토론회〉, 2019, 21.
3. 손인서, 〈성별화·인종화된 돌봄노동과 여성 중국동포 돌봄노동자의 노동경험〉, 《한국여성학회》 제36권 4호, 2020, 101.
4. 강홍준, 〈중국동포 김씨, 혼자서 10명까지 간병하는 이유〉, 중앙일보 2019년 5월 4일 자.
5. 강홍준, 2019, 앞의 기사.
6. 강홍준, 2019, 앞의 기사.
7. Castles, Stephen and Mark Miller. 1999. The Age of Migration: International Population Movements in the Modern World. NY: MacMillan ; Ehrenreich, Barbara and Arlie Russell Hochschild. 2002. Global Woman: Nannies, Maids and Sex Workers in the New Economy. New York: Metropolitan Books/Henry Holt and Company.
8. 이혜경·정기선·유명기·김민정, 〈이주의 여성화와 초국가적 가족: 조선족 사례를 중심으로〉, 《한국사회학》 제40권 5호, 2006, 260.
9. 이혜경·정기선·유명기·김민정, 2006, 앞의 논문, 259-260.
10. 행정안전부가 발표한 〈2023년 말 기준 주민등록 인구통계〉 참고.
11. 오영희·김경래·신창우·배혜원, 《출산력 조사(1974~2012)를 활용한 한국의 출산력 변천과정 연구》, 한국보건사회연구원, 2016.
12. 오영희·김경래·신창우·배혜원, 2016, 앞의 보고서.
13. 그렇다고 가족 내 돌봄이 없어졌다는 얘기는 아니다. 한국보건사회연구원이 발간한 〈2014년 한국 노인실태조사〉 보고서에 따르면, 신

체적 기능 저하자 중 81.7%가 도움을 받고 있으며, 이 중 가족으로부터 돌봄을 받는 경우가 91.9%에 이르렀으며, 장기요양보험 서비스 급여를 이용하는 경우 15.4%, 개인 간병서비스를 이용하는 경우는 1.3%로 나타났다.

14. 김유휘, 〈한국 노인돌봄 일자리와 중국동포 이주노동자 연구: 제도를 중심으로〉, 《사회복지정책》 제45권 1호, 2018, 183-184.
15. 김동환·송현종, 〈급성기 병원과 장기요양시설 공급이 요양병원 입원 진료비에 미치는 영향: 요양병원 기능에 대한 시사점을 중심으로〉, 《한국노년학》 제33권 3호, 2013, 647-659.
16. 박민기·박동환·진영화·이지안, 〈간병인 80%가 조선족… "부모님 잘 모시나" 궁금한데 CCTV 설치 5%뿐〉, 《매일경제》 2024년 1월 30일자.
17. 이현옥, 〈동아시아 맥락에서의 돌봄레짐의 변화와 이주의 여성화: 한국과 대만을 중심으로〉, 《경제와 사회》 통권110호 1호, 2016, 261.
18. 이미애, 〈중국 사회주의 노동자·농민, 이주가사노동자 되다: 프랑스, 남한, 중국 대도시의 조선족 여성 연구〉, 《한국여성학》 제36권 3호, 2020, 79.
19. 김화선, 《조선족마을의 변천 연구》, 연길: 연변대학출판사, 2011.
20. 이미애, 2020, 앞의 논문, 87.
21. 김유휘, 2018, 앞의 논문, 180-206.
22. 서울대학교 국제이주와 포용사회센터, 〈조선족 간병인과 인도네시아계 한국 청년도 '우리'〉, 2022 CTMS Brief no. 15, 2022.
23. 박주연, 〈중국동포 간병인들의 눈물〉, 《경향신문》 2016년 6월 17일자.
24. 이해응, 〈중장년 조선족 여성 이주노동자의 몸 아픔 경험에 관한 연구〉, 《한국여성학》 제30권 1호, 2014, 215.
25. 박주연, 2016, 앞의 기사.
26. 이들은 근로기준법상 근로자의 지위를 인정받지 못하는 개인사업자로, 국가자격증을 따서 요양병원 등에 취업하는 요양보호사와는 다르다.

27. 박주연, 2016년, 앞의 기사.
28. 류임량, 〈제도화된 돌봄노동자의 역할 구성과 직업지위: 재가 요양보호사의 사례를 중심으로〉, 《페미니즘 연구》 제17권 2호, 2017, 189-231.
29. 손인서, 2020, 앞의 논문, 108.
30. 손인서, 2020, 앞의 논문, 108-109.
31. 한정우, 〈조선족 간병인의 서비스 과정에 대한 민족지적 연구〉, 《다문화와 평화》 제13권 1호, 2019, 117.
32. 박준성·전미연·허성호·리나·정태연, 〈한국 내 조선족 여성의 이주동기와 일-경험에 대한 사례연구〉, 《한국심리학회 연차학술발표대회 논문집》, 2009, 430-431.
33. 2022년 5월 CTMS 기획세미나 〈국제이주와 통합〉에서 나온 말이다.
34. 홍세영·김금자, 〈조선족 간병인의 문화적응 경험에 관한 연구: 노인 간병서비스를 제공하는 조선족 여성을 중심으로〉, 《한국노년학》 제30권 4호, 2010, 1269-1271.
35. 손인서, 2020, 앞의 논문, 112.
36. 이창원·최서리, 〈국내 노동 시장에서 중국동포 임금차별은 존재하는가?: 중국동포와 한국인의 임금결정요인 비교 분석〉, 《아세아연구》 제59권 4호, 2016, 178-220.
37. 한정우는 수도권에 위치한 종합병원에서 참여관찰을 하고 조선족 간병인 12명을 심층 면담했는데, 이 장의 인터뷰는 대부분 그의 연구 결과에서 인용했다(한정우, 2019, 앞의 논문).
38. 한정우, 2019, 앞의 논문, 123.
39. 한정우, 2019, 앞의 논문, 123.
40. 앨리 러셀 혹실드, 이가람, 《감정노동》, 이매진, 2009.
41. 한정우, 2019, 앞의 논문, 127.
42. 한정우, 2019, 앞의 논문, 129.
43. 한정우, 2019, 앞의 논문, 129.
44. Hochschild, Arlie Russell. 2009. "Love and Gold." S&F Online, Fall 2009, Vol.8, Issue 1.

45. 문경희, 〈가사/돌봄노동의 상업화와 여성의 초국가적 이주 노동〉, 《여성정책논집》 제6권, 2006, 11.
46. Hochschild, Arlie Russell. 2000. "The Nanny Chain." The American Prospect 2(4): 32-36.
47. 정흥모, 〈광부·간호사의 파독: 이 시기 한국과 서독의 정치환경에 대한 비교연구〉, 《독일로 간 광부·간호사: 경제개발과 이주 사이에서》, 2014, 115.
48. 정흥모, 2014, 앞의 논문, 116.
49. 베르너 아벨하우저, 〈서독과 서유럽 경제에서 한국전쟁의 의미〉, 《한국전쟁에 대한 11가지 시선》, 역사비평사, 168-170.
50. 윤용선, 〈1960-1970년대 광부·간호사의 서독 취업에 대한 재해석〉, 《독일로 간 광부·간호사: 경제개발과 이주 사이에서》, 2014, 48.
51. 서독 인력 송출에는 냉전 하의 국제정세 및 개발원조에 대한 서독의 도덕적 의무감 등도 그 배경에 있으나, 이 책에서는 돌봄노동자의 이주노동으로 얻는 선진국의 이익에 대해서 초점을 맞춘다(이애주·권숙인·도면회·정근식·은영·김동욱, 《파독간호 평가사업 최종보고서》, 2011, 133).
52. 1966년에는 20세 이하가 18.2%, 20대가 78.5%, 31세 이상이 3.3%였으며, 1973년에는 20세 이하가 9.4%, 20대가 74.7%, 31세 이상이 15.9%로 나타나 파독 간호인력은 대부분 한국의 젊은 여성들이었다(이애주·권숙인·도면회·정근식·은영·김동욱, 2011, 앞의 논문, 121).
53. 나혜심, 〈독일로의 노동 이주, 한인 독일 노동 이주자에게 가족이 갖는 의미〉, 《독일로 간 광부·간호사: 경제개발과 이주 사이에서》, 2014, 241.
54. 한국의 뒤를 이어 여성 노동자 수가 많은 아시아 국가는 필리핀(1457명)이었으며, 그 뒤를 인도(1280명)가 이었다(이애주·권숙인·도면회·정근식·은영·김동욱, 2011, 앞의 논문, 134).
55. 1965년 5월 29일과 24일에 각각 《쾰른 리뷰》와 《뒤셀도르프 뉴스》에 실린 기사들이다(나혜심, 〈파독 한인여성 이주노동자의 역사-1960-70년대 한인간호인력 독일행의 원인〉, 《서양사론》, 2009,

255-285에서 재인용).
56. 나혜심은 '간호사'라는 명칭은 간호학생 등으로 간 한국 여성들을 배제하는 명칭이기 때문에, 대신에 '간호인력'이라는 용어를 사용하여 독일에 간 한국 여성 돌봄노동자들을 포괄적으로 칭하고 있다(나혜심, 2009, 앞의 논문, 258).
57. 나혜심, 2009, 앞의 논문, 264.
58. 특정 공동체 안에서 가정에서 필요로 하는 시간에 가서 간병을 하는 여성 인력을 뜻한다. 정해진 근무시간이 없이, 가정을 방문하여 환자 치료, 목욕, 관장, 장례절차 돕기 등 다양한 범위의 일을 했다.
59. 나혜심, 2009, 앞의 논문, 279.
60. 권숙인은 파독간호사의 독일에서의 경험은 "독일간호사들과 전혀 차별이나 차이 없이 근무했다는 경우"부터 "계약서상의 동일조건의 노동과 달리 청소 등 간호보조원이 할 일만 시키거나 의도적인 불친절, 자의적으로 휴일을 책정하는 등의 차별과 언어문제로 인한 '구박'이나 인종차별적인 시선에 노출"되는 경우까지 매우 다양하여 일반화가 어렵다고 지적한다(이애주·권숙인·도면회·정근식·은영·김동욱, 《파독간호 평가사업 최종보고서》, 2011).
61. 나혜심, 2009, 앞의 논문, 268.
62. 이애주·권숙인·도면회·정근식·은영·김동욱, 2011, 앞의 보고서, 37-38.
63. 1970년 독일로 이주한 간호대학출신 간호사가 한 말이다(나혜심, 2009, 앞의 논문에서 재인용).
64. 이애주·권숙인·도면회·정근식·은영·김동욱, 2011, 앞의 보고서, 38.
65. 이애주·권숙인·도면회·정근식·은영·김동욱, 2011, 앞의 보고서, 158.
66. 유진영, 〈직입훈련생으로서 파독광부·간호인력의 교육 및 재자격화 고찰연구〉, 《독일로 간 광부·간호사: 경제개발과 이주 사이에서》, 2014, 181.
67. 양희순, 《파독: 파독 간호 40년사》, Filderstadt: GmbH, 2008.
68. 나혜심, 《독일로 간 한인 간호여성》, 산과글, 2012.
69. 서울신문사 기자 선우 련의 말이다(《붕정칠만리》, 동아출판사, 1965).

70. 아산사회복지사업재단, 〈서독진출〉, 《한국의 해외취업》, 142.
71. 쥐트도이체 차이퉁(Süddeutsche Zeitung)의 기사를 1974년 6월15일자 동아일보가 보도했다(나혜심, 2012, 앞의 책, 113-114에서 재인용).
72. 이애주·권숙인·도면회·정근식·은영·김동욱, 2011, 앞의 보고서, 157.
73. 나혜심, 2012, 앞의 책, 124-125.
74. 이애주·권숙인·도면회·정근식·은영·김동욱, 2011, 앞의 보고서, 91.
75. 파독 간호사의 증언이다(이애주·권숙인·도면회·정근식·은영·김동욱, 2011, 앞의 보고서, 340).
76. 이애주·권숙인·도면회·정근식·은영·김동욱, 2011, 앞의 보고서, 168-169.
77. 나혜심, 2014, 앞의 논문, 270-271.
78. 국사편찬위원회(2008). 1970년 간호학생으로 독일에 간 한인 여성의 인터뷰다(나혜심, 2014, 앞의 논문, 275에서 재인용).
79. 나혜심, 2014, 앞의 논문, 275.
80. 나혜심, 2014, 앞의 논문, 270
81. 나혜심, 2014, 앞의 논문, 276.
82. 《교포신문》 640호, 20-21면(이애주·권숙인·도면회·정근식·은영·김동욱, 2011, 앞의 보고서, 120에서 재인용).
83. 이애주·권숙인·도면회·정근식·은영·김동욱, 2011, 앞의 보고서, 91.
84. 정흥모, 2014, 앞의 논문, 142.
85. 이애주·권숙인·도면회·정근식·은영·김동욱, 2011, 앞의 보고서, 91-92.
86. 국내거주 파독간호사회 회원과의 미팅에서 한 파독 간호사가 한 말이다(이애주·권숙인·도면회·정근식·은영·김동욱, 2011, 앞의 보고서, 287).
87. 김동욱이 파독 간호인력을 대상으로 한 설문조사 결과를 살펴보면, 실무 향상과 경력 개발을 위한 교육이 있었다는 응답이 40.6%, 없었다는 응답이 13.5%였다. 교육을 받을 수 있도록 유급 휴일 처리를 해주거나 교육비를 병원에서 지원해주기도 했다(이애주·권숙인·도면회·정근식·은영·김동욱, 2011, 앞의 보고서, 159-160).
88. 유진영, 2014, 앞의 논문, 188.
89. 이애주·권숙인·도면회·정근식·은영·김동욱, 2011, 앞의 보고서, 311.

90. 사업취지 설명 및 좌담회에서 한 파독 간호사가 한 말이다(이애주·권숙인·도면회·정근식·은영·김동욱, 2011, 앞의 보고서, 261).
91. 나혜심, 2012, 앞의 책, 301-307; Shim, 1974, 34-78(유진영, 2014, 앞의 논문에서 재인용).
92. 나혜심, 2012, 앞의 책, 303.
93. 백영훈, 《한강에 흐르는 라인강의 기적》, 삼양애드, 2001.

2장 이주노동자로 이득 보는 사회
두 번째 짝꿍 : 동남아 이주노동자 × 하와이로 간 조선인

1. 손봉석, 〈황교안 "외국인에게 똑같은 임금 주는 건 공정하지 않다"〉, 《경향신문》 2019년 6월 20일 자.
2. 김희자·이병렬, 〈농촌사회의 전근대성과 농축산이주노동자에 대한 인신매매적 인권침해〉, 《다문화사회연구》 제10권 1호, 222-223.
3. 김희자·이병렬, 2017, 앞의 논문, 228.
4. 김희자·이병렬, 2017, 앞의 논문, 228-229.
5. 김희자·이병렬, 2017, 앞의 논문, 253.
6. 이병렬 외 7인, 〈농축산업 이주노동자 인권상황 실태조사〉, 국가인권위원회, 2013.
7. 이병렬 외 7인, 2013, 앞의 보고서, 101, 119.
8. 이병렬 외 7인, 2013, 앞의 보고서, 93.
9. 김희자·이병렬, 2017, 앞의 논문, 238.
10. 김기돈·김이찬·김소령, 《고용허가제 농축산업 이주노동자 인권백서: 노비가 된 노동자들》, 이주인권연대, 2013.
11. 지승우·노호래, 〈어업 이주노동자의 인권 침해와 대응방안: 개야도 어업 이주노동자 사례를 중심으로〉, 《한국해양경찰학회보》 제11권 1호, 67.
12. 정혜선 외 8명, 〈성별에 따른 외국인 근로자의 건강실태 및 직업적 특성〉, 《한국산업간호학회지》 제17권 2호, 126-137.
13. 김기태, 〈이주노동자의 노동 여건 및 정책 과제〉, 《보건복지포럼》 제

295권, 8-24.
14. 2020년 최저 시급 8590원을 기준으로 계산했다(지승우·노호래, 2021, 앞의 논문, 67-68).
15. 이병렬 외 7인, 2013, 앞의 보고서, 186-187, 190.
16. 지승우·노호래, 2021, 앞의 논문, 70-71.
17. 이병렬 외 7인, 2013, 앞의 보고서, 152.
18. 임동우·김민정, 〈코로나에 벼랑끝 이주민 1. 열악한 주거 실태〉, 《국제신문》 2020년 9월27일 자.
19. '[논평] UN 주거권특보, 한국의 주거권 실태에 심각한 우려 표해' 참여연대, 2018년 5월 23일, URL: https://www.peoplepower21.org/welfare/1565915.
20. 이 사건 이후 정부는 2021년 1월 '농·어업분야 고용허가 주거시설 기준 대폭 강화' 방침을 발표했는데, 주요 내용은 (1)비닐하우스 내 가설건축물 숙소 제공시 고용허가 불허 및 사업장 변경 허용, (2)농·어업 분야 주거시설 지도점검 강화 및 근로감독 추진, (3)영세 농·어가 주거시설 개선 지원, (4)농·어가 사업주 노무관리 교육 강화 등이다.
21. 김희자·이병렬, 2017, 앞의 논문, 224.
22. 한정훈, 〈이주노동자의 안전보건 불평등에 관한 연구〉, 《강원대 사회과학연구》 제58권 1호, 2019, 137-138.
23. 〈한국 내 체류 외국인 200만 명: 경제적 효과는?〉, 《BBC News 코리아》 2018년 6월 27일 자.
24. 박영범, 〈외국 인력 도입을 통한 경제적 가치와 사회적 효과〉, 《이민정책》 창간호, 2014년.
25. 외국인 근로자 비율이 1%p 증가할 때마다, 내국인 근로자의 임금수준은 1.1%p 정도 감소하는 것으로 나타났다(Nho, Youngjin and Jai-Joon Hur. 2010. "The Impact of Temporary Immigration of Unskilled Workers on Firm Performances: Evidences from the Korean Small-Medium Business Sector." Paper presented at the World Bank and IPS(Institute of Policy Studies) Conference on Cross-Border Labor Mobility and Development in the East Asia and Pacific Region,

Orchard Hotel, Singapore, 1-2 June 2010).

26. 경제인문사회연구회, 2010, 이민 및 외국인 정책 개선 방향.
27. 한국은행, 〈글로벌 외국인 고용현황 및 시사점〉,《국제경제리뷰》제 2017-34호, 2017, 8.
28. 김도형, 〈작년 억대 연봉 139만 명…직장인 평균 4332만원〉,《동아일보》, 2024년 12월 20일 자.
29. 설동훈·이규용·노용진, 〈외국인 고용부담금제에 관한 연구〉, 고용노동부, 2011. 이 연구는 외국인 노동자의 고용이 국내 경제 주체에 각기 다른 영향력을 끼치고 있다고 주장한다. 외국인 노동자의 도입에 따른 이익은 주로 국내 기업이 차지하고, 비용은 외국인 노동자들과 경쟁관계에 있는 저숙련 내국인 노동자들이 부담한다는 것이다.
30. 이창호·정수남·김지희·박준규, 〈삶의 폐허와 건강악화의 사회문화적 조건: 경기도 A공단 미등록 이주노동자를 중심으로〉,《비교문화연구》제26권 2호, 2020, 103.
31. 강동관, 〈국내이민자의 경제활동과 경제기여효과〉,《이민정책연구원 정책보고서》2016-05. 이 보고서에서 추정한 경제적 효과는 외국인 노동자의 생산과 소비에 의한 활동이기 때문에 이들에 의한 사회적 편익과 비용은 고려되지 않은 것이다.
32. 조경엽·강동관, 〈이민확대의 필요성과 경제적 효과〉, 한국경제연구원, 2014.
33. 전해수, 〈하와이 이주와《태평양잡지》〉, 디아스포라 웹진《너머》6호.
34. 조은정·송병건, 〈20세기 초 하와이 한국인 이민의 요인과 이민자의 특성〉,《경제사학》제51호, 2011, 112-113. 뒤를 이은 하와이 설탕 산업의 역사는 이 논문에서 일부를 참조했다.
35. Mollett, J.A., 1961, "Capital in Hawaiian Sugar: Its Formation and Relation to Labor and Output, 1870-1975," Agricultural Economics Bulletin 21, 13.
36. Mollett, J.A., 1961, 앞의 논문, 17.
37. Mollett, J.A., 1961, 앞의 논문, 16.
38. 게다가 1882년 미국 본토에서 통과된 중국인 배척법(Chinese

Exclusion Act)이 1898년 하와이가 미국에 병합된 이후 하와이 땅에서도 적용되어, 더 이상 중국인 노동자의 수입은 불가능하게 되었다(홍윤정, 〈하와이 한인이민과 이민단의 구성(1903-1905)〉, 《역사학논총》 5호, 2004, 63.).

39. 웨스 패터슨, 정대화, 《아메리카로 가는 길: 한인 하와이 이민사, 1896-1910》, 들녘, 2002, 23.
40. 웨인 패터슨, 정대화, 2002, 앞의 책, 24.
41. 웨인 패터슨, 정대화, 2002, 앞의 책, 38-39.
42. 홍윤정, 2004, 앞의 논문, 64.
43. 웨인 패터슨, 정대화, 2002, 앞의 책, 68-69.
44. 웨인 패터슨, 정대화, 2002, 앞의 책, 270.
45. Murabayashi, Duk Hee Lee, Jeewon Hahn, Woo Joo Janice Lee, and Hyun-Jee Oh. 2001. Korean Passengers Arriving at Honolulu, 1903-1905. Hawaii: Center for Korean Studies, University of Hawaii.
46. Houchins, L. and C. Houchins. 1974. "The Korean Experience in America, 1903-1924." Pacific Historical Review. Vol. 43, 522(조은정·손병건, 2011, 앞의 논문, 119-120에서 재인용).
47. 웨인 패터슨 저, 정대화 옮김, 2002, 앞의 책, 150.
48. 로버타 장·웨인 패터슨, 이주영, 《하와이의 한인들》, 눈빛, 2008, 28.
49. 현규환, 《한국유이민사 下》, 삼화인쇄(주)출판부, 1976, 802-803.
50. 안형주, 《1902년, 조선인 하와이 이민선을 타다》, 푸른역사, 2013, 55.
51. 웨인 패터슨, 정대화, 2002, 앞의 책, 21.
52. Vaudercook, John W. 1939. King Cane: The Story of Sugar in Hawaii. New York: Harper & Brothers Publisher, 52(안형주, 2013, 54에서 재인용).
53. 안형주, 2013, 앞의 책, 55.
54. Takaki, Ronald T. and Rebecca Stefoff. 1989. Raising Cane: The World of Plantation Hawaii. New York: Chelsea House Publishers.
55. 이상묵, 〈한국인들은 무지하고 자치가 불가능한 자들〉, 《오마이뉴

스》, 2010년 9월 6일 자.
56. 안형주, 2013, 앞의 책, 55.
57. Takaki, Ronald T. and Rebecca Stefoff, 1989, 앞의 책, 92.
58. 조은정·송병건, 2011, 앞의 논문, 121-122.
59. 브래든 파머, 〈하와이의 한인과 미국인 간의 관계(1903-1945)〉, 《한국독립운동사연구》 24호, 2005, 173-184.
60. 브래든 파머, 2005, 앞의 논문, 175.
61. Pacific Commercial Advertiser, July 28, 1906(브래든 파머, 2005, 앞의 논문, 175에서 재인용).
62. Pacific Commercial Advertiser, August 13, 1906(브래든 파머, 2005, 앞의 논문, 175에서 재인용).
63. Pacific Commercial Advertiser, July 31, 1904(브래든 파머, 2005, 앞의 논문, 175에서 재인용).
64. 브래든 파머, 2005, 앞의 논문, 173-174.
65. 브래든 파머, 2005, 앞의 논문, 186-188.
66. 브래든 파머, 2005, 앞의 논문, 172.
67. 로버타 장·웨인 패터슨 이주영, 2008, 앞의 책, 6.
68. '김영하의 〈검은 꽃〉이 보여준 민족의 아픔과 삶의 허무' 펌킨의 독서 노트, 2021년 8월 2일, URL: https://brunch.co.kr/@angelickajin/140.

3장 학살로 이득 보는 사회

세 번째 짝꿍 : 배화사건의 중국인 × 관동대지진의 조선인

1. 박형준, 〈한국소설에 재현된 차이니스 디아스포라 연구: 박범신의 《유리》와 정이현의 《너는 모른다》를 중심으로〉, 《현대소설연구》 77호, 2020, 298.
2. 정이현, 《너는 모른다》, 문학동네, 2009.
3. 사망자 수는 자료에 따라 달라진다. 서울 주재 중국총영사관에서 파견한 조사원의 〈한국 화교의 평양 피해상황 보고서〉에 의하면 사망자는 216명, 중경상은 500여 명이라고 하며, 양소전·손옥매(2023,

372-373)는 사망하거나 실종된 화교의 수를 1000명 안팎으로 보고 있다(강진아, 〈영국 외교문서로 재구성한 1931년 만보산 사건과 조선 반중폭동〉,《동양사학연구》156호, 2021, 151).
4. 폭동사건이 어떻게 전국으로 확산되었는지에 대해서는 최병도(〈만보산 사건 직후 화교배척사건에 대한 일제의 대응〉,《한국사연구》156권, 2012, 301-308)의 논문을 참고했다.
5. 양소전·손옥매,《한국화교사》, 학고방, 2023, 367-368.
6. 정병욱, 〈1931년 식민지 조선 반중국인 폭동의 학살 현장 검토〉,《사총》97호, 2019, 129.
7. 동아일보 평양지국에서 근무했던 오기영이 잡지 〈東光〉 제25호에 실은 글이다(정병욱, 2019, 앞의 논문, 130-131에서 재인용).
8. 이상경, 〈1931년 '배화排華 사건'과 민족주의 담론〉,《만주연구》11호, 2011, 90.
9. 최병도, 〈만보산 사건 직후 화교배척사건에 대한 일제의 대응〉,《한국사연구》156호, 2012, 310-311.
10. 1931년 화교배척사건 전에도 비슷한 사건이 있었다. 1927년 12월 초중순에 전북, 전남, 충남, 서울, 인천에서 배화시위가 있었는데, 사망 2명, 중상 11명, 경상 54명, 단순 폭행피해자 273명으로 340명의 인적피해가 있었다.
11. 양소전·손옥매, 2023, 앞의 책, 366.
12. 박정현, 〈1931년 화교배척사건과 조선 민족주의 운동〉,《중국사연구》90호, 2014, 260.
13. 이옥련,《인천 화교 사회의 형성과 전개》, 인천문화재단, 2008.
14. 양필승·이정희,《차이나타운 없는 나라: 한국 화교 경제의 어제와 오늘》, 삼성경제연구소, 2004.
15. 양소전·손옥매, 2023, 앞의 책, 366-337.
16. 양소전·손옥매, 2023, 앞의 책, 368-340.
17. 이옥련, 2008, 앞의 책, 184.
18. Pash, Sidney L. 2014. The Currents of War: A New History of American- Japanese Relations, 1899-1941. Kentucky: University

Press of Kentucky(임준규, 2018, 앞의 논문, 47에서 재인용).
19. 조정우, 〈1930년대 제국일본의 식민지 인구 재배치와 선만척식회사〉, 서울대학교, 2014, 25.
20. 양소전·손옥매, 2023, 앞의 책, 347-348.
21. 조정우, 〈만주사변 전후 '척식'사업기구의 변화-동아권업(주)의 기업지배구조를 중심으로〉, 《사회와 역사》 92호, 2011, 15.
22. 임준규, 〈1931년 식민지 조선에서의 반중국인 폭동의 동학〉, 고려대학교, 2018, 48.
23. 양소전·손옥매, 2023, 앞의 책, 342.
24. 이옥련, 2008, 앞의 책, 193-194.
25. 임준규, 2018, 앞의 논문, 60.
26. 장세윤, 〈만보산 사건 전후 시기 인천 시민과 화교의 동향〉, 《인천학연구》 제2권 1호, 2003, 217.
27. 장세윤, 2003, 앞의 논문, 229.
28. 박은경, 〈한국 화교 사회의 역사〉, 《진단학보》 52호, 1981, 101.
29. 장세윤, 2003, 앞의 논문, 195.
30. 임준규, 2018, 앞의 논문, 33.
31. 행정안전부 국가기록원, 《일제문서해제-토목편》, 2010, 21.
32. 행정안전부 국가기록원, 《일제문서해제-토목편》, 2010, 25-26.
33. 임준규, 2018, 앞의 논문, 34.
34. 강진아, 〈조선총독부의 화교 노동자 입국 관리와 중국 언론〉, 《중국근현대사연구》 59호, 2013, 110.
35. 임준규, 2018, 앞의 논문, 35.
36. 김승욱, 〈20세기 전반 한반도에서 일제의 노동 시장 관리-중국인 노동자를 중심으로〉, 《중국사연구》 85호, 2013, 172.
37. 임준규, 2018, 앞의 논문, 35-36.
38. 동아일보 1927년 3월 30일 자, 동아일보 1927년 4월 9일 자.
39. 강진아, 2013, 앞의 논문, 110.
40. 정병욱, 〈식민지 조선의 반중국인 폭동과 도시 하층민〉, 《역사와 담론》 73호, 2015, 335-336.

41. 김종한, 〈1928년 조선에서의 민족별 임금차별-토목건축관계 노동자의 임금격차 분해를 중심으로〉, 《경제사학》 24호, 1998, 69-96.
42. 강진아, 2013, 앞의 논문, 107.
43. 정병욱, 〈신설리 패, 중국인 숙소에 불을 지르다: 1931년 반중국인 폭동에 대한 재해석〉, 《역사비평》 101호, 2012, 337-372.
44. 정병욱, 2015, 앞의 논문, 329-330.
45. 강진아, 2013, 앞의 논문, 110-111.
46. 박영석, 《萬寶山事件硏究-日帝 大陸侵略政策의 一環으로서의》, 아세아문화사, 1978.
47. 박정현, 〈1931년 화교배척사건과 조선민족주의운동〉, 《중국사연구》 90호, 2014, 239-268.
48. 김지숙, 〈이거 실화냐? 영화 '박열' 속 8가지 사건들〉, 《한겨레신문》, 2017년 7월 7일 자.
49. 김은형, 〈빛바랜 광복절, 영화관에서라도…'1923간토대학살'·'조선인 여공의 노래'〉, 《한겨레신문》 2024년 8월 13일 자.
50. 중국인 사망자도 700여 명 발생했다. 당시 도쿄 거주 중국인 인구는 4000여 명으로, 약 6명 중 1명의 중국인이 조직적으로 학살당했다.
51. 야마다 쇼지, 이진희, 《관동대지진 조선인 학살에 대한 일본 국가와 민중의 책》, 논형, 2008.
52. 민병래, 《1923 간토대학살 침묵을 깨라》, 원더박스, 2023.
53. 강효숙, 〈관동대지진 당시 조선인 학살의 의미〉, 《전북사학》 52호, 2018, 291.
54. 김응교, 《백년 동안의 증언: 간토 대지진, 혐오와 국가폭력》, 책읽는고양이, 2023, 32.
55. 김형민, 〈그 일본인 경찰서장은 왜 '조센징'을 지켰을까〉, 《시사인》 798호, 2023년 1월 3일 자.
56. 민병래, 2023, 앞의 책, 31.
57. 김응교, 2023, 앞의 책, 60-61.
58. 강효숙, 2018, 앞의 논문, 284.
59. 강효숙, 2018, 앞의 논문, 284.

60. 강효숙, 2018, 앞의 논문, 289.
61. 민병래, 2023, 앞의 책, 22.
62. 《신지신문新知新聞》 1923년 10월 22일 자(김광열, 〈21세기 일본의 '헤이트스피치'와 1923년 관동대지진 시 한인 학살범의 논리 고찰〉, 《韓日民族問題研究》 33호에서 재인용).
63. 민병래, 2023, 앞의 책, 23.
64. 김광열, 〈21세기 일본의 '헤이트스피치'와 1923년 관동대지진 시 한인 학살범의 논리 고찰〉, 《韓日民族問題研究》 33호, 257.
65. 민병래, 2023, 앞의 책, 26.
66. 민병래, 2023, 앞의 책, 23.
67. 민병래, 2023, 앞의 책, 29.
68. 니시자키 마사오, 《간토대진재 조선인 학살의 기록-도쿄지구별 1100가지 증언》, 겐타이쇼칸, 2016. (민병래, 2023, 위의 책, 76에서 재인용).
69. 김광열, 2017, 앞의 논문, 257.
70. 강진아, 2021, 앞의 논문, 151.
71. 강효숙, 2018, 앞의 논문, 286-287.
72. 강효숙, 2018, 앞의 논문, 286.
73. 최승희, 〈일본 감독이 다룬 관동대지진 영화, 한일관계 개선 계기 됐으면〉, 《국제신문》, 2023년 10월 12일 자.

4장 정화로 이득 보는 사회

네 번째 짝꿍 : 한국의 형제복지원 원생들 × 유럽의 차별받는 집시들

1. 형제복지원구술프로젝트, 《숫자가 된 사람들: 형제복지원 피해생존자 구술기록집》, 오월의봄, 2015, 17-42.
2. 한종선·전규찬·박래군, 《살아남은 아이》, 문주, 2012, 135.
3. 조윤진, 〈'집시나방', 인종차별 표현 대신 새 이름 찾는다〉, 《어린이동아》, 2021년 7월 11일 자. 2021년 미국곤충학회는 집시나방의 명칭이 집시에 대한 인종차별이라는 학계의 건의를 받아들여 이름을 바

꾸기로 결정했다.
4. 박정희, 《한국국민에게 고함》, 동서문화사, 2005, 302.
5. 박해남, 〈한국 발전국가 시기 사회정치와 부랑인의 사회적 배제〉, 《민주주의와 인권》 제19권 4호, 2019, 243-245.
6. 서울대학교 사회학과 형제복지원연구팀, 《절멸과 갱생 사이》, 서울대학교출판문화원, 2021, 65.
7. 동아일보, 1962년 6월 9일 자, 2면(박해남, 2021, 앞의 논문, 68에서 재인용).
8. 박해남, 2019, 앞의 논문, 248.
9. 박해남, 2021, 앞의 책, 119.
10. 당시 형제복지원 사건을 수사했던 검사 출신 김용원 변호사가 형제복지원을 방문했을 때를 회고하며 이렇게 말했다(형제복지원구술프로젝트, 2015, 앞의 책, 327).
11. 이규대, 〈513명 죽는 동안 1000억 재산 쌓였다〉, 《시사저널》 2014년 4월 2일 자.
12. 박해남, 2019, 앞의 논문, 260-261.
13. 형제복지원구술프로젝트, 2015, 앞의 책, 85.
14. 본명은 '박순이'다. '하안녕'은 형제복지원으로 끌려올 당시 "이름이 뭐냐"는 물음에 무서워서 둘러댔던 이름이다.
15. 형제복지원구술프로젝트, 2015, 앞의 책, 6.
16. 이상직, 〈또 하나의 근대적 라이프코스: 형제복지원 수용자들의 생애구조와 시간 의식〉, 《기억과 전망》 40호, 2019, 83-89.
17. 형제복지원구술프로젝트, 2015, 앞의 책, 44-72.
18. 서울대학교 사회학과 형제복지원연구팀, 2021, 앞의 책, 87.
19. 형제복지원구술프로젝트, 2015, 앞의 책, 326-327.
20. 형제복지원구술프로젝트, 2015, 앞의 책, 327.
21. 형제복지원구술프로젝트, 2015, 앞의 책, 244.
22. 형제복지원구술프로젝트, 2015, 앞의 책, 317.
23. 형제복지원구술프로젝트, 2015, 앞의 책, 37.
24. 재판부는 그의 발언을 인종혐오 발언으로 보고, 5000유로(600만 원

상당)의 벌금형 판결을 확정했다.
25. '집시'라는 이름이 '깜둥이'나 '니그로'처럼 비하하는 멸칭이라는 이유로 집시들은 스스로를 '인간'을 뜻하는 '로마(Rroma)'라고 일컫고 있다. 집시는 치간느(Tsigane), 유랑민족(Gens du voyage), 지탕(Gitan), 보헤미안(Bohemien) 등으로 불리기도 했으나, 우리나라를 비롯한 유럽에서는 여전히 '집시'라는 명칭이 보다 일반적으로 사용되고 있어서 이 책에서는 독자들의 이해를 위해 집시를 사용하고자 한다.
26. 김희경, 〈프랑스의 집시와 이동의 문제〉, 《프랑스학연구》 61호, 2012, 188.
27. 프로스페르 메리메, 편혜원, 《카르멘》, 한숲, 2004.
28. 김희경, 2012, 앞의 논문, 189.
29. 장세룡, 〈스페인의 집시공동체 포용정책과 '스페인 사례'의 실체〉, 《대구사학》 125호, 2016, 347.
30. 김경미, 〈동유럽 로마(Roma) 공동체에서의 다문화주의와 페미니즘의 갈등〉, 《한독사회과학논총》 제25권 3호, 2015, 78.
31. 다음 자료를 일부 참고하여 요약 정리했다. (1) 정환보, 〈죽어서도 멸시받는 유럽의 불가촉 천민〉, 《경향신문》, 2008년 7월 30일 자. (2) 김신규, 〈체코 집시 차별에 대한 인식〉, 《국제지역정보》 제155권, 2007, 55-58.
32. 앙리에트 아세오, 김주경, 《집시, 유럽의 운명》, 시공사, 2003.
33. 김희경, 2012, 앞의 논문, 193-194.
34. 앵거스 프레이저, 문은실, 《집시, 어디서 왔다가 어디로 갔는가》, 에디터, 2003.
35. 집시에 대한 차별을 멈추자는 목소리와 제도 개선 움직임이 없는 것은 아니다. 2000년대 중후반에 이르러서 비로소 집시들에 대한 사회적 포용정책이 추진되기 시작했으나, '집시의 침략'이라는 선동적 용어와 함께 확산된 반 집시감정 및 제도적 차별은 깊게 자리 잡아 해결의 기미가 잘 보이지 않는다.
36. 이영희, 〈집시들 '도둑놈'으로 묘사 인종차별 동조…사퇴압력〉, 《문화

일보》2006년 3월 2일 자.
37. 김승욱, 〈루마니아 중부도시 시장, 집시 차별 발언으로 270만원 벌금〉,《연합뉴스》2020년 1월 23일 자.
38. '헝가리 집시 고용률 34%' 주헝가리 대한민국 대사관, 2015년 9월 2일, URL: https://overseas.mofa.go.kr/hu-ko/brd/m_9729/view.do?seq=1164765&srchFr=&srchTo=&srchWord=&srchTp=&multi_itm_seq=0&itm_seq_1=0&itm_seq_2=0&company_cd=&company_nm=.
39. 〈집시는 범죄 집단? 헝가리 집시 차별, 갈등 심화〉,《연합뉴스》2008년 1월 31일 자.
40. 집시 아동들이 학업을 조기 종료하는 데는 집시만의 문화적 요인도 있다. 집시 부모들은 초등교육을 통해 기본적인 읽기, 쓰기, 계산하기를 배우는 데는 관심이 있으나, 중등교육 취학에 대해서는 관심이 적다. 집시 청소년은 12세가 되면 성인 취급을 받아 가족의 경제활동에 참여하기를 요구받고, 부모들은 자녀들이 중등교육을 받으며 원거리 통학을 하다보면 비집시 세계의 나쁜 행위를 모방하게 될까봐 두려움을 갖고 있기도 하다(장세룡, 2016, 앞의 논문, 209-210).
41. Lapara, Miguel, Carolina Fernandez Diez, Marta Hernandez Enriquez, Jesus Salinas Catala, and Andrea Tsolakis. 2013. Civil Society Monitoring Report on the Implementation of the National Roma Integration Strategy and Decade Action Plan in 2012 in Spain, 59(장세룡, 2016, 앞의 논문, 359에서 재인용).
42. 연합뉴스, 2008년 1월 31일 자, 앞의 기사.
43. 장세룡, 〈집시의 공화국 시민화 정책의 향방: 프랑스에서 이주민 집시 거주지의 철거와 추방〉,《역사와 세계》49호, 2016, 210-211.
44. 유엔개발계획(UNDP), "UNDP and Roma Inclusion", Regional Brief, January 12, 2018.
45. 장세룡, 2016, 앞의 논문, 211-212.
46. 장세룡, 2016, 앞의 논문, 213.
47. 장세룡, 〈스페인의 집시공동체 포용정책과 '스페인 사례'의 실체〉,

《대구사학》125호, 2016, 354.
48. 연합뉴스, 2008년 1월 31일 자, 앞의 기사.
49. 장세룡, 2016, 앞의 논문, 214.
50. 류재훈, 〈유럽, 관용 대신 추방…'천만 집시' 벼랑 끝에〉, 《한겨레신문》 2010년 9월 5일 자.
51. 장세룡, 2016, 앞의 논문, 220.
52. 전혜원, 〈노동 변호사 30년, 김선수 전 대법관이 말하는 사명〉, 《시사인》 889호, 2024년 10월 2일 자.

5장 낙인으로 이득 보는 사회
다섯 번째 짝꿍 : 한국의 한센병 환자들 × 미국의 에이즈 감염인들

1. 서울대학교 사회발전연구소, 〈한센인 인권 실태조사〉, 국가인권위원회, 2005, 29-158.
2. 아르준 아파두라이, 장희권, 《소수에 대한 두려움》, 에코리브르, 2011, 76-90.
3. 전종숙·최원규·정무성, 〈소록도 한센병 배상소송 후 한국 한센인들의 해외 경험〉, 《한국사회복지학》 제71권 3호, 2019, 165.
4. 전종숙·최원규·정무성, 2019, 앞의 논문, 167.
5. 김재형, 《질병, 낙인》, 돌베개, 2021, 141-142.
6. 최정기, 〈일제하 조선의 나환자 통제에 대한 일연구〉, 전남대학교, 1994, 84-88.
7. 《동아일보》는 당시 조선총독부 의원장 시가 기요시의 말을 빌려 단종수술을 주장했다.
8. 〈위생사상과 기관〉, 《동아일보》 1927년 1월 15일 자.
9. 김원중, 〈한센병 강제격리 정책의 전환 요인: 코크레인 보고서를 중심으로〉, 《아세아연구》 제63권 1호, 2020, 162.
10. 서기재, 〈한센병을 둘러싼 제국의학의 근대사-일본어 미디어를 통해 본 대중관리 전략〉, 《의사학》 제26권 3호, 2017, 440-441.
11. 전종숙·최원규·정무성, 2019, 앞의 논문, 163.

12. 전종숙·최원규·정무성, 2019, 앞의 논문, 166.
13. 김재형, 2021, 앞의 책, 142.
14. 김재형, 2021, 앞의 책, 129.
15. 김재형, 2021, 앞의 책, 117.
16. 김재형, 2021, 앞의 책, 164-165.
17. 김재형, 〈한센인의 격리제도와 낙인·차별에 관한 연구〉, 서울대학교, 2019, 128.
18. 김재형, 2021, 앞의 책, 218-219.
19. 〈나병자격리에 서광, 추가예산통과를 기대〉, 《동아일보》 1949년 7월 31일 자.
20. 김재형·오하나, 〈한센인 수용시설에서의 강제적 단종·낙태에 대한 사법적 해결과 역사적 연원〉, 《민주주의와 인권》 제16권 4호, 2016, 191.
21. 김재형, 2019, 앞의 논문, 129-130.
22. 각각 1947년 7월 26일 자, 8월 12일 자, 8월 24일 자 기사다(김재형, 2021, 앞의 책, 167-169에서 재인용).
23. 에이즈, 즉 후천성 면역 결핍증의 영문명은 HIV/AIDS다. 에이즈는 바이러스를 뜻하며, AIDS는 에이즈로 인해 발현하는 모든 면역관련 질환을 포함하여 지칭한다. 최근 에이즈 감염인과 AIDS 환자를 통칭하여 'people living with HIV/AIDS' 또는 약어로 'PL', 'PLWHA'라 하기도 한다.
24. 서유진, 〈미국판 코로나 차별. 동성애자라 '혈장 기증' 거부당한 이들〉, 《중앙일보》 2020년 8월 1일 자.
25. 원래 이 규정은 1년간 다른 남성과 성관계를 하지 않았을 경우 헌혈을 허용하던 것이었는데, 코로나 유행으로 3개월로 완화했다.
26. 이임수, 〈《증인들: 우리의 사라짐에 저항하여》 전 연구: 1980년대 배제적 에이즈(AIDS) 담론과 예술적 포용의 장〉, 《미술사학보》 58호, 2022, 86.
27. UNAIDS. 2024. Global HIV & AIDS statistics —Fact sheet.
28. 홍기원, 〈미국의 법과 대중문화 속에 나타난 후천성면역결핍증환자

의 차별과 평등권 문제〉,《서울대학교 법학》제52권 3호, 2011, 94-95.
29. 백승진,〈미국 극에 나타난 에이즈 정치학〉,《영어영문학》제55권 2호, 2009, 273.
30. 백승진, 2009, 앞의 논문, 273.
31. 백승진, 2009, 앞의 논문, 263.
32. 신수린,〈에이즈의 역사 I〉,《레드리본》제69권, 2006, 18-21.
33. 김영수,〈팬더믹과 과학의 정치화: 레이건의 에이즈 사례를 통해 본 트럼프의 코로나 19 대응 리더십과 실패〉,《평화연구》제29권 2호, 2021, 49.
34. Dyer, Jenniffer E. 2014. "The Politics of Evangelicals: How the Issue of HIV and AIDS in Africa Shaped a "Centralist" Constituency in the United States." Journal of the American Academy of Religion 82(4): 1010-1032(김영수, 2021, 앞의 논문, 49에서 재인용).
35. 문현아,〈성과 인권의 시각에서 바라보는 에이즈〉,《인권법평론》3호, 2008, 96.
36. 민병직·정희준·서현석·Kim L. s.·이동연《미국 신보수주의와 대중문화 읽기》, 책세상, 2007.
37. 민병직·정희준·서현석·Kim L. s.·이동연, 2007, 앞의 책, 20-21.
38. 민병직·정희준·서현석·Kim L. s.·이동연, 2007, 앞의 책, 25-26.
39. 백승진, 2009, 앞의 논문, 276.
40. 김영수, 2021, 앞의 논문, 51-52.
41. 각각《Los Angeles Times》(November 28, 1986)와《Syndicated Column》(October 17, 1990)에서 한 말이다(김진아,〈에이즈(AIDS), 그 재현의 전행: 미국의 대중매체와 예술사진 그리고 행동주의 미술〉,《서양미술사학회 논문집》제28집, 113-114에서 재인용.
42. 백승진, 2009, 앞의 논문, 277-278.
43. Lang, Norris G. 1990. "Sex, Politics, and Guilt: A Study of Homophobia and the AIDS Phenomenon." In Culture and AIDS, edited by Douglas A. Feldman, 169-182. New York: Praeger; Black, David. 1985. The Plague Years: A Chronicle of AIDS. The Epidemic of Our Times. New York:

Simon and Schuster; Feldman, Douglas A. 1990. "Introduction: Culture and AIDS." In Culture and AIDS, edited by Douglas A. Feldman, 108. New York: Praeger(백승진, 2009, 앞의 논문, 278에서 재인용). and Schuster, 1985; Feldman, Douglas A, "Introduction: Culture and AIDS", Culture and AIDS, Ed. Douglas A. Feldman. New York: Praeger, 1990, 108. 백승진, 2009, 앞의 논문, 278에서 재인용.
44. Weeks, Jeffrey. 1988. "Love in a Cold Climate." In Social Aspects of Aids, edited by Peter Aggleton and Hilary Homans, 10-19. London: Falmer(백승진, 2009, 앞의 논문, 279에서 재인용).
45. Shilts, Randy. 1988. And the Band Played On: Politics, People, and the AIDS Epidemic. New York: St. Martin's Griffin.
46. 이임수, 2022, 앞의 논문, 87.
47. 김영수, 2021, 앞의 논문, 51.
48. 백승진, 2009, 앞의 논문, 283.
49. 김진아, 2008, 앞의 논문, 120.
50. 이임수, 2022, 앞의 논문, 88.
51. 홍지은, 〈에이즈, 불법 아닌 질병-제10회 아시아·태평양 에이즈 대회〉, 《황해문화》 겨울호, 2011, 259.
52. 김승섭, 〈30년 전에 머무른 에이즈에 대한 인식〉, 《시사인》 553호 2018년 4월 25일 자.
53. 홍기원, 〈미국의 법과 대중문화 속에 나타난 후천성면역결핍증환자의 차별과 평등권 문제〉, 《서울대학교 법학》 제52권 3호, 2011, 92-93.
54. 홍지은, 2011, 앞의 글, 237-238.
55. Treichler, Paula A. 1999. How to Have Theory in an Epidemic: Cultural Chronicles of AIDS. Durham: Duke University Press(백승진, 2009, 앞의 논문, 260에서 재인용).
56. 백승진, 2009, 앞의 논문, 287-288.
57. 백승진, 2009, 앞의 논문, 261.
58. 김영화, 〈우영우 변호사가 아직도 '이상해' 보이나?〉, 《시사인》 780호 2022년 8월 30일 자.

6장 여성혐오로 이득 보는 사회
여섯 번째 짝꿍 : 한국의 여성들 × 중세 유럽의 마녀사냥

1. 겐지 요시노, 데이비드 글래스고, 황가한, 《어른의 대화 공부》, 위즈덤하우스, 2024.
2. 우에노 지즈코, 《여성 혐오를 혐오한다》, 은행나무, 2012, 12-13.
3. 캐나다에서 포르노를 찍은 우리나라의 한 영어 강사를 칭한다.
4. 2007년 KBS 2TV 아침 뉴스 프로그램에서 군대 복무 단축에 관한 설문 조사 영상 중, 한 여성이 군대 복무 기간을 3년 이상으로 해야 한다고 발언했는데, 그 여성에게 붙여진 멸칭이다. 이 발언에 많은 남성들이 분노했고, 이와 관련된 영상과 스크린샷이 온라인상에 수없이 파생되는 등 큰 파장을 몰고 왔다.
5. 주창윤, 〈젠더 호명과 경계 짓기〉, 《한국 사회의 소통 위기: 진단과 전망》, 2011.
6. 정인경, 〈포스트페미니즘 시대 인터넷 여성혐오〉, 《페미니즘연구》 제16권 1호, 2016, 196.
7. 윤보라, 〈일베와 여성 혐오: 일베는 어디에나 있고 어디에도 없다〉, 《진보평론》 57호, 2013, 45.
8. 윤보라, 2013, 앞의 논문, 45.
9. 박현선, 〈신어에 나타나는 여성혐오 표현〉, 《담화·인지언어학회 학술대회 발표논문집》, 2019, 247.
10. 김수아, 허다운, 〈온라인상의 여성 혐오표현 모니터링 보고서〉, 한국여성단체연합, 2013, 20-37.
11. 윤보라, 2013, 앞의 논문, 33-56.
12. 한윤형, 〈왜 한국 남성은 한국여성들에게 분노하는가〉, 《문화과학》 76호, 2013, 185-201.
13. 김수진, 〈여성혐오, 페미니즘의 새 시대를 가져오다〉, 《교육비평》 38호, 2016, 176.
14. 이나영, 〈여성혐오와 젠더차별, 페미니즘: '강남역 10번 출구'를 중심으로〉, 《문화와 사회》 22호, 2016, 169.

15. 시몬 드 보부아르,《제2의 성》, 을유문화사, 2021.
16. 통계청,〈2024년 12월 및 연간 고용 동향〉, 2025.
17. 여성가족부,〈2023 통계로 보는 남녀의 삶〉, 2023.
18. 연합시론,〈심각한 남녀 경제활동 참가율 격차, '경단녀' 해법 시급하다〉,《연합뉴스》2023년 6월 11일 자.
19. World Economic Forum. 2023. Global Gender Gap Report 2023.
20. 통계청,〈통계로 여성의의 삶〉, 2011.
21. 통계청,〈통계로 여성의의 삶〉, 2011.
22. 정인경,〈포스트페미니즘 시대 인터넷 여성혐오〉,《페미니즘 연구》제16권 1호, 2016, 204.
23. 통계청,〈2024년 12월 및 연간 고용 동향〉, 2025.
24. 허윤,〈냉전 아시아적 질서와 1950년대 한국의 여성혐오〉,《역사문제연구》35호, 2016, 109.
25. '〈파일럿〉여자에게는 늦고 남자에게는 빠르다' 고요한, 2024년 8월 6일, URL: brunch.co.kr/@redcomet01/200.
26. 설혜심,〈마녀사냥: 복잡한, 너무나도 복잡한 근대 초의 광기〉,《당대비평》25호, 2004, 325.
27. Gardner, Gerald B. 2004. Witchcraft Today. New York: Citadel Press(이창신,〈역사적 집단 광기 현상의 실체와 여성사적 재조명〉,《인문과학연구》제1권 12호, 2009, 75에서 재인용).
28. Kors, Alan Charles and Edward Peters. 2001. Witchcraft in Europe, 400-1700: A Documentary History. Philadelphia: University of Pennsylvania, 2.
29. 김정자,〈서양 중세 여성의 역할과 지위〉,《성대사림》5호, 1989, 92.
30. Karlsen, Carol. 1987. The Devil in the Shape of a Woman: Witchcraft in Colonial New England. New York: Norton.
31. 황은정,〈청교도, 공동체, 그리고 젠더 체계에 대한 위협: 17-18세기 뉴잉글랜드 지방의 마녀사냥〉,《세계역사와 문화연구》16호, 2007, 102-103.
32. 최성훈,〈중세 마녀사냥과 사회적 약자: 여성의 사례를 중심으로〉,

《선교와 신학》 52호, 2020, 449-453.
33. 차용구,《중세유럽 여성의 발견》, 한길사, 2011.
34. 조성권,〈마녀사냥의 정치학: 마약 관련 사례를 중심으로〉,《세계지역연구논총》제22권 2호, 2004, 312.
35. 설혜심, 2004, 앞의 글, 330.
36. 조성권, 2004, 앞의 논문, 312.
37. 김정자, 1990, 앞의 글, 244.
38. 최성훈, 2020, 앞의 논문, 454.
39. 사라 에번스, 조지형,《자유를 위한 탄생》, 이화여자대학교출판문화원, 1998, 50.
40. 최성훈, 2020, 앞의 논문, 442-443.
41. 설혜심, 2004, 앞의 글, 327.
42. 브라이언 P. 르박,《유럽의 마녀사냥》, 소나무, 2003(설혜심, 2004, 앞의 글, 327-328에서 재인용).
43. 김상근,〈신플라톤주의 신학이 16-17세기 유럽의 마녀사냥에 미친 영향〉,《신학논단》51호, 2008, 149.
44. Kors, Alan Charles and Edward Peters 2001, 앞의 책, 291.
45. 이창신,〈역사적 집단 광기 현상의 실체와 여성사적 재조명〉,《인문과학연구》제1권 12호, 2009, 81.
46. 김정자, 1990, 앞의 글, 93-94.
47. 조성권, 2004, 앞의 논문, 311.
48. Karlsen, Carol, 1987, 앞의 책.
49. 황은정,〈청교도, 공동체, 그리고 젠더 체계에 대한 위협: 17-18세기 뉴잉글랜드 지방의 마녀사냥〉,《서양사학연구》16호, 2007, 91-95.
50. 김정자, 1990, 앞의 글, 104.
51. 김정자, 1990, 앞의 글, 111.
52. 황은정, 2007, 앞의 논문, 103-104.
53. 황은정, 2007, 앞의 논문, 106-107.
54. 이창신, 2009, 앞의 논문, 14-15.
55. 이창신, 2009, 앞의 논문, 93.

56. 조성권, 2004, 앞의 논문, 311.
57. 필자의 칼럼을 일부 인용했다(정회옥, 〈이 사람을, 이 국가를 믿어도 되나?〉, 《한국일보》 2024년 10월 10일 자).
58. 〈딥페이크 여성 피해자 몇 명?…경찰, 통계도 없다〉, 《YTN》 2024년 9월 9일 자.

에필로그 | 천천히 걸어도 되는 사회

1. 라이시테 헌장은 표면적으로 볼 때 학교에서 종교 중립적이고 개방적인 교육을 실시할 것을 강조하지만, 그 이면에는 프랑스 사회에 적응하지 못하는 이슬람 이민 2세들을 프랑스 시민으로 교육시키겠다는 의도가 있다고 비판받는다. 이민 2세들이 특정 민족과 종교의 가치에 집착하는 태도를 버리고, 다양성을 존중하는 프랑스인이 될 것을 요구한다는 측면에서 정부의 강압적 조치처럼 보이나, 프랑스 사회 다수는 대체로 이 헌장에 찬성했다(오정은, 〈이민 2세 사회통합을 위한 프랑스 정부의 새로운 실험: 학교에서의 라이시테 헌장〉, 이민정책연구원 이슈브리프 NO. 2015-06).
2. 최경호·황희규, 〈한승원 "딸, 전쟁으로 사람 죽는데 무슨 잔치냐고 해"〉, 《중앙선데이》 2024년 10월 12일 자.

참고문헌

가즈오 이시구로, 김남주, 《나를 보내지 마》, 민음사, 2021.
강동관, 〈국내이민자의 경제활동과 경제기여효과〉, 《이민정책연구원 정책보고서》, 2016.
강진아, 〈조선총독부의 화교 노동자 입국 관리와 중국 언론〉, 《중국근현대사연구》 59권, 2013, 101-131.
강진아, 〈영국 외교문서로 재구성한 1931년 만보산사건과 조선 반중폭동〉, 《동양사학연구》 156권, 2021, 147-192.
강효숙, 〈관동대지진 당시 조선인 학살의 의미〉, 《전북사학》 52권, 2018, 275-306.
겐지 요시노, 데이비드 글래스고, 황가한, 《어른의 대화 공부》, 위즈덤하우스, 2024.
김광열, 〈21세기 일본의 '헤이트스피치'와 1923년 관동대지진 시 한인 학살범의 논리 고찰〉, 《韓日民族問題研究》 33권, 2017, 243-266.
김기돈·김이찬·김소령, 《고용허가제 농축산업 이주노동자 인권백서: 노비가 된 노동자들》, 이주인권연대, 2013.
김기태, 〈이주노동자의 노동 여건 및 정책 과제〉, 《보건복지포럼》 295권, 2021, 8-24.
김경미, 〈동유럽 로마(Roma) 공동체에서의 다문화주의와 페미니즘의 갈등〉, 《한독사회과학논총》 제25권 3호, 2015, 75-100.
김동환·송현종, 〈급성기 병원과 장기요양시설 공급이 요양병원 입원진료비에 미치는 영향: 요양병원 기능에 대한 시사점을 중심으로〉, 《한국노년학》 제33권 3호, 2013, 647-659.
김상근, 〈신플라톤주의 신학이 16-17세기 유럽의 마녀사냥에 미친 영향〉, 《신학논단》 51권, 2008, 139-171.
김수아, 허다운, 〈온라인상의 여성 혐오표현 모니터링 보고서〉, 한국여성단체연합, 2013, 1-61.
김신규, 〈체코 집시 차별에 대한 인식〉, 《국제지역정보》 제155권, 2007,

55-58.

김수진, 〈여성혐오, 페미니즘의 새 시대를 가져오다〉, 《교육비평》 38권, 2016, 163-188.

김승욱, 〈20세기 전반 한반도에서 일제의 노동 시장 관리-중국인 노동자를 중심으로〉, 《중국사연구》 85권, 2013, 159-185.

김영수, 〈팬더믹과 과학의 정치화: 레이건의 에이즈 사례를 통해 본 트럼프의 코로나 19 대응 리더십과 실패〉, 《평화연구》 제29권 2호, 2021, 39-70.

김영하, 《검은 꽃》, 복복서가, 2020.

김응교, 《백년 동안의 증언》, 책읽는 고양이, 2023.

김원중, 〈한센병 강제격리 정책의 전환 요인: 코크레인 보고서를 중심으로〉, 《아세아연구》 제63권 1호, 2020, 159-190.

김유휘, 〈한국 노인돌봄 일자리와 중국동포 이주노동자 연구: 제도를 중심으로〉, 《사회복지정책》 제45권 1호., 2018, 180-206.

김정자, 〈서양 중세여성의 역할과 지위〉, 《성대사림》 5권, 1989, 83-135.

김정자, 〈서양 중세여성의 역할과 지위〉, 《여성과 사회》 1권, 1990, 242-281.

김재영, 《코끼리》, 실천문학사, 2005.

김재형, 〈한센인의 격리제도와 낙인·차별에 관한 연구〉, 서울대학교, 2019.

김재형, 《질병, 낙인》, 돌베개, 2021.

김재형·오하나, 〈한센인 수용시설에서의 강제적 단종·낙태에 대한 사법적 해결과 역사적 연원〉, 《민주주의와 인권》 제16권 4호, 2016, 153-200.

김진아, 〈에이즈(AIDS), 그 재현의 전행: 미국의 대중매체와 예술사진 그리고 행동주의 미술〉, 《서양미술사학회 논문집》 제28집, 2008, 111-143.

김종한, 〈1928년 조선에서의 민족별 임금차별-토목건축관계 노동자의 임금격차 분해를 중심으로〉, 《경제사학》 24권, 1998, 69-96.

김희경, 〈프랑스의 집시와 이동의 문제〉, 《프랑스학연구》 61호, 2012,

181-206.

김화선, 《조선족마을의 변천 연구》, 연변대학출판사, 2011.
김희자·이병렬, 〈농촌사회의 전근대성과 농축산이주노동자에 대한 인신매매적 인권침해〉, 《다문화사회연구》 제10권 1호, 2017, 221-253.
국사편찬위원회, 〈파독한인여성간호노동자들의 증언자료〉, 2008.
경제인문사회연구회, 〈이민 및 외국인 정책 개선 방향〉, 2010.
나혜심, 〈파독 한인여성 이주노동자의 역사-1960-70년대 한인간호인력 독일행의 원인〉, 《서양사론》, 2009, 255-285.
나혜심, 《독일로 간 한인 간호여성》, 산과글, 2012.
노명환·윤용선·정흥모·유진형·나혜심, 〈독일로 간 광부, 간호사: 경제개발과 이주 사이에서〉, 대한민국역사박물관, 2014.
류임량, 〈제도화된 돌봄노동자의 역할 구성과 직업지위: 재가 요양보호사의 사례를 중심으로〉, 《페미니즘 연구》 제17권 2호, 2017, 189-231.
민병직·정희준·서현석·Kim L. s.·이동연, 《미국 신보수주의와 대중문화 읽기》, 책세상, 2007.
민병래, 《1923 간토대학살 침묵을 깨라》, 원더박스, 2023.
문경희, 〈가사/돌봄노동의 상업화와 여성의 초국가적 이주 노동〉, 《여성정책논집》 6권, 2006, 11-28.
문현아, 〈성과 인권의 시각에서 바라보는 에이즈〉, 《인권법평론》 31권, 2008, 93-116.
명순구, 〈요양병원형 간호간병통합서비스 도입의 필요성〉, 요양병원 간병비 부담 해결을 위한 요양병원형 간호·간병 통합서비스 도입방안 모색 토론회, 2019.
박은경, 〈한국 화교 사회의 역사〉, 《진단학보》 52권, 1981, 97-128.
박영범, 〈외국 인력 도입을 통한 경제적 가치와 사회적 효과〉, 《이민정책》 창간호, 2014년.
박영석, 《만보산 사건연구》, 아세아문화사, 1985.
박유리, 《은희》, 한겨레출판, 2020.
박정현, 〈1931년 화교배척사건과 조선 민족주의 운동〉, 《중국사연구》 90권, 2014, 239-268.

박정희,《한국국민에게 고함》, 동서문화사, 1961

박준성·전미연·허성호·리나·정태연, 〈한국내 조선족 여성의 이주동기와 일-경험에 대한 사례연구〉,《한국심리학회 연차학술발표대회 논문집》1권, 2009, 430-431.

박해남, 〈한국 발전국가 시기 사회정치와 부랑인의 사회적 배제〉,《민주주의와 인권》제19권 4호, 2019, 233-272.

박현선, 〈신어에 나타나는 여성혐오 표현〉,《담화·인지언어학회 학술대회 발표논문집》, 2019, 245-251.

박형준, 〈한국소설에 재현된 차이니스 디아스포라 연구: 박범신의《유리》와 정이현의《너는 모른다》를 중심으로〉,《현대소설연구》77권, 2020, 306-279.

백승진, 〈미국 극에 나타난 에이즈 정치학〉,《영어영문학》제55권 2호, 2009, 259-292.

백영훈,《한강에 흐르는 라인강의 기적》, KDI 출판국, 2001.

브랜든 파머, 〈하와이의 한인과 미국인 간의 관계(1903-1945)〉,《한국독립운동사연구》24호, 2005, 169-201.

빅토르 위고, 정기수,《파리의 노트르담》, 민음사, 2005.

사라 에번스, 조지형,《자유를 위한 탄생: 미국 여성의 역사》, 이화여자대학교출판문화원, 1998.

서기재, 〈한센병을 둘러싼 제국의학의 근대사-일본어 미디어를 통해 본 대중관리 전략〉,《의사학》제26권 3호, 2017, 417-454.

서영빈·김형진·송헌재, 〈외국인 근로자가 기업의 투자와 고용에 미치는 영향과 이민 잉여 추정〉,《재정학연구》18(1), 2025, 47-74.

서울대학교 사회발전연구소, 〈한센인 인권 실태조사〉, 국가인권위원회, 2005.

서울대학교 국제이주와 포용사회센터, 〈조선족 간병인과 인도네시아계 한국 청년도 '우리'〉, 2022 CTMS Brief no. 15, 2022.

서울대학교 사회학과 형제복지원연구팀,《절멸과 갱생 사이》, 서울대학교출판문화원, 2021.

설동훈·이규용·노용진, 〈외국인 고용부담금제에 관한 연구〉, 고용노동부,

2011.
설혜심, 〈마녀사냥: 복잡한, 너무나도 복잡한 근대 초의 광기〉, 《당대비평》 25권, 2004, 324-331.
손인서, 〈성별화·인종화된 돌봄노동과 여성 중국동포 돌봄노동자의 노동경험〉, 《한국여성학》 제36권 4호, 2020, 95-129.
신수린, 〈에이즈의 역사 I〉, 《레드리본》 제69권, 2006, 18-21.
아르준 아파두라이, 장희권, 《소수에 대한 두려움》, 2011.
안형주, 《1902년, 조선인 하와이 이민선을 타다》, 푸른역사, 2013.
앙리에트 아세오, 김주경, 《집시, 유럽의 운명》, 시공사, 2003.
앵거스 프레이저, 문은실, 《집시, 어디서 왔다가 어디로 갔는가》, 에디터, 2003.
이금희, 《알로하, 나의 엄마들》, 창비, 2020.
이나영, 〈여성혐오와 젠더차별, 페미니즘: '강남역 10번 출구'를 중심으로〉, 《문화와 사회》 22권, 2016, 147-186.
이미애, 〈중국 사회주의 노동자·농민, 이주가사노동자 되다: 프랑스, 남한, 중국 대도시의 조선족 여성 연구〉, 《한국여성학》 제36권 3호, 2020, 71-110.
이병렬·김기돈·김사강·김소령·김이찬·윤지영·이한숙·박정형, 〈농축산업 이주노동자 인권상황 실태조사〉, 국가인권위원회, 2013.
이상직, 〈또 하나의 근대적 라이프코스: 형제복지원 수용자들의 생애구조와 시간 의식〉, 《기억과 전망》 40권, 2019, 62-120.
이옥련, 《인천 화교 사회의 형성과 전개》, 인천문화재단, 2008.
이임수, 〈《증인들: 우리의 사라짐에 저항하여》 전 연구: 1980년대 배제적 에이즈(AIDS) 담론과 예술적 포용의 장〉, 《미술사학보》 58권, 2022, 83-106.
이종수, 《파독: 파독 간호 40년사》, Filderstadt: GmbH, 2008.
이주인권연대 농축산업 이주노동자 권리 네트워크, 《고용허가제 농축산업 이주노동자 인권백서》, 2013.
이창신, 〈악의 개념과 젠더정치: 17세기 뉴잉글랜드 지방의 마녀사냥〉, 《미국사연구》 13권, 2001, 1-27.

이창신, 〈역사적 집단 광기 현상의 실체와 여성사적 재조명〉, 《인문과학연구》 제1권 12호, 2009, 73-96.

이창원·최서리, 〈국내 노동 시장에서 중국동포 임금차별은 존재하는가?: 중국동포와 한국인의 임금결정요인 비교 분석〉, 《아세아연구》 제59권 4호, 2016, 178-220.

이창호·정수남·김지희·박준규, 〈삶의 폐허와 건강악화의 사회문화적 조건: 경기도 A공단 미등록 이주노동자를 중심으로〉, 《비교문화연구》 제26권 2호, 2020, 81-137.

이현옥, 〈동아시아 맥락에서의 돌봄레짐의 변화와 이주의 여성화: 한국과 대만을 중심으로〉, 《경제와 사회》 6권, 2016, 239-269.

이혜경·정기선·유명기·김민정, 〈이주의 여성화와 초국가적 가족: 조선족 사례를 중심으로〉, 《한국사회학》 제40권 5호, 2006, 258-298.

임동우·김민정, 〈코로나 벼랑끝 이주민 1. 열악한 주거 실태〉, 《국제신문》 2020년 9월 2일 자.

임준규, 〈1931년 식민지 조선에서의 반중국인 폭동의 동학〉, 고려대학교, 2018.

오영희·김경래·신창우·배혜원, 〈출산력 조사(1974~2012)를 활용한 한국의 출산력 변천과정 연구 보고서〉, 한국보건사회연구원, 2016.

오정희, 《중국인 거리》, 사피엔스21, 2012.

우에노 지즈코, 나일등, 《여성 혐오를 혐오한다》, 은행나무, 2012.

야마다 쇼지, 이진희, 《관동대지진 조선인 학살에 대한 일본 국가와 민중의 책임》, 논형, 2008.

양소전·손옥매, 《한국화교사》, 학고방, 2023.

양지선, 〈일제의 만몽정책에 대한 한중의 인식비교〉, 《동양학》 66권, 2017, 133~148.

양필승·이정희, 《차이나타운 없는 나라: 한국 화교 경제의 어제와 오늘》, 삼성경제연구소, 2004.

여성가족부, 〈2023 통계로 보는 남녀의 삶〉, 2023.

웨인 패터슨, 정대화, 《아메리카로 가는 길》, 들녘, 2002.

윤보라, 〈일베와 여성 혐오: 일베는 어디에나 있고 어디에도 없다〉, 《진보

평론》 57권, 2013, 33-56.
이상경, 〈1931년 '배화(排華) 사건'과 민족주의 담론〉,《만주연구》 11호, 2011, 85-115.
이애주·권숙인·도면회·정근식·은영·김동옥, 〈파독간호: 평가사업 최종보고서〉, 이애주 이원실, 2011.
이해응, 2014, 〈중장년 조선족 여성 이주노동자의 몸 아픔 경험에 관한 연구〉, 한국여성학 30(1), 213-252.
앨리 러셀 혹실드, 이가람,《감정노동》, 이매진, 2009.
오정은, 〈이민 2세 사회통합을 위한 프랑스 정부의 새로운 실험: 학교에서의 라이시테 헌장〉, 이민정책연구원 이슈브리프 NO. 2015-06.
장세룡, 〈스페인의 집시공동체 포용정책과 '스페인 사례'의 실체〉,《대구사학》 125호, 2016, 347-384.
장세룡, 〈집시의 공화국 시민화 정책의 향방: 프랑스에서 이주민 집시 거주지의 철거와 추방〉,《역사와 세계》 49호, 2016, 199-239.
장세윤, 〈만보산 사건 전후 시기 인천 시민과 화교의 동향〉,《인천학연구》 제2권 1호, 2003, 189-235.
정병욱, 〈신설리 패, 중국인 숙소에 불을 지르다: 1931년 반중국인 폭동에 대한 재해석〉,《역사비평》, 2012, 337-372.
정병욱, 〈식민지 조선의 반중국인 폭동과 도시 하층민〉,《역사와 담론》 73권, 2015, 317-341.
정병욱, 〈1931년 식민지 조선 반중국인 폭동의 학살 현장 검토〉,《사총》 97권, 2019, 113-155.
정경희·오영희·강은나·김재호·선우덕·오미애·이윤경·황남희·김경래·오신휘·박보미·신현구·이금룡, 〈2014년 노인실태조사〉, 한국보건사회연구원, 2014.
정이현,《너는 모른다》, 문학동네, 2009.
정인경, 〈포스트페미니즘 시대 인터넷 여성혐오〉,《페미니즘연구》 제16권 1호, 2016, 185-219.
정해본, 〈서독진출〉,《한국의 해외취업》, 아산사회복지사업재단, 1988.
정혜선·김용규·김현리·이꽃메·송연이·김정희·현혜진·이윤정·김희걸, 〈성별에 따른 외국인 근로자의 건강실태 및 직업적 특성〉,《한국산업간 호학회지》제17권 2호, 2008, 126-137.
전종숙·최원규·정무성, 〈소록도 한센병 배상소송 후 한국 한센인들의 해원 경험〉,《한국사회복지학》제71권 3호, 2019, 155-174.
전춘화,《야버즈》, 호밀밭, 2023.
조경엽·강동관, 〈이민확대의 필요성과 경제적 효과〉, 한국경제연구원, 2014.
조성권, 〈마녀사냥의 정치학: 마약 관련 사례를 중심으로〉,《세계지역연구 논총》제22권 2호, 2004, 303-328.
조은정·송병건, 〈20세기 초 하와이 한국인 이민의 요인과 이민자의 특성〉,《경제사학》제51호, 105-134.
조정래,《한강》, 해냄출판사, 2020.
조정우, 〈만주사변 전후 '척식'사업기구의 변화-동아권업(주)의 기업지배구조를 중심으로〉,《사회와 역사》92권, 2011, 5-33.
조정우, 〈1930년대 제국일본의 식민지 인구 재배치와 선만척식회사〉, 서울대학교, 2014.
주창윤, 〈젠더 호명과 경계 짓기〉, 한국언론학회 심포지움 및 세미나, 2011.
지승우·노호래, 〈어업 이주노동자의 인권 침해와 대응방안: 개야도 어업 이주노동자 사례를 중심으로〉,《한국해양경찰학회보》제11권 1호, 2021, 53-80.
차용구,《중세유럽 여성의 발견: 이브의 딸 성녀가 되다》, 한길사, 2011.
참여연대, 〈[논평] UN 주거권특보, 한국의 주거권 실태에 심각한 우려 표해〉, 2018.
천선란,《천 개의 파랑》, 허블, 2020.
최성훈, 〈중세 마녀사냥과 사회적 약자: 여성의 사례를 중심으로〉,《선교와 신학》52권, 2020, 437-466.
최병도, 〈만보산 사건 직후 화교배척사건에 대한 일제의 대응〉,《한국사연구》156권, 2012, 297-329.
최정기, 〈일제하 조선의 나환자 통제에 대한 일연구〉, 전남대학교, 1994.

통계청, 〈통계로 보는 여성의 삶〉, 2011.
통계청, 〈한국의 SDG 이행보고서〉, 2024.
프로스페르 메리메, 편혜원, 《카르멘》, 한숲출판사, 2004.
한국은행, 〈글로벌 외국인 고용현황 및 시사점〉, 《국제경제리뷰》 34호, 2017, 1-20.
한윤형, 〈왜 한국 남성은 한국여성들에게 분노하는가〉, 《문화과학》 76권, 2013, 185-201.
한종선·전규찬·박래군, 《살아남은 아이》, 문주, 2012.
한정우, 〈조선족 간병인의 서비스 과정에 대한 민족지적 연구〉, 《다문화와 평화》 제13권 1호, 2019, 116-138.
한정우, 〈이주노동자의 안전보건 불평등에 관한 연구〉, 《강원대 사회과학연구》 제58권 1호, 2019, 123-159.
홍기원, 〈미국의 법과 대중문화 속에 나타난 후천성면역결핍증환자의 차별과 평등권 문제〉, 《서울대학교 법학》 제52권 3호, 2011, 89-119.
홍세영·김금자, 〈조선족 간병인의 문화적응 경험에 관한 연구: 노인 간병 서비스를 제공하는 조선족 여성을 중심으로〉, 《한국노년학》 제30권 4호, 2010, 1263-1280.
홍윤정, 〈하와이 한인이민과 이민단의 구성(1903-1905)〉, 《역사학논총》 5호, 2004, 51-88.
홍지은, 〈에이즈, 불법 아닌 질병-제10회 아시아·태평양 에이즈 대회〉, 《황해문화》 겨울호, 2011, 237-260.
황은정, 〈청교도, 공동체, 그리고 젠더 체계에 대한 위협: 17-18세기 뉴잉글랜드 지방의 마녀사냥〉, 《서양사학연구》 16호, 2007, 87-118.
형제복지원구술프로젝트, 〈숫자가 된 사람들: 형제복지원 피해생존자 구술기록집〉, 오월의봄, 2015.
허윤, 〈냉전 아시아적 질서와 1950년대 한국의 여성혐오〉, 《역사문제연구소》 35호, 2016, 79-115
행정안전부 국가기록원, 《일제문서해제-토목편》, 2010.
Beauvoir, Simone de. 1977. The Second Sex. Harmondsworth: Penguin Books.

Black, David. 1985. The Plague Years: A Chronicle of AIDS. The Epidemic of Our Times. New York: Simon and Schuster.

Castles, Stephen and Mark Miller. 1999. The Age of Migration: International Population Movements in the Modern World. NY: MacMillan.

Dyer, Jenniffer E. 2014. "The Politics of Evangelicals: How the Issue of HIV and AIDS in Africa Shaped a "Centralist" Constituency in the United States." Journal of the American Academy of Religion 82(4): 1010-1032.

Ehrenreich, Barbara and Arlie Russell Hochschild. 2002. Global Woman: Nannies, Maids and Sex Workers in the New Economy. New York: Metropolitan Books/Henry Holt and Company.

Feldman, Douglas A. 1990. "Introduction: Culture and AIDS." In Culture and AIDS, edited by Douglas A. Feldman, 108. New York: Praeger.

Gardner, Gerald B. 2004. Witchcraft Today. New York: Citadel Press.

Hochschild, Arlie Russell. 2000. "The Nanny Chain." The American Prospect 2(4): 32-36.

Hochschild, Arlie Russell. 2009. "Love and Gold." S&F Online, Fall 2009, Vol.8, Issue 1.

Houchins, L. and C. Houchins. 1974. "The Korean Experience in America, 1903-1924." Pacific Historical Review 43(4): 548-575.

Karlsen, Carol. 1987. The Devil in the Shape of a Woman: Witchcraft in Colonial New England. New York: Norton.

Kors, Alan Charles and Edward Peters. 2001. Witchcraft in Europe, 400-1700: A Documentary History. Philadelphia: University of Pennsylvania.

Lang, Norris G. 1990. "Sex, Politics, and Guilt: A Study of Homophobia and the AIDS Phenomenon." In Culture and AIDS, edited by Douglas A. Feldman, 169-182. New York: Praeger.

Lapara, Miguel, Carolina Fernandez Diez, Marta Hernandez Enriquez, Jesus Salinas Catala, and Andrea Tsolakis(The Decade of Roma Inclusion

Secretariat Foundation). Civil Society Monitoring Report on the Implementation of the National Roma Integration Strategy and Decade Action Plan in 2012 in Spain(Budapest, 2013).

Mollett, J.A. 1961. "Capital in Hawaiian Sugar: Its Formation and Relation to Labor and Output, 1870-1975." Agricultural Economics Bulletin 21: 1-62.

Murabayashi, Duk Hee Lee, Jeewon Hahn, Woo Joo Janice Lee, and Hyun-Jee Oh. 2001. Korean Passengers Arriving at Honolulu, 1903-1905. Hawaii: Center for Korean Studies, University of Hawaii.

Nho, Youngjin and Jai-Joon Hur. 2010. "The Impact of Temporary Immigration of Unskilled Workers on Firm Performances: Evidences from the Korean Small-Medium Business Sector." Paper presented at the World Bank and IPS(Institute of Policy Studies) Conference on Cross-Border Labor Mobility and Development in the East Asia and Pacific Region, Orchard Hotel, Singapore, 1-2 June 2010.

Pash, Sidney L. 2014. The Currents of War: A New History of American-Japanese Relations, 1899-1941. Kentucky: University Press of Kentucky.

Shilts, Randy. 1988. And the Band Played On: Politics, People, and the AIDS Epidemic. New York: St. Martin's Griffin.

Shim, Yunchong. 1974. Aspekte der sozio-kulturellen Einordnung koreanischer Krankenpflegekraefte in Deutschland. Frankfurt am Main: Herbert Lang.

Takaki, Ronald T. and Rebecca Stefoff. 1989. Raising Cane: The World of Plantation Hawaii. New York: Chelsea House Publishers.

Treichler, Paula A. 1999. How to Have Theory in an Epidemic: Cultural Chronicles of AIDS. Durham: Duke University Press.

UNAIDS. 2024. Global HIV & AIDS statistics-Fact sheet.

Vaudercook, John W. 1939. King Cane: The Story of Sugar in Hawaii. New York: Harper & Brothers Publisher.

Weeks, Jeffrey. 1988. "Love in a Cold Climate." In Social Aspects of Aids, edited by Peter Aggleton and Hilary Homans, 10-19. London: Falmer.

World Economic Forum. 2023. Global Gender Gap Report 2023.

차별의 나라에서 행복한 사람들

초판 1쇄 인쇄 2025년 4월 30일
초판 1쇄 발행 2025년 5월 16일

지은이 정회옥
펴낸이 최순영

출판2 본부장 박태근
지식교양 팀장 송두나
편집 맹준혁
디자인 함지현

펴낸곳 ㈜위즈덤하우스 **출판등록** 2000년 5월 23일 제13-1071호
주소 서울특별시 마포구 양화로 19 합정오피스빌딩 17층
전화 02) 2179-5600 **홈페이지** www.wisdomhouse.co.kr

ⓒ 정회옥, 2025

ISBN 979-11-7171-416-2 03300

- 이 책의 전부 또는 일부 내용을 재사용하려면 반드시 사전에 저작권자와
  ㈜위즈덤하우스의 동의를 받아야 합니다.
- 인쇄·제작 및 유통상의 파본 도서는 구입하신 서점에서 바꿔드립니다.
- 책값은 뒤표지에 있습니다.